小学堂 022

Mastering Communication

沟通圣经

听说读写全方位沟通技巧

（修订第 5 版）

［英］尼基·斯坦顿（Nicky Stanton） 著

罗慕谦 译

目　录

第1章　沟通的过程……………………………………… 1

　　1.1　沟通的过程　2
　　1.2　沟通的四大目标　2
　　1.3　文字的意义，个人诠释不同　3
　　1.4　非语言的沟通　4
　　1.5　不同的情境，不同的诠释　5
　　1.6　沟通的各种障碍　6
　　1.7　考虑五方面，让沟通更有效　7
　　1.8　计划沟通内容的七大步骤　9
　　1.9　结语：如何沟通　12

第2章　说……………………………………………… 13

　　2.1　说话的艺术　14
　　2.2　基本说话技巧1：个人特质　15
　　2.3　基本说话技巧2：声音特质　18
　　2.4　说话要达到的特质　22
　　2.5　结语：说话的技巧　23

第3章　听……………………………………………… 25

　　3.1　听，被忽视的技巧　26

3.2 为什么要增进听的能力? 28
3.3 你是好的倾听者吗? 29
3.4 增进倾听技巧的 10 个方法 31
3.5 结语：良好的倾听 35

第 4 章　人际互动与非语言沟通 37

4.1 我们做的每一件事，都是一种沟通 38
4.2 后设沟通与周边语言 38
4.3 沉默的语言 40
4.4 时间的语言 41
4.5 肢体语言 43
4.6 人际互动背后的的心理学 54
4.7 语言沟通和非语言沟通之间的矛盾 58
4.8 结语：人际互动中周边语言的重要性 58

第 5 章　打电话 61

5.1 接错线 62
5.2 打电话的问题 63
5.3 讲电话的基本原则 65
5.4 接线员应具备的 6 个基本特质 67
5.5 打电话前、讲电话、打完电话后 68
5.6 通过电话收集信息 70
5.7 如何接电话 71
5.8 接听抱怨的电话 74
5.9 语音留言 75
5.10　手机礼节 76

第6章　面　谈 ·································· 79

  6.1 没有效率的面谈　80
  6.2 什么是面谈？　82
  6.3 面谈的目的　82
  6.4 面谈中交换的信息　83
  6.5 如何计划面谈的内容　84
  6.6 安排面谈的过程　86
  6.7 如何问问题　89
  6.8 结语：面谈技巧评估表　96

第7章　求职面试 ·································· 101

  7.1 准备阶段：了解公司　102
  7.2 准备阶段：了解自己　107
  7.3 面试过程　110
  7.4 结语：求职面试　114

第8章　团队沟通 ·································· 117

  8.1 开　会　118
  8.2 工作团队的优点　119
  8.3 工作团队的缺点　122
  8.4 影响团队工作效率的因素　124
  8.5 结语：让团队和委员会工作有效率　137

第9章　主持和参与会议 ······························ 139

  9.1 主持会议　140
  9.2 决策方式　142

9.3 成员的责任　143

9.4 主席、记录和成员的职责　145

9.5 议　程　146

9.6 会议记录　149

9.7 视频会议和电话会议　153

9.8 正式程序　155

第10章　演　讲 ………………………………………… 161

10.1 演讲技能日趋重要　162

10.2 公众演讲的技巧　164

10.3 准备工作　165

10.4 准备演讲内容　169

10.5 演讲的开场白　171

10.6 演讲的结尾　174

10.7 用视觉图像辅助演讲　176

10.8 讲稿与练习　177

10.9 演讲厅和讲台　179

10.10 结语：当个出色的演讲人　179

第11章　视觉辅助工具 …………………………………… 181

11.1 演讲技能日趋重要　182

11.2 使用视觉辅助工具的基本原则　183

11.3 白板、电子白板、交互式电子白板　185

11.4 简报用挂纸　186

11.5 可扩充式视觉辅助工具　187

11.6 实物的应用　188

11.7 模型和实验　189

11.8 传统投影机　191
  11.9 多媒体投影机　193
  11.10 35 毫米幻灯片投影机　194
  11.11 影片和 DVD　196
  11.12 自制影片　197
  11.13 注意事项　198
  11.14 结语：善用视觉辅助工具　200

第 12 章　增进阅读速度　201

  12.1 阅读的速度　202
  12.2 你怎么阅读？　204
  12.3 阅读的物理过程　206
  12.4 增进英语词汇的方法　211
  12.5 结语：更快速地阅读　212

第 13 章　提高阅读效率　215

  13.1 决定阅读内容的优先级　216
  13.2 浏　览　217
  13.3 略　读　219
  13.4 SQ3R 阅读法　224
  13.5 结语：更有效率地阅读　227

第 14 章　撰写英文商务书信　231

  14.1 为什么写好商务书信很重要　232
  14.2 配合电话或会议　233
  14.3 商务书信主要种类　234

14.4 预期对方的反应　235
14.5 各类商务书信建议撰写方式　236
14.6 有利的信　238
14.7 中性的信　239
14.8 不利的信　240
14.9 说服的信　241
14.10 版面和风格　243
14.11 信的结构　248
14.12 口　授　257
14.13 标准范例　260

第15章 求　职 …………………………………… 261

15.1 做好事前准备　262
15.2 你想要什么样的工作？　263
15.3 性格测验与职业导向测验　265
15.4 要去哪里找职缺？　267
15.5 企业在找什么样的人？　269
15.6 求职信和求职应聘表　272
15.7 求职应聘表填写诀窍　274
15.8 完整的求职信　279
15.9 撰写完整的求职信　285
15.10 履历封面页　286
15.11 网上求职　289
15.12 总结：求职　291

第16章 撰写报告 …………………………………… 293

16.1 人人都害怕写报告？　294

16.2　什么是报告？　295

16.3　报告的种类　296

16.4　好报告的基本要素　296

16.5　报告的目的是什么？　297

16.6　报告的基本结构　298

16.7　格式、版面、标题、编号　300

16.8　正式的长篇报告　305

16.9　内部规定的报告格式　311

16.10　开始写报告　312

16.11　设定报告的目的　313

16.12　研究和收集资料：合成阶段　316

16.13　整理资料及决定大纲：分析和分类　318

16.14　撰写初稿　320

16.15　编辑初稿　321

16.16　完成报告　322

16.17　总结：撰写报告　326

第17章　其他文书任务 ·················· 329

17.1　办公室里的文书任务　330

17.2　备忘录　331

17.3　电子邮件与网络礼仪　334

17.4　传　真　338

17.5　明信片与回复卡　339

17.6　短　信　341

17.7　表格与问卷　343

17.8　总结：其他文书任务　347

第18章 视觉沟通 …… 349

18.1 什么时候该用图表？ 350

18.2 统计信息 354

18.3 连续型信息 358

18.4 分散型或非连续型信息 359

18.5 非统计信息 370

练习解答 381

出版后记 396

Chapter

1

沟通的过程

1.1 沟通的过程

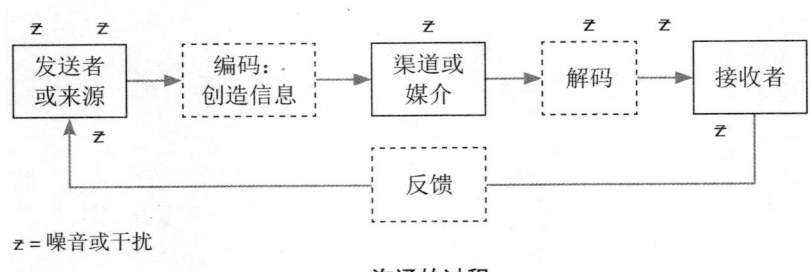

z = 噪音或干扰

沟通的过程

人与人之间的沟通常常会遇到问题或障碍。我们常听到自己或对方说"我不是这个意思啦"、"你还是没听懂我的意思吗"或"你好像没搞懂吧"。每当我们试着与他人沟通时，似乎总有什么阻碍沟通过程，使对方无法理解我们的意思。即使对方听懂我们的意思了，我们还是常常无法让对方依照我们的期望去思考或行动。总的来说，我们在沟通时有四个主要目标。

> **自我检查**
>
> 我们每一次的沟通，都试图达到四个目标。
>
> 你能想到是哪四大目标吗？

1.2 沟通的四大目标

不管我们是在进行书面还是口语的沟通，试图说服、告知、娱乐、解释、信服、教育对方或达到任何其他目的，背后总是有四个主要目标：

- 被接收（被听到或被读到）
- 被理解
- 被接受
- 使对方采取行动（改变行为或态度）

只要没达到其中任何一个目标，沟通就失败了。沟通失败带来的挫折与不满，经常表现在"我说的话，你听不懂吗？"这样的反应中。

但什么是"我说的话"？语言只是我们借以表达想法的一种代码，唯有双方都赋予这组代码相同的意义时，这个代码才能被理解。文字只是用以代表事物和想法的符号，而**我们每个人都会给予每个词稍微不同的意义**。

我们给予文字的意义，取决于我们如何诠释这个世界，而我们每个人看待和理解这个世界的方式都不同。

1.3　文字的意义，个人诠释不同

有效沟通的主要障碍，其实是我们个人对文字意义诠释的差别。虽然我们学母语的过程都差不多，在学习过程中给予每个文字大致相同的意义，但是，**什么字代表什么事物，其实是一个特定群体决定的结果**。

比如说，dap这个英文单词对你来说是什么意思？这会视你从哪个地方来而有不同的解读，这个词对你来说可能没有任何意义，也可能在你听来是"运动鞋"的意思，也就是别人口中的plimsoll、tennis shoe、pump或trainer。

> 你如何称呼一样物品或一件事物，取决于你生活的群体决定如何称呼它，而这个决定是无规可循的。

如果这个词指的是具体的东西，是可以触摸、感觉、听到、看到或闻到的东西，那么解释起来还不算困难，因为如果实在解释不了，还可以找到实物或照片给对方看。如果对方以前见过这个东西，他立刻就能理解你的意思。

然而，如果这个词指的是抽象的东西呢？如果是用来描述知觉、感受、情绪和想法的字眼呢？你如何确定对方对"危险"、"爱"、"恨"、"邪恶"等字眼的定义和是你一样的？

> 这些文字的意义，取决于个人的经验。

比如说，如果你喜爱攀岩或赛车，那么"危险"这个字眼对你的意义，和对三岁小孩的父母或是大企业家的意义是截然不同的。

1.4 非语言的沟通

我们当然并不只是通过文字进行沟通。每一次我们与他人沟通时，同时也会通过其他各种方式传达信息。甚至我们没有说话、也没有写什么时，还是会无意识地传达某种信息。

我们可能还会利用图片进行沟通，像是用图片替换文字的说明，或是加强我们要传达的语言信息。除此之外，在说话的时候，不管是有意识还是无意识，我们还会通过其他方式进行沟通，像这种非语言或文字的沟通，就叫作"非语言沟通"（non-verbal communication）。非语言沟通包括：

> **自我检查**
>
> 我们在说话或书写时，还会通过哪些方式进行沟通？
>
> 列出这些非语言的沟通方式。我们在第4章还会详细探讨非语言沟通。

- 面部表情：如一个微笑、一个皱眉。
- 肢体动作：利用双手或身体的动作，解释或强调语言信息。
- 身体姿势：站姿或坐姿。
- 方向：面对对方，或背对对方。
- 目光接触：是否看着对方，或是看着对方的时间长短。
- 肢体接触：拍背、搭肩。
- 距离：自己与对方的距离。
- 点头：表示同意或不同意，或鼓励对方继续说下去。
- 外表：外貌和衣着。

非语言沟通还包括口头文字或书面文字的非语言部分，例如：

- 口头文字的非语言部分：音量、语调和语速的变化，音色和音质。（又称作"周边语言""辅助语言""副语言"）
- 书面文字的非语言部分：字迹、排版、组织、整洁和整体视觉印象。

所有这些非语言文字的沟通方式，也被称作"后设沟通"（meta-communication）。其希腊前缀meta是"超越""附加"的意思，因此"后设沟通"就是指**"沟通之外附加的东西"**。我们要记着，人类在沟通时，都会伴随着这种非语言的沟通！

此外我们还要记得，伴随所有信息出现的后设沟通，是非常具有传达力的。对方会使用这些线索去阐释你的意思，特别是当你的语言与行为互相矛盾时，对方甚至只去注意后设沟通所传达出的信息，而不理会文字本身的意思。

所以，如果你很生气，又不想表现出来，只要特别留意你的姿势、眼神、动作、表情或语气就会察觉，这些都会泄露你的心境。相同的道理，在书面上，文字的语气也会泄露你的心境。

1.5 不同的情境，不同的诠释

对于文字（语言信息）或非语言信息，不同的人会有不同的诠释。同理，身处不同的时间和情境时，一个人对文字语言的诠释也可能不一样。

人与人之间的沟通都是发生在特定的情境中，每个情境都有其独特的背景和发展经过。当然，为了多少能够进行沟通，我们会学着辨认不同情境之间的类似之处，从经验中学习。这一点很重要，否则我们会搞不清楚要如何与他人沟通。

在不同情境之间寻找类似之处能有所帮助，但也存在着危险性，因为我们可能会假设眼前这个情境与某个情境类似，因而假设自己知道该怎么说、怎么做。比如说，假设你只见过某个人一次，他那时表现得很傲慢、很霸道；那下次当你再见到他的时候，你是不是会预期他就是这样一个自大又狂妄的人呢？由于你假设这次是同样的情境，并假设他的行为会跟上次一样，你可能就看不到这两个情境其实不同，因此也没有发现他的行为很可能跟上次不一样了。

其中的危险就潜藏在你的预期当中：如果你预期他会跟上次一样自大狂妄，那么你这次再和他沟通时，你很可能一开始就会采取强硬的态度，而很可能你的这种强硬态度会让他感觉到威胁，于是他就采取霸道的态度来和你抗衡。最后，你觉得自己当初的印象得到了证实，你认为这个人就是很傲慢、很霸道。但事实上，在不同的情境里，一个人会有不同的言行举止，如果你再度和他碰面时采取不同的态度，他很可能就不会表现出傲慢和霸道。

记住，人的行为是会互相影响的！

1.6 沟通的各种障碍

下面我们来看看有哪些因素会影响沟通的过程。克服这些因素，或尽量降低它们的影响，我们就能够更有效地沟通。

感受不同 我们如何看待这个世界，大部分取决于我们过去的经验，因此不同年龄、国籍、文化、教育、职业、性别、地位、个性的人，对于同样的情境会有不同的感受。感受不同，往往也是许多沟通障碍的根源。

妄下结论 我们往往只看到自己预期会看到的，只听到自己预期会听到的，而非完整接收实际存在的整体，其结果常常就是"捕风捉影"，妄下结论。

刻板印象 我们必须从经验中学习，因此我们常倾向于把人归类在特定的框架中。"天下乌鸦一般黑"，这句话就是代表。

缺乏兴趣 沟通过程中最大的一个障碍，就是对方对你的信息兴趣缺缺。你应该时时记住这一点，因为我们很容易就假设，我们自己关心的事，别人也一样关心。如果你发现对方兴趣缺缺，有个办法就是调整传达信息的方式去迎合对方的兴趣和需求。

缺乏知识 如果对方的教育背景与你很不一样，或是对谈话主题了解极少，要有效沟通就很困难。这时你就必须了解双方的知识差距，妥善调整沟通的方式。

表达困难 如果你找不到恰当的字眼来表达你的想法，势必会影响沟通的过程，这时你就得增加自己的词汇量。如果是缺乏自信所造成的表达困难，则可以通过事前的准备和计划来克服。

情绪 接收者和沟通者的情绪，也可能成为沟通的障碍。人在情绪激动的时候，往往会陷入情绪的漩涡中，无法接受不一样的信息。因此，应避免在情绪激动的时候跟他人沟通，以免语无伦次或口无遮拦。但反过来说，适当的情绪也不完全是坏事，因为如果你的声音里没有一点情绪或热忱，对方大概也不会想听你说话。

个性 在之前讲到某个人傲慢霸道的例子里，我们可以看到，不只是人的个性不同会引起问题，我们自己的行为也会影响对方的行为，这种"个性不合"是沟通失败最常见的一种原因。**我们也许无法改变他人的个性，但是至少我们可以掌握自己的个性**，看看改变一下自己的行为，是否能够使彼此的关系更和谐。

上述这几个因素只是其中几个可能会使沟通效果不佳或失败的原因。在此我们讨论到这里就够了，因为我们已经从中学到，身为接收者或沟通者的我们可以主动改变各种条件，从而让双方的沟通进行得更顺利。接下来，我们就来看看能够使沟通更有效的做法。第一条定律就是"**三思而后行**"。如果我们在进行沟通之前，先想想可能会遇到哪些问题，就更有可能避免这些问题。

1.7　考虑五方面，让沟通更有效

不管是要进行什么样的沟通，事先自问下面列出这五个方面的简单问题，不但能使你的沟通更有机会成功，还能够使你沟通起来更轻松。

原因（目的）

- 我为什么要进行这个沟通？
- 我沟通的真正原因是什么？
- 我希望以此引起什么结果？改变对方的态度或看法？
- 我希望在沟通之后对方会做些什么？
- 我的目的是什么？告知、说服、影响、教育、同情、娱乐、建议、解释还是刺激想法？

对　象

- 谁是我的听众（听者或读者）？
- 他（们）是什么样的人？他（们）有什么样的个性、教育背景、年龄、地位？
- 他（们）对信息的内容可能会有什么样的反应？
- 他（们）对信息的主题已经了解多少？很多？不多？完全没有？比我知道的多或少？

时间和地点

- 对方会在哪里接收我的信息？在办公室里，随手就可以取得相关的数据；还是远离相关的场所，所以我可能需要再提醒他们相关的事实？
- 我的信息处在整个事件的哪个环节？我在回答对方的问题吗？这是对方第一次听到这个主题或问题吗？
- 我跟对方的关系如何？信息的主题是引起我们之间意见不和的原因吗？整个气氛是紧张还是和谐？
- 回答了上面这些问题后，要回答下面这几个问题也会更容易，比起你直接跳到"我要说什么？"更有帮助。

内容（主题）

- 我到底想说什么？
- 我需要说什么？
- 对方需要知道什么？
- 哪些信息我可以省略？
- 哪些信息我一定要包含，以达到：

　　清晰（clear）

　　积极（constructive）

　　简洁（concise）

　　正确（correct）

　　礼貌（courteous）

　　完整（complete）？（这是有效沟通的6C原则）

方式（语气和风格）

- 如何传达我的信息？用文字，用图片，还是两者都用？用什么样的文字，什么样的图片？
- 什么沟通媒介最合适？书面还是口头？电子邮件、便条还是一通电话？写信（电子邮件或书面邮件）还是碰面会谈？书面报告（通过网络寄送或邮寄）还是口头报告？

- 如何组织各项重点？是用演绎的方式（先提重点，然后说明／举例／图解），还是用归纳的方式（先说明／举例／图解，然后把重点归纳出来）？
- 如何达到预期的效果？我该采取什么语气，以达到目标？我应该采用或避免哪些字眼，以产生恰当的语气？

有时候，这些问题的答案并不难找，甚至是非常明显。但是要小心，我们很容易只从自己的角度看事情，忘了对方可能会有不同的观点。因此，在沟通比较棘手或复杂的事情之前，最好先把这些问题想一遍。甚至是在日常的沟通中，也把这些问题谨记于心。这样可以防止你"说话不经大脑"，写电子邮件时这种情况就特别容易发生。

如果是非常棘手或敏感的问题，最好在动笔或开口前几天，甚至几星期之前，就开始思考这些问题。

1.8 计划沟通内容的七大步骤

步骤一：写下目的

思考过上面五大基本问题之后，你就可以开始计划信息的内容。首先，把你希望达到的目的写下来，用一到两个句子即可。把它摆在眼前，有助于你之后组织信息的内容，并避免离题。

步骤二：收集信息

把你觉得需要提出的想法或重点全部写下来，尤其是如果你的信息篇幅很长的话，例如书面报告或口头报告。你可以写在白纸上、卡片上，也可以打在计算机上。在这个阶段，你要注意只选择重要的相关信息，不相关的信息全舍弃，不管你多想保留这些信息，先自问：

- 这跟我的信息真的有关系吗?
- 我的听众真的需要这些信息,才能理解我的信息吗?
- 这真的有助于我达到目的吗?

步骤三:把信息分类

现在看看你列出来的信息,把相关的信息归为一类。把各项信息按照类别重写一次,不妨再加上一个标题,每个类别稍后可能就各自成为一段或一节,而标题就可以继续当作标题使

> **自我检查**
> 我们最常用哪种顺序来呈现信息?

用,或是协助你撰写该段的"主题句",因为它涵盖了该段的主旨。记住,一个段落应该只有一个主要的想法。段落中的其他内容是用来支持这个想法的例子、细节、说明等。(见图13-1:段落的结构)

步骤四:决定顺序

下一步就是把笔记上的各个类别按照某种逻辑顺序排列出来,方便读者理解。内容排列顺序的方式如下:

按照时间顺序 按照事件出现的时间顺序叙述,是最常用的排序方法。在某些状况下,"顺叙法"是最合适的做法,但不要盲目采用。由于在商务场合上需处理的事务都有一个时间顺序,因此我们很容易就想到采用顺叙法,没考虑到顺叙法可能并不是最合适的做法。所以,务必先看看各类信息之间是否存在其他的逻辑关系。

按照空间顺序 便于描述机械、建筑、家具、地理位置等。按照空间呈现各项信息,例如从北到南、从上到下、从左到右、从高到低、从内到外、从近到远等。

按照重要性 "重要性递减法"(或称演绎法),先说明最重要的信息,引起读者的注意;或是"重要性递增法"(或称归纳法),先说明最不重要的信息。商务书信中通常不建议采用"重要性递增法",除非是以说服对方为目的的书信,这时这种做法会很有效果。

复杂性递增法 先提出简单的信息,渐进到复杂的信息。

熟悉度递减法 从"已知"的信息渐进到"未知"的信息。

按照因果关系 "因为……，所以……。"也就是先说明原因，再说明结果。

按照主题 有时候各类信息之间似乎没有明显的逻辑关联，这时唯一的做法就是按照主题逐项说明。

步骤五：制作大纲

完成前面四个步骤后，你其实就已经有一个现成的大纲了。但是如果你的内容很多，最好再把这个大纲清楚地写在纸上或打在计算机屏上。这样会使你之后撰写时更轻松，对方也更容易理解你的信息。

步骤六：撰写初稿

现在你可以开始撰写了。把这篇初稿先写给你自己看，先不要担心风格和用词的问题，这部分可以稍后再修饰。不管是多长多短、多简单多复杂的内容，很多人都觉得下笔是最困难的一步，但是，只要你按照这里说明的做法，并做好必需的准备与计划，像是先想想要在开头、正文和结论中要写些什么，就会发现下笔容易多了。

步骤七：编辑初稿和完稿

初稿写好之后，就可以开始进行编辑，但是这时你要从对方的角度来阅读你的稿子。从对方的立场，看看有没有含糊不清、错误、用词别扭的地方，有没有恰当的连接词，例如"首先""其次""最后""另一方面""因此"等，以协助对方掌握前后关系。此外，在文字风格上，力求简洁清晰。以下是编辑内容时的要项与技巧：

- 变化句子的长度，不要让句子过长。如果是英文句子，一个句子平均18~22个词为佳。
- 一个段落，只表达一个主要的想法。
- 使用对方能够理解的词语。例如，不要对一般大众使用行话、暗语。
- 避免不正式的口语说法。例如，英文的 to cut a long story short（长话短说）；中文的"酷哦""超赞"等流行用语。

- 省略赘字。例如，英文的"serious crisis"（严重的危机）中的serious其实是多余的；中文的"自己本身"中的"自己"和"本身"其实是相同的意思。
- 用简短或常用的字眼来替代冗长的单词或词组。例如，用start替代commence（开始），用buy替代purchase（购买）。
- 避免陈腔滥调。例如，"please find enclosed"（随信附上）、"If I can be of further assistance, please do not hesitate to contact me."（如果还有我能效劳的地方，请不吝告知）。
- 避免重复同样的单词和词组，尽量使用不同的表达。
- 用词中肯，不要言过其实。
- 多用正面积极的说法，少用负面消极的说法。
- 多用主动式，少用被动式。（第19章和第20章还会说明这一点及其他英语语法）

1.9 结语：如何沟通

本章的目的是让你对沟通的过程有一个基本的了解，并认识沟通时应该谨记的原则，特别是书面沟通。之后各章将详细探讨沟通的各个层面和各种形式。

作 业

简短描述一个你自己经历过的沟通情境，列出有哪些因素使得正确的信息无法传达给对方。

练习1-1

说明有哪些因素可能会阻碍两个说同一种语言的人之间的沟通。
（答案见本书最后）

Chapter 2

说

2.1 说话的艺术

"简,你有空吗?"

"麦特,什么事?"

"你不在的时候,大家决定向老板要求买新的笔记本电脑。我明天要去跟老板谈这件事。"

"哦?"

"我想了一下,觉得如果你能一起去,我们成功的机会会更大。你的口才比我好。"

"嗯,谢谢你的夸奖,不过我不知道耶……"

"噢!不用担心,我会告诉你全部的细节。我们决定……"

假设你是简,你会怎么办?你是就这样去见老板,然后期望想说的话自然就会溜到嘴边,还是会事先计划一下?如果老板回绝你们的要求,你会着急吗,还是会保持镇静?如果麦特表达得不好,你会不耐烦地插嘴吗?

你觉得自己的"说话"能力如何?不只是在正式场合,在面对面的讨论、面谈、开会或讲电话时,你的说话能力又如何?说话是日常生活无法分割的一部分,因此我们很容易就不把"说话"当一回事,很容易就"说话不经大脑"。并不是只有在"大场合"才需要注意自己怎么说话。

在前一章,我们讨论了沟通过程中可能会出现的问题。同样的原则也适用于工作场合中的各种口语沟通情境。不管是接电话、小组讨论、提供信息、指导新手、在会议上表达意见,或是向主管口头报告,或是在工作场合或社交场合上做一个简短的演讲,还是面试、主持会议等。从第1章到第11章,我们会仔细看看这些不同的情境。在每一个情境中,你都需要充分发挥你的沟通技巧,以清晰、精确和有力的语言表达你的想法。接下来我们先来看看适用于所有场合的基本说话技巧:(1)个人特质;(2)声音特质。

2.2 基本说话技巧 1：个人特质

> **作 业**
>
> 首先，想想看，你最钦佩谁的口才。
>
> ・是哪些特质使他们的口语表达能力如此出色？列出来。
> ・他们有没有哪些特质会使你分心或反感？列出来。
> ・再想想有没有哪个人口才特别不好？他可以怎样增进说话的技巧？
>
> 把答案列出来后，这个表总结了你觉得良好和不佳的口语沟通特质，这将成为你增进口语沟通能力的起点。

清晰 良好的口语沟通能力，首要条件就是能够清楚表达你的想法。**用词要简单明了，内容要有组织条理**，不要用复杂高深的词汇来表现自己有多博学。当然，有时你难免要用到专业说法，如果对方不熟悉这些说法，要为对方解释一下。"清晰"除了指内容上的清晰，还包括发音上的清晰，这样对方才听得懂。

正确 你应该时刻确定你的选词用字能够表达出你想表达的意思，因此你需要拥有足够的词汇量，才能选出最恰当的用词。除了用词正确，内容正确也很重要，所以你事前应该对主题进行详细的研究，引用来源也应该是可靠的权威者。**不要以偏概全**，像是"每个人都觉得……"或"没有一个头脑正常的人会接受……"这样的说法就很危险，容易遭到攻击，因为这常会激起听者的敌意。

同理心 永远保持友善礼貌的态度。不管你心里有多生气，尽量控制你的情绪，至少在表面上保持冷静。做到友善礼貌的最好办法，就是把自己放在对方的处境，体会对方的感觉，这个做法能帮助你对对方产生**同理心**。这不表示你就得同意对方的看法，但是这样你会更能体谅对方、更有耐心。面部表情和语气在这里都非常重要，尤其是在小组讨论和面谈中。

真诚 真诚的意思就是自然。跟不认识或地位高一等的人说话时，我们很容易变得生硬别扭、装模作样，这通常是因为缺乏自信。当然，你跟上司说话时，还是会跟朋友或同事说话不太一样，但是你应该努力在各种情况下都做自己！

作业

想想你平时跟朋友或家人都是怎么说话的？然后再想想，你是怎么跟上司或地位比你高很多的人说话的？当然，你的选词用字可能会不太一样，而这通常也是必要的，但在上述两种状况下，你的声音是否大致一样？如果是的话，那你可能在大部分的时候说话方式都很自然。

- 跟某些人说话时，你会不会突然紧张生硬起来？
- 你的声音会变高，还是变低？
- 你的语速会变快，还是变慢？
- 你的动作和姿势会变得僵硬别扭吗？
- 你的口音会变吗？

放松 避免变得不自然的最好办法，就是"放松"。当我们肌肉紧绷时，就很难自然地表达；别扭的动作，也是肌肉紧绷的结果。深吸一口气，这样可以帮助你放松，因为当你紧张时，可能会不自觉地憋气。如果能够提醒自己自然地呼吸，深呼吸一下，紧绷的肌肉就会放松许多，你的心情也会因此放松。

眼神接触 我们在第4章还会仔细探讨肢体语言的重要性，并说明**眼神的方向**和**凝视的时间**，对推动对话过程和表示友善非常重要，不过在这里我们可以先了解一下，眼神接触在交谈时有多重要。

作业

你有没有跟人说话时对方却似乎不愿意看着你的经验？他哪里都看了，就是不愿意看着你？这让你有什么感觉？写下你的感觉并讨论。

如果一个人说话时眼睛不看对方，对方会觉得他传达出这样的信息："我对你不感兴趣""我不喜欢你""我对自己不是很有信心""我对自己说的话没信心"，甚至是"不要相信我说的话"。所以跟别人说话的时候，与对方眼神接触，不要盯着书桌、计算机或窗外，这样会让对方觉得更被尊重，也更显真诚。如果是跟一群人说话，移动目光，轮流看着每个人。

听众会宁愿台上的人说话有些迟疑，但是愿意看着他们；也不要一个流利不出错、但是从头到尾只低头盯着讲稿的人。

外表 外表会影响对方理解你的程度。外表反映出你如何看待自己，也就是"自我形象"。由于对方一定会注意到你的外表，因此你的衣着和外貌同时也会进行"后设沟通"。在大多数的说话情境中（讲电话和听收音机除外），听众都会看到说话者，并在说话者开口前就从外表去评判说话者。

因此，体面的衣着和整洁的外貌，在正式场合中显然很重要，如开会、面试等。但是"衣着正式"并不一定永远都是最恰当的，在某些行业中甚至完全不合适。假设你的工作难免会把衣服弄脏，工作到一半主管突然要你去办公室见他，或是公司要你跟来参观的访客说明什么，你怎么办？这时候你个人的外表一样很重要，即使是穿着被油渍沾污的工作装，你仍旧可以给对方这样的感觉：你平时会细心照料你的工作服，即使工作的性质需要你碰到肮脏的东西，你依然觉得个人的整洁很重要。所以归纳出下面两个重点：(1) 个人的整洁；(2) 切合情况的衣着与外表。

即使只是新进员工，你也应该了解，自己的外表会影响到别人对你的印象。留意身边的人的反应，选择恰当的衣着。这并不表示你必须完全放弃自己的风格，只是说你要弹性一点，依照场合调整自己的穿着。所以，如果你平时的衣着喜欢标新立异，工作时就收敛一点。

姿势 良好的姿势也很重要。如果你懒洋洋地靠在墙边或瘫在椅子上，对方会觉得你不是累了，就是无聊，不然就是不在乎，或者三者都是！因此对方也不太可能重视你说的话。

注意自己说话时的坐姿或站姿，还有一个很重要的原因就是姿势会影响到声音的品质。如果你无精打采，低着头或垂着肩，声音的品质也不会有多好，因为你的呼吸受到阻碍，无法吸进足够的空气，也无法百分之百地控制气体吐纳。此外，如果你垂着头，喉头的肌肉、下颌和声带也无法自由地活动，结果说出来的话就会含含糊糊、不清不楚。

不良的姿势除了会通过生理影响你的声音，也会通过心理影响你的声音。**不良姿势传达出来的"不在乎"感觉会潜进你的声音。**如果你一副闷闷不乐的样子，你的声音听起来大概也会闷闷不乐，甚至带着大多数人都讨厌听到的哭腔。注意说话时的姿势，你就可以让自己的声音和整体态度具备下列**四种良好的声音品质：(1) 灵活；(2) 悦耳；(3) 清晰；(4) 富有感情**。

2.3 基本说话技巧 2：声音特质

不要以为你无法改变自己说话的方式，你随时都可以控制自己的声音，而且你随时都在控制自己的声音。留意一下你如何在不同的场合使用自己的声音，像是提高或降低音量、视状况调整语气等。如果你有心，你可以改善自己的声音，但是你必须下工夫，而第一步就是了解有哪些因素会影响你的声音。

说话的机制　说话牵涉到许多机械过程。整个过程包含了对横膈膜、肺、胸腔肌肉，以及声带、嘴巴、舌头和嘴唇的复杂操控。声带就如同一对橡皮筋，位于喉头的内部，而喉头就在喉结的后方。当气体从肺部挤出，穿过喉头、经过声带时，声音就产生了。声音的形成首先取决于声带，然后是下颌、嘴巴、舌头、牙齿和嘴唇的位置。当然，你平常说话的时候并不会注意到这些细节，除非是说话太多、疲倦或情绪变化等因素影响到声音，才会使你注意到自己的声音。

要发出清楚的声音，喉头的肌肉必须放松，下颌不能紧绷或僵硬，嘴唇应该柔软有弹性，能够形成各种不同的形状。如果你曾被牙医进行过口腔麻醉，你就会知道嘴唇不听使唤时，说话有多困难了。

音高　说话声音高的人，听起来可能尖薄或刺耳；说话声音低的人，听起来可能深沉或沙哑。声带紧绷时，声音就高，因为气流挤过去时，使声带振动的频率快，就如同用手拨动紧绷的橡皮筋。

人在害怕或紧张时，声带往往会紧绷，声音也高起来。想放松喉头的肌肉，你可以进行简单的练习：

> **练习**
>
> 　　深吸一口气，然后边吐气边说几个简短的音节，例如：She gave us all a short talk on art.（她跟我们大家简短地讨论了一下艺术。）
>
> 　　自己试试看。留意随着吐气，紧绷的肌肉如何渐渐放松下来。我们在吐气时，不可能同时维持肌肉的紧绷，这就是为什么深呼吸能够帮助放松。

音量　音量比音高容易控制，不过我们还是需要一点练习，才能达到合适的音量。恰当的呼吸，是控制音量和有效说话的必要因素。练习深呼吸和吐气时，用刚好足够的力气产生合适的音量。学习如何**投射**你的声音，这样你不用大喊或尖叫，对方站在远处也可以听到你。

如果你能够控制自己的声音，清楚地说话，没有大喊大叫或是费劲吃力的迹象，对方就只会注意到你声音本身的特质。**对方会觉得你知道自己在说什么，也愿意专心听你说话**。什么才是合适的音量视场合而定。因此你应该注意：

- 说话的地点（地点会影响声音的传播，例如是选择小房间还是大讲堂？音响效果好还是不好？房间里是否有回音？在室内还是室外？）
- 听众的人数
- 背景噪音（例如空调的声音）

发音和腔调　发音就是后天学来的发声方式。发音多少受到腔调的影响，英国北方人和南方人的发音和腔调就有所不同。发音可分为两个部分：发辅音的方式（articulation）和发元音的方式（enunciation）。

如果这两部分都做得好，那就是发音咬字清楚。良好的发音咬字一般被认为是教育良好的表现。不过，不要把发音和腔调搞混了，不管你有什么腔调，你都应该发音清楚。听听不同的电视和广播主持人，找出腔调和发音的不同。英国一度把BBC英语视为唯一的"正确英语"。但是在今天，电视上、广播上可以听到各种地区口音，只要说话的人发音清晰，大家都能够接受。就如同腔调，你的发音多少也会把你的身份透露给对方。

如果你的英文单词发音不对，或是发声含糊不清，对方就不会想听你说话，特别是在求职面试时，那结果就差别很大了。

作　业

把自己的声音录下来，听听你是怎么说话的，也就是你发出声音的生理过程。简短地写下自己的说话风格，包括好与不好的地方。

发音器官紧绷程度　含糊不清的发音，有时是下颌或舌头紧绷的结果。如果你的喉咙紧绷，那你的下颌大概也很紧绷。下颌应该放松，可以自由张合；如果不是，声音从半闭着的嘴巴传出来，当然就会含糊不清了。在这种状况下，我们也很难把感情注入声音中，讲出来的话当然就呆板单调、缺乏生气。

练　习

下颌活动度测试

　　测试一下自己下颌的活动度。紧绷下颌（比如说半闭着），然后说：a cleverly devised scheme（聪明策划的诡计）。

　　这时你会发现自己的牙齿和嘴唇几乎没有动。现在放松下颌，让牙齿和嘴唇自由活动，把同样的句子再说一遍，两者之间的差别，应该不难察觉。如果你没发现两者的差别，再试一次，并把声音录下来，听听两者的区别。

放松下颌的练习

- 咬紧牙关，紧绷下颌，以这个姿势维持几秒钟。
- 然后放松，让下颌垂下去，甚至你可以让嘴巴张着。
- 现在下颌垂着的时候，你可以把舌头伸到上下牙齿之间。这表示你的下颌放松了。

　　我们在躺着的时候，常常以为自己是放松的，但是其实这时下颌常因内在的压力处在紧绷的状态。上床睡觉前做上面这个练习，非常有助于放松。

　　如果嘴唇处于紧绷的状态，或是不怎么活动，也会影响声音的品质。来自格拉斯哥的苏格兰演员比利·康纳利（Billy Connolly）曾被问到自己南下闯事业时，是否尝试改变口音，他说："噢，没有！我只是说话时把嘴巴张大一点。格拉斯哥人的嘴巴就跟信箱口一样，说话时几乎都不张嘴。"

　　这个例子强调了腔调和发音的差别。如果你有浓重的地方口音，无须改变你的口音，但是说话时务必张开嘴巴，活动嘴唇，把字发清楚。

> **练 习**
>
> 试试这个实验。把嘴唇维持在跟信箱口一样"一"的状态,然后说bit、team、fill、kite、see、chap等词。之后再说hip、load、murmur、no、rain、yet、weigh等词。
>
> 留意这些词的发音受到什么影响。因为说这些词的时候,嘴唇应该要变化形状,才能发出第一个字母。现在以自然的方式把这些词再说一遍。

变化各种嘴唇形状会让说话更清楚,如果嘴唇形状变化的范围有限,那么有些辅音和元音势必会彼此混淆,造成沟通困难。即使是听力很好的听者,也在一定程度上依赖读唇。如果你的嘴唇不怎么动,对方就很难了解你到底在说什么。

> **练 习**
>
> 如果你知道自己说话时不怎么动嘴唇,可以做这个练习。说soon、seen、sand、sawn、sow、side、such等词,注意每个词的嘴唇形状都应该不一样。

一开始的时候,把每个嘴形都夸大一点,会非常有帮助,但是平时跟别人说话时,就不需要夸大嘴唇的动作。不过如果你是在大厅里跟一大群人讲话,或是听众对你的母语不是很熟悉,就不妨稍稍强调一下嘴唇的动作,弥补距离和清晰度的问题。

语速 说话的速度,也会影响你传达出的信息。说话太快,会给人急迫的感觉。说话快有时候是有必要的,但是如果你时时说话都那么快,对方可能很快就会关上耳朵,因为他知道你说的话其实并没有多紧急。说话太快也会影响对方的理解,而且可能使每个词不能都清楚地发出来。经常需要在公开场合说话的人,在演说的时候,往往会比平时说话慢一点,但是这当然也视他们平时的语速而定,总不能说话慢到让听众开始分心、觉得无聊,甚至忘了有人正在讲话。

好的说话者会随内容的重要性变化语速,把比较不重要的单词和词组快速带过去，重要的单词或词组则说得慢一点。

停顿　如果你在每个字或每几个字之间停顿太久，听众很快就会失去兴趣。不过，适当的停顿却有助于你有效地传达信息。好的说话者会在恰当的地方稍做停顿，让听众趁此机会吸收刚刚听到的内容，偶尔他们也会在一个字眼的前后，或是在说明某个重点之前故做停顿，以达到强调的效果。

语调　语调，或者说是声音的"抑扬顿挫"，也会影响信息被接收的效果。语调的变化牵涉到音高和语速的变化，会丰富或强调说话内容。

不过，**不管你说的话在文字上是什么意思，语调往往会泄露你真正的态度和情绪**。你对对方的态度或对方说话内容的态度，往往会表现在你的语调上。语调会透露你是高兴、生气还是难过，你可能听起来卑微害怕，也可能听起来霸道强势。你可以通过不同的语调，给予同样一个字好几种不同的意义，例如下面的对话：

"那些信我全处理完了。"
"好。"

这个"好"字可以表示"我知道了"，也可以表示"做得好！速度真快耶"，也可以表示"也该是时候了吧！"——就看你是用什么语调说的。我们很容易就粗心大意用错语调，结果传达出错误的信息。不过，从另一方面来看，我们也真的很容易让语调透露出心里真正的想法。

语调在平时的对话中很重要，在正式的演讲中也是。如果你对自己演讲的内容不感兴趣，听众很容易从你的语调中察觉；但是如果你对演讲的内容充满热忱，很高兴有机会讲这个主题，就不妨让听众感觉到这一点。负面的情感应该要掩藏起来，如果演讲的主题对你来说很无聊，那就把注意力放在做好演讲上，你会发现自己的语调也会跟着飞扬起来。换句话说，随时小心别让语调泄露你的态度和情绪，除非你有意让对方感觉到自己的态度和情绪。

2.4　说话要达到的特质

灵活　你如果表现得"灵活"，会让对方觉得你知道并关心周围发生的事物，并能重现自己所说的内容，因此他们也更愿意听你说话。

悦耳 一方面是用词要周到有礼，一方面是通过微笑与和善的表情表示友善。

清晰 说话要清晰，让对方听得到、听得懂你说的话，清楚的发音当然包括在内。你需要恰当地呼吸，并轻松自由地移动嘴唇、舌头和下颌。此外，你要直接对着对方说话。

感情 声音里要有感情，不要单调呆板，不然只会让对方关起耳朵。

如果你的姿势良好，对说话的主题有兴趣，而且重视对方，声音里就更容易有感情。

2.5 结语：说话的技巧

有效的说话，是好几环因素结合起来的结果，而你对这每一环都有控制的能力。首先是个人的特质，像是清晰、正确、同理心、真诚、放松、眼神接触、外表、姿势，这些跟你的说话内容和行为举止有关。

再来是声音的特质，像是说话的机制、音高、音量、发音和腔调、发音器官紧绷程度、语速、停顿、语调，这牵涉到你如何运用自己的声音。

作　业

从书上或杂志上选一个段落，大声朗读四遍（有可能的话请录音）：

第一次朗诵时，把注意力放在"灵活"的特质上；
第二次朗诵时，把注意力放在"悦耳"的特质上；
第三次朗诵时，把注意力放在"清晰"的特质上；
第四次朗诵时，把注意力放在"感情"的特质上。

把四段录音听一遍。你能听出之间的差别吗？你每一次都把每一个特质强调出来了吗？最后，把该段落再朗读一遍并录音，但是这次力求四个特质都达到。

Chapter 3

听

3.1 听,被忽视的技巧

以下几种类型的人我们大多都遇到过:

- ☑ 用呆滞的眼神看着你,一心只想着自己待会儿要说什么,根本听不进你说的话,然后没等你说完就插嘴进来,说些跟之前的内容完全无关的东西。
- ☑ 老说"有问题尽管来找我"的主管,但是一旦你真的约了时间去找他,他却只顾着讨论他自己的问题。
- ☑ 对每堂课都抱怨的学生,上课听了五分钟就开始分心、睡觉,认为所有的事情都无聊、都是浪费时间。
- ☑ 研讨会上坐在你旁边,等台上的人一讲完,就对你说:"讲得真差!这个人根本不知道自己在说什么,而且我最受不了打领结的人!"

说不定你自己就是这样的人!那么,你的倾听技巧有多好?为什么"听"又这么重要?由于现在的员工都被要求随时得到必要的信息,并为了提升士气与生产力,许多公司疯狂致力于提升书面沟通的质与量。但是我们也看到,只是让大家得到越来越多的信息,并不一定能够改善公司里的沟通过程。

这个疯狂的状况源自两个信念:

(1)从多数的沟通技巧训练课程内容看来,大家都把重点放在更有效地传达信息的能力,例如,如何将信息写得更清晰、更简洁、更正确,如何说起话来更有自信、更为对方着想。但是**研究人类沟通的专家发现,我们接收信息的能力其实也一样需要改善。**

(2)第二个信念非常普遍,即使可能是潜藏在意识下的。这个信念就是:我们在成功的阶梯上爬得越高,承担的责任越大,倾听和接收信息的成分就会越加转移为传达信息、发号施令的成分。其实事实正好相反!

> **检查重点**
>
> 我们听的能力有多好?
>
> 　　研究结果显示,一般人在听完话之后只记得50%的内容,两个月后只记得25%的内容。
>
> 　　更不妙的是,另外有一个研究结果显示,三天之后我们只记得原来内容的10%!
>
> 我们到底花多少时间在"听"?
>
> 　　有一个研究探讨白领的时间构成。研究人员每15分钟就记录被试者的活动,为期两个月。结果发现这些白领醒着的时候,每10分钟就有7分钟是在从事沟通活动。其成分如下:
>
> 　　　　9%写+30%说　→　39%用于传达
> 　　　　16%读+45%听　→　61%用于接收
>
> 　　如果这个数据没错(有很多其他研究结果支持这个数据),那么一个白领花在沟通上的时间,平均有45%是花在"听"上面,而且在所有醒着的时间中,有31.5%的时间是在"听"。

　　因此,即使电子邮件和网络使我们花费更多时间在写和读上,但是其实"听"才是沟通中最主要的成分。既然我们"听"的能力如此"差强人意",日常生活和工作场合上又越来越依靠书面和口语传达信息,"听"显然是一个重要且非下意识的技巧,而且是沟通过程中特别重要的能力,亟需我们的关注。

有人教过你怎么"听"吗?

　　你听我说!
　　你好好听我说好不好!
　　我说的话你到底有没有听进去啊?

以上这些对话是不是常常出现在我们的日常生活中？而这恐怕就是我们大多数人就"听"这个重要技巧所得到的学习成果！

在学校里，从开学第一天到毕业的最后一天，老师会教你写字，也会教你读和说，让你的读和说至少达到一个基本的程度。但是你读和说之后还学到什么？这也许视你就读的学校而定，但是我们大多数人最后只能各凭本事，也许技巧会增进一点，但多半也是运气使然。

至于听，我们似乎都认为，只要没有听力障碍，我们从出生起自然而然就知道怎么听，因此不需要有人教。但是，你只要花几分钟想一想，恐怕就会想起不少这样的经验：对方表面上在听你说话，心里其实却在想别的事情，或是在想自己待会儿要说什么。

因此，"听"这个能力受到严重的忽视，有时甚至被视为一种被动的技巧，没什么改变或改善的余地。然而，"听"对于良好的沟通非常重要，**因为沟通的关键往往是接收者、听者，而非说话者。**

除非你听到该信息并理解了，才算是"沟通"，否则就只是噪音。

3.2　为什么要增进听的能力？

我们都需要倾听

我们每个人都需要具备倾听的能力。学生需要懂得倾听，才能获得知识，完成学业；主管需要懂得倾听，才能掌握动态，作出明智的决定，保持员工的士气；销售人员要懂得倾听顾客说的话；父母要懂得倾听孩子说的话。在许多专业领域，如精神医学、教育、顾问、人事等，有效的倾听甚至是必要的技巧。医学教育近年来也越来越注重倾听技巧的训练，毕竟医师如何下诊断，主要的信息来源就是病人的叙述。但这不是说我们就应该只听不说，如同一位作家所说的：

> 因为无话可说而倾听的人，无法鼓舞人心。唯一有用的倾听，是时而吸收说者的想法，时而表达自己的想法的倾听。

好的倾听者会有四大收获：

- 获得信息
- 理解对方
- 对方也会专心听你说话
- 促成和对方的合作

有效倾听的有益结果

鼓励对方 当对方发现你诚恳自然地听他说话，他多少会放下戒备，反过来也专心听你说话。因此，你的专心倾听会连带使对方也成为好的听者。

得到信息 想要有效解决问题和作出决定，有一个前提就是尽量获取所有相关的信息。良好的倾听技巧，有助于你从对方那里获取完整的信息。你的专心倾听通常会使对方更愿意继续讲下去，把知道的信息全都告诉你，当你得到的信息越完整，也更容易作出正确的决定。

增进关系 有效的倾听通常能够增进彼此之间的关系。这能让说话者有机会说明事实、表达想法，而你专心倾听就能够更了解对方，对方会感激你表现出来的专注与兴趣，彼此的友谊也许也因此更深厚。

解决问题 当双方能够互相倾听时，也更容易化解歧见与问题。这并不表示你就得同意对方的观点，你只需要能够理解对方的立场就够了。每个人都希望被理解，而表示理解最好的做法就是倾听。倾听也有助于对方更清楚地看到自己的问题，因为通常我们自己开口说明一个问题后，也更容易看到解决的办法。

了解对方 仔细倾听有助于你了解对方的想法，理解他们觉得什么重要，理解为什么他们现在会说这些话。更了解对方后，与对方共事起来也更容易，就算你不是很喜欢对方。了解珍妮个性外向，约翰个性内向，或是麦克需要常常称赞，彼此相处起来就会更和谐。

3.3 你是好的倾听者吗？

我们该怎么训练听的能力？你觉得自己已经具备听的能力了吗？

作 业

如果你想知道自己平时听的能力有多好,回答下列问题。这些问题的理想答案不难猜,要"作弊"很简单,但是作弊只是自欺欺人。如果你诚实回答,就可以了解一下自己倾听的能力。

只需回答"是"或"不是"即可。

(1)你会选择合适的位置来听清楚对方的谈话吗?
(2)你除了听内容,还会听潜藏在文字之下的情绪吗?
(3)你不会注意说话的人的外表,只在意他说的内容吗?
(4)你除了听对方说什么,还会看着对方吗?
(5)在评判对方说的话时,你会注意到自己的偏见和感觉吗?
(6)你会把注意力一直放在所说的主题上,跟着对方的思路吗?
(7)你会尽量找出所听内容的逻辑与推理吗?
(8)听到觉得是错误的内容时,你会克制自己不插嘴或不继续听吗?
(9)在讨论的时候,你愿意让别人做最后的决定吗?
(10)在提出意见、回答或反驳时,你会先确定自己顾虑到对方的立场了吗?

如果上面每一题你都回答"是",那你就是没诚实回答。也许你相信自己每一点都做到了,或是你有意每一点都做到,但是说实话吧,如果每次都这么专心地倾听会很辛苦,我们没有人能够每次都做到!

如果你有大约五题答"是",那你大概就是在说实话,而且也愿意坦承,即使是这五个答了"是"的情况,你偶尔还是会忘记做到。不过,显然你也认为,不管在心里是否同意对方的意见,但每个人都有被倾听的权利。

哪几题你回答了"不是"?这些问题透露出什么?你觉得专心听别人说话很难吗?你只有在对方讨你喜欢或看法与你相同时,才能专心倾听吗?如果你不喜欢对方的外表,就会关起耳朵吗?你会让对方的外表影响你对谈话内容的判断吗?

如果你只有不到五题回答"是",那你要不就是太过诚实,要不就是假装诚实,不过你很有可能是那种你自己也不喜欢的人,例如,自我中心、只在乎自己的想法、心胸狭窄、不认为别人的观点跟自己的观点一样有价值、不愿意承认自己有偏见……总之,就是不怎么愿意听别人说。

> **作 业**
>
> 回到本章一开头所描述的各种"听者",想象他们会怎么回答上面10个问题,或者说为了顾及"面子",他们会如何"作假"?

在增进"听力"的过程中,上面这10个问题就是你应努力达到的目标,因为这10个问题已涵盖私人与商务沟通中最重要的关键。

下面举出更实用的建议,如果在公司里能够确实执行,沟通的效果将增加两至三倍,并使你成为公司里更有效率的一份子。

3.4 增进倾听技巧的10个方法

要做到良好的倾听,最简单的做法也许就是"专心"。你可能会说:"说得简单,要怎么个专心法啊?"下面几个做法都有助于专心。

准备好去"听"

- "听"不是一种被动的技巧,而是需要积极付出努力。**沟通是双向的过程,所以我们跟说者一样负有责任**。我们应该多思考对方要说什么,少想着自己要说什么。
- "准备好"也意味着建立正确的态度,愿意去维持注意力、增加警觉性和理解力,并且拥有相关的背景知识。
- 也就是说开会前、面谈前或上课前要做些预习,让自己有个基础和头绪。

感兴趣

- "如果他没办法把内容讲得有趣一点,也不能怪我听不进去!"这是我们在上课或演讲后经常听到的一句话。但是记得,**听者负有一半的责任**。
- 找出信息中与你的个人、工作或兴趣有关的地方。任何信息在任何时间都可能对你有意义。自问:"哪些内容对我有用? 我可以如何利用我自己或向他人学到的东西来提供更好的服务、提升士气、更有效率?"
- 此外,表现出感兴趣的样子是非常重要的。毕竟,没有人喜欢对着"一堵墙"说话。把自己放在说者的处境,想想你会有什么感觉。

心胸开阔

- **心胸开阔的意思就是知道自己有哪些偏见**,否则你可能就会把"不合意"的信息排斥掉。不要因为与你的信念、态度、理念和价值相抵触的信息而感觉到被威胁或侮辱,也不要立刻就排斥。
- 心胸开阔也意味着不去在意说话者的外表和表达方式。不要因为不喜欢对方的外表,就一并排斥对方的想法。
- 如果你知道自己有哪些成见,就更容易控制这些成见带来的影响。
- 不要根据对方的人格、传达的信息和你自己的反应过早下结论。你可能会看错,而且如果太早下结论,可能会因此错过听到真相的机会。简言之,不要急着下结论。

听出重点

- 不好的听者通常只会听事件的部分。学着去区分事实与原则、理念与例子、证据与理由。
- 听出重点的能力,取决于辨认信息结构、过渡语言与重复部分的能力。重点可能出现在开头、中间或结尾,所以你时时都要机警留意。
- 如果说话者给出概况或总结,这部分就特别值得专心听。

批判性倾听

- 对说话者提出的假设与理由带着中立而批判的态度,仔细衡量各种证据的价值与主题背后的逻辑基础。

避免分心

- 换句话说就是"专心"。人的注意力是会不断变动起伏的,从经验你大概也知道,要分心有多容易。当然,要维持听众的注意力,说话者负有很大的责任。但是如果听者不愿意专心听,世界上最好的演说家也没办法让他们听进去。

- 大多数人的专心曲线都是一开始高,然后随着谈话内容的进展逐渐下降,到了结尾又升高。因此你在中间的部分要特别努力专心。
- 不要分心去注意说话者的服装、外貌、用词、表达方式及各种视觉、口语、书面辅助工具,更不要让其他听众分散你的注意力。也许别人不专心,但是你可以证明你是好听者。
- 如果讲者说的内容对你很重要,最好把重点和特别的例子简单地记下来,以便之后参考或应用。不过,做笔记也可能会让你分心,所以这方面可能要看情况。或许可以专心听完,之后再做笔记。
- 对说话的内容表现出感兴趣。在谈话中点头就是一种帮助。在后面讨论反应的段落中,我们还可以看到其他方式可以鼓励说话者。

"听者的反应"是你在听话者说话时的表情或动作。让说话者知道你的确在专心听,你对他所说的内容感兴趣,希望他继续说下去。这些反应通常在说话者说话的空当出现,但是都安静而简短,以避免打断说话者的思路。

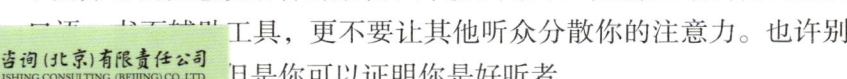

> **自我检查**
>
> "听者的反应"有五种。你能想到有哪些"听者的反应"能让对方觉得你对谈话内容感兴趣?回想一下你最近一次进行的对话,你在听的时候还做了什么?

听者的五种反应

- 说"了解""嗯""真的?"等
- 重复对方刚说过的最后几个字(但要小心,如果太频繁,会惹人厌)
- 表示你理解对方的意思了(例如:所以你觉得……)

- 你想到了几个？这些"听者的反应"价值就在于给予说话者反馈，让他知道你依旧在听，而且想继续听下去。
- 最后三项在讲电话时特别重要，尤其是在讲手机时，这样对方才知道你还在！

回　应

- 也就是上述"听者的反应"最后一点。这个做法非常有价值，因此在这里特别说明。
- 这样响应能够让说话者感受到你真的在听他说话。此外，你也可以借此确定自己真的听懂对方的意思了。
- 我们大多数人在听的时候，往往花太多心思思考自己待会儿该怎么回答或反驳，反而无法真正专心倾听。一位心理学家注意到这个问题，并就此发明了一个游戏。在这个讨论游戏中，每个人在发表意见之前，都要先总结上一个人的说法，而且要说得让上一个人感到满意。
- 自己玩玩这个游戏，看看在听别人说话时，你是不是很难克制自己不去准备答案，结果导致别人说的话一大部分都没听进去。

检查重点　用来回应的说法

如果你没听懂对方的意思，或是希望对方详细解释一下，就可以用下列说法作为开头：

你说……　　你提到……　　你之前说……　　你描述了……

复述过对方说的内容后，你就可以提出下列的问题：

谁？　什么？　哪里？　什么时候？　为什么？　如何？

这样你就有机会得到更详尽的信息。

不插话

- 当个好听者最难的部分,恐怕就是克制自己不插嘴。对方如果停顿了,并不表示他已经说完了,所以要有耐心一点。

练习 3-1

1. 白领平均花多少比例的沟通时间在"听"上?
2. 根据研究结果,我们在三天之后还会记得原来信息的百分之多少?
3. 列出并说明有哪五种做法可以表示我们正在专心倾听。
4. 听者如何避免分心?
5. 现在回头看看本章开头所描述的四种听者。上述增进听力的10个做法中,哪些做法对哪种听者会特别有帮助?

3.5 结语:良好的倾听

有效倾听的结果

1. 鼓励对方
2. 得到信息
3. 增进关系
4. 解决问题
5. 理解对方

增进倾听技巧的十个做法

1. 准备好去听
2. 感兴趣
3. 心胸开阔
4. 去听重点
5. 批判性地听
6. 避免分心
7. 做笔记
8. 协助说话者
9. 回应
10. 不插话

作　业

1. 把增进听力的10个做法写在卡片上，下次面对面听别人说话时，练习这10个做法。把同样的练习应用在听电视上的演说或采访，更能增进练习效果。
2. 玩玩上述的听力游戏。跟朋友找个话题讨论，但是同时遵守下面的规则：

   每个人在发言前，都要先复述前一个人的想法和感觉，而且要准确无误，让当事者满意才可以。

   20分钟后，互相讨论这个做法的难度及对训练有效倾听的好处。

Chapter

4

人际互动与
非语言沟通

4.1 我们做的每一件事,都是一种沟通

　　艾恩刚跟太太大吵一架。他走出家门,耳边还回响着太太气愤的叫骂声。上班路上的塞车车流中,他懊悔着自己当初应该用什么话反击太太才对。想着他们到底为什么吵架,他说了什么、做了什么使两人越吵越凶,太太又说了什么、做了什么让他不高兴,就这样越想越生气。

　　艾恩到公司时已经迟到了,心里依旧气愤不已。打开公司大门,迎面而来的是珍妮甜美的微笑和一声亲切的早安,珍妮是他最忠心的得力助手。艾恩匆匆走过她身旁,彷佛没看见她似的,而他以前从来不会这样装做没看见她!于是珍妮开始怀疑自己是不是做错了什么……

我们时时都在沟通,**我们不可能不沟通。**也就是说,不使用语言,并不表示沟通就不存在。即使我们没有刻意去留意,我们仍旧时时刻刻会从外界接收信息。同样的道理,我们自己也时时刻刻在向他人传递信息,不管是有意或是无意。

　　我们做的每一件事都是一种沟通,即使我们一句话也不说。
　　而我们对世界、对他人、对自己的感觉,也会有意识或无意识地影响我们沟通的方式。

4.2 后设沟通与周边语言

　　"非语言沟通"(non-verbal communication)就是所有不使用语言的沟通。我们站立、走路、耸肩的方式,我们穿的衣服、开的车、使用的办公室等都在向他人传递某种信息。

　　也许你也曾说过这样的话:"她说她觉得这主意不错,但是我感觉其实

她不是很赞同。"你是怎么得到"感觉"这个信息的？尽管她嘴里说的是另外一套，但也许有那么一瞬间，她的表情似乎表现出不赞同；或者她的口气听起来不是很热忱，与她嘴上说的话互相矛盾。

所有这些在文字之外、我们拿来阐释他人所说的话的线索，称为"后设沟通"（meta-communication）。其希腊前缀 meta 是"超越"或"附加"的意思，因此"后设沟通"就是"沟通之外附加的东西"。

在上述的例子里，如果对方的表情或肢体动作让你觉得其实她不是很支持这个主意，那么她就是在通过"后设沟通"传达出此信息。

如果你是从她的语气中感觉到她并不喜欢这个主意，那么她就是通过"周边语言"（paralanguage）传达出此信息。"周边语言"传达出来的信息，常常跟文字本身所表达的意义相反，遇到这种情况时，我们通常会相信周边语言所传达出的信息，而不去相信语言本身的意思。

重点不是他说了什么，而是他怎么说。

比如说，有些家长会对帮了倒忙的孩子说："真是谢谢你啊！"但是从爸妈的口气（而且还故意强调"真是"两个字）听来，孩子立刻就知道，爸妈根本不是在谢他，而是在挖苦他！

当然，我们经常通过动作、表情等完全非语言的方式进行沟通。耸个肩表示"别问我，我不知道"，拍个手表示赞赏，或是冲出房间后把门重重甩上表示气愤的沟通效果，恐怕就跟文字一样好。

虽然非语言沟通时时都在影响我们的阐释，**这个阐释却往往是不知不觉的**。同样的道理，你也可能会在不知不觉中进行非语言沟通。

> 非语言沟通是一个我们在自己身上最看不到、在别人身上最看得到的沟通渠道。

既然非语言沟通是沟通过程中如此重要的一环，我们就应该来好好了解一下。如果你能够更加留意这些非语言信息，你就可以驾驭它们，不再与你作对。在本章，我们就要来看看：

・沉默的语言
・时间的语言

- 肢体语言
- 人际互动背后的心理学

4.3　沉默的语言

你有没有遇到过对方故意装做不认识你的经验？你有什么感觉？演讲或讲课结束了，台上的人问大家有没有问题，你对这时台下的一片沉默有何感觉？

俗语说"沉默是金"，但是沉默真的是金吗？本章开头的艾恩一句话也没说，但是他可是非常"大声"地在沟通，而珍妮并不觉得他的沉默有多可取。在某些状况下，长时间的沉默对某些人来说是金，但是在西方社会，大多数人会觉得这样的沉默很尴尬，有时甚至是一种威胁。

当别人问我们问题，我们却不回答——这也是一种沟通。当台上的人演讲完请听众发问，台下却一片沉默，听众也仍旧在沟通，演讲人可能不知道该怎么阐释这片沉默。无聊？不同意？彻底反对？十分满意？缺乏清楚的反馈，这片沉默就显得模棱两可，演讲人只能猜，而且猜错的机会绝对很大。

我们是群居的动物，我们的社会是由彼此之间的回应所建构起来的。**我们需要周围的人让我们知道，我们不只是存在，而且对周围的人是持友善态度，是没有敌意的。** 社会上最残酷的惩罚就是"禁止大家跟某人说话"；法律上最残酷、伤害最大（如果时间很久）的惩罚就是"单独监禁"。所以闭上嘴巴不说话有时候虽然是明智的做法，有时候也可以成为一种排挤的行为。**沉默会筑起一道墙，这道墙就是沟通的障碍。**

另一方面，善用沉默，也就是安静地倾听，可以鼓励对方继续说下去，甚至鼓励对方把本来不愿表达的感觉和态度表达出来。在鼓励响应和双向沟通上，沉默可以是一个很有效的工具。**沉默是很有力的沟通工具，但是你必须有技巧地使用。**

作业

下次看电视或在公交车或火车上听别人交谈时，留意"沉默"的部分。人们如何及为何使用"沉默"这个工具？沉默对交谈过程又有什么影响？

4.4 时间的语言

> **作　业**
>
> 1. 想想你对"时间"持有什么态度。你认为"准时"很重要吗？是时时都很重要，还是视情况而定？什么样的情况？
> 2. 你能想到最近有哪次发现别人对时间的态度跟你不同吗？这对你带来什么影响？
> 3. 你曾经在开会或跟朋友碰面时早到吗？或是迟到？也许你有充分的理由，但是别人可能会有什么感觉？

我们很容易就假设我们每个人对时间的感觉都一样。毕竟一个小时就是一个小时，不是吗？但是其实**每个国家、社会和文化的人对时间的感觉都不同**。

基督教文化按年来划分时间，一年有365天（严格来说是365又1/4天），伊斯兰教文化的一年则较短，短了10到11天。基督教的纪年始于耶稣诞生那一年，伊斯兰教的纪年则始于公元622年，即穆罕默德从麦加逃往麦地那那一年。因此，公元1979年时，伊斯兰教的纪年才开始进入十四世纪。

即使是在同一个文化中，不同的群体也能以不同方式划分时间。公司会把注意力放在周一到周五的工作日上；但是欧洲商家的工作日则是周一到周六；零售业者会把一年分为圣诞节、冬季大减价、夏季大减价等几个时节；如果是旅游业，甚至还有夏天这个旺季；农夫则不那么注意工作日和休息日，而是根据农务活动和季节感觉时间的脚步，如犁田的季节、播种的季节、晒干草的季节等。

每一个人都有不同的时间感，这一点并不是很明显，因此可能也更重要。根据自己的角色和环境，每个人对时间的态度都不同。比如说，总统的时间就跟一对退休夫妻的时间不一样。

> **作　业**
>
> 1. 你认为时间对你来说非常重要吗？
> 2. 你是个手脚勤快、精力十足的人，还是个缓慢谨慎的人呢？

> 3. 你期望别人也跟你一样吗？
> 4. 你受不了别人跟你不一样吗？
> 5. 你受不了工作上总是急急忙忙、横冲直撞的人，还是受不了什么事几乎都以龟速进行的人？
> 6. 你有没有想过别人可能受不了你对时间的态度？

我们对时间的态度，往往反映在我们使用的文字上。忙碌的主管可能会把花三十分钟跟一个自己不想见到的人聊天称为"浪费时间"。大多数孩子都知道大人不耐烦时说的"一分钟以后"有多含糊，"一分钟以后"可能真的是"一分钟以后"，也可能是"等我忙完这件事"的意思，也有可能是"永远都不"的意思。

如果一个人说他会"尽快"完成某个工作，他可能会把更重要或更紧急的几件事处理完之后，立刻进行该工作；另外一个人说他会"尽快"完成某个工作，却可能要等你提醒两三次后才开始着手。

也许对沟通影响更大的是我们使用时间的方式。如果你跟别人约好了早上十点碰面，结果十点半才出现，你也在沟通某种信息，例如你对此次会面的态度、对对方的态度、对你自己的态度，或是时间对你的重要性。如果你上课早到了，这可能显示出你的兴趣与热忱。你在利用"时间"传达出你的渴望。

各种文化在时间的使用上也有差异，商务主管最好能事先了解一下。在西方社会，商务人士总是把自己的时间安排得分毫不差，时钟、手表、时间表、行事历决定每天的行程，例如，两点钟会面就是两点钟会面的意思，顶多延迟个五到十分钟。但是在某些文化里，两点钟会面可能是三点钟会面的意思，如果你准时两点出现，可能还会冒犯对方。

如果你在西方社会受邀吃饭，饭一吃完你就走人，别人会觉得你缺乏礼貌；但是在沙特阿拉伯，社交聊天的部分反而是在餐前进行，客人通常在用餐结束后会马上离开。在英国举行商务会议时，大家通常会先聊个一两句，然后就开始谈公事；但是在沙特阿拉伯，通常要等咖啡或茶都上过了，大家闲话家常聊够了，才开始讨论正事。如果你急着马上开始讨论公事，只显示出你没有礼貌，甚至是不谙商务洽谈之道。至于开完会后，不管主人有多忙，他一定会百般请你多留一会儿，但是你还是应该礼貌地离开。

到国外旅游、出差之前，你应该事先了解一下当地的习俗、文化与沟通习惯，并记住别人可能有不同的做法，就如同其他文化的人对你的文化也会有不同的价值观、态度和习俗。

4.5 肢体语言

作　业

1. 你觉得一个人的外表重要吗？
2. "外表"包括哪些成分？

很多人喜欢观察来来往往的行人。英国动物学家及作家 Desmond Morris 有一本畅销书就叫做《观察行人》(*Peoplewatching*)。在月台上等火车或候诊室等待看诊时，你是否也会观察来来往往的行人，想象他们是什么职业、有什么问题和想法？你会不会从衣着去猜测某个人的性格？你会不会看着距离较远的两个人交谈，从他们的手势、表情、站姿或步伐去猜测谈论的主题，以及两人之间的关系？不管是有意识或无意识，我们每一个人都会花时间去解读"肢体语言"，"肢体语言"又可称作"人体动作学"(kinesics)。这些肢体语言通常与传达出的语言信息相关，而且这种非语言的沟通往往会比说出来的文字更有力，通常我们也可以借此了解沟通人的情绪。

近几年来，科学界对肢体语言的兴趣越来越浓厚，不少研究人员也想找出这类非语言沟通给信息接收者带来的影响，市面上有不少详细探讨肢体语言的书。没有一本讨论沟通技巧的书能够略过这个主题，因为每一个想增进沟通技巧的人都应了解沟通过程中的人际关系，而人际关系往往就呈现在肢体语言中。

作　业

1. 当你跟别人说话时，你如何知道对方同意你的看法？
2. 你能不能从对方的表情判断对方是否听懂你的话了？
3. 举出五种肢体语言，并说明各自传达出什么信息。

说话者的非语言信息，往往会传达出其真诚、信服、诚实、能力与知识的程度，也会揭露出说话者对语言信息所持有的态度与感觉。接收者的肢体语言也会揭露出接收者的感觉，更重要的是，**肢体语言往往会告诉说话者，接收者接收该语言信息的程度**。换句话说，肢体语言对说话者来说犹如一种即时的反馈，让他知道自己的沟通是否顺利。但是如果有这份反馈的存在，说话者却看不到、不知道其重要性，或是没有能力去解读，就是白白浪费了一个能够增进沟通效果的工具。

　　想要解读肢体语言，你必须加强观察力和解读信息的能力，你必须多留意这些信息的存在，及其可能蕴含的意义。你必须时时注意你自己的肢体语言可能传达出的信息，时时注意对方的肢体语言所给予的反馈，并依据此反馈立刻使用其他相应的沟通技巧。

空　间

　　在开始讨论我们如何活动身体各部分来进行沟通之前，我们应该先探讨我们对"空间"的态度，毕竟所有的动作都是在空间中进行的。就如同"沉默"和"时间"会说话一样，"空间"也会说话。

　　空间不只会影响我们沟通的方式，我们还会使用空间去沟通。

　　首先，每个人都有几个我们觉得是属于自己的空间。童话故事《金发女孩与三只熊》中的三只熊抱怨"有人坐过我的椅子"，听来是有些小气，但是它真实地反映出人们对私人空间的执著。许多人家里都有一张特别的椅子是"爸爸的位置"，除了爸爸没人敢坐上去。

　　同样的道理，大概没有哪个下属会直接走进老板的办公室，大大方方地在老板的位置上坐下来，酒吧里的老客人恐怕也不喜欢有哪个陌生人坐到他的"老位子"上。

作　业

1. 你有没有觉得哪个空间是属于你自己的？
2. 如果你是大学生，你会不会在教室里每次都坐同一个位置？你怎么做能让大家知道这是你的位置？
3. 别人对他们"自己的空间"是不是也有这种态度？
4. 这种态度对别人的行为有何影响？

空间与地位　在公司企业里，空间通常与职位直接相关，也就是职位越高的人，办公室也越大。有些大企业甚至还规定什么级别的主管可以拥有多大的办公室，甚至是多大的办公桌。而职务级别较低的人也一样希望有私人空间，像是有一间自己的办公室，宁愿小一点，也不要跟别人共享。即使是在今天常见的大办公室里，还是有些细节会揭露个人的职位或责任。

每个文化可能会用不同的方式通过"空间"反映出个人的地位，特别是在正式的场合，如办公室里。比如说，欧洲人喜欢把书桌摆在正中央，因为权威是从中央散播出去的。把自己放在房间的中央就等于是在说"我很重要"。美国人则喜欢沿着墙壁规划办公空间，把中央留作走动和交谈的空间。

地盘　我们喜欢将某个空间视为属于自己的，这个需求似乎源自动物守护地盘的本能。不管这个需求是不是遗传的，只要观察周围的人，我们就可以看到大多数人都有这种"地盘"意识，所以我们在花园周围建起篱笆，保护花园。即使是在公共场合，像是在教室或地铁里，只要我们有选择的自由，大多数人都会远离陌生人就座。

下次你去海边时，可以观察海滩如何慢慢被游客占满。早上人还不多，每一群新来的游客都会选一个跟周围最近的邻居有一定距离的地方坐下，然后用毛巾、洋伞等标示出自己的地盘。随着人越来越多，每群新来的游客都占下一块可用的空间，最后到了人最多的时候，你可能会发现自己都快坐在别人的毛巾上了。但是想一想，如果是早上时，海滩上除了你之外就只有另外一名游客，你就这样紧挨着人家坐下，对方一定会觉得你很奇怪，并会想办法让你明白你侵犯到他的"地盘"了。

作　业

1. 人们在工作场合如何标示出自己的"地盘"？
2. 你如何标示自己的"地盘"？
3. 你如何让其他人知道"这是我的地盘"，不管是你的办公空间、工作室或房间？
4. 如果别人侵入你的地盘，你会有什么感觉？

个人空间　我们会觉得身体周围有一个特定的"个人空间"，好像是我们的地盘似的，而这也就是我们与他人进行互动的空间距离。我们会视与对方的熟悉程度及沟通的形态，随时调整这个距离。比如说，跟好友或亲人近距离地进行亲密交谈，你会觉得很自然，但是如果一个陌生人站在离你不到三十厘米的地方跟你谈论正式的话题，你一定会觉得很不自在。这个"个人空间"可以分为四种，每一种都有一个"近距阶段"和一个"远距阶段"。

亲密距离

近距阶段（实际的接触或碰触）：亲密朋友之间、小孩抱着爸妈或小孩彼此紧靠在一起时的距离，摔角或打架也在此列。在西方文化中，女性之间、情侣之间这样互相接触属于常事，但是如果是男性之间或非情侣的男女之间这样接触，就有些尴尬了。不过在阿拉伯文化中，男人勾肩搭背走在街上是很平常的事。

远距阶段（0~0.5米）：这种阶段也很靠近，但通常是在拥挤的空间里，像是电梯里或地铁上。在这种状况下，我们会退缩、肌肉紧张、避免眼神接触等，通过这些行为传送出这样的信息："抱歉侵入你的私人空间，我不是有意的。"如果违反这样的行为规范，很可能就会引来麻烦。

个人距离

近距阶段（0.5~0.75米）：这是要好的朋友或亲密家人之间的距离。接触是有可能的，但是比较困难。人跟人之间怎么个站法，显示出彼此之间的关系，或是两人对彼此的感觉，或者两者皆然。妻子可以安然地站在先生的近距个人距离内，但如果是个陌生女人，就完全不同了。

远距阶段（0.75~1.25米）：这是肢体接触的极限。这个距离让你拥有一定的个人空间，但是又近到足以跟对方进行私人的交谈。两个在街上遇到的人可能会在这样的距离交谈，但是如果是在聚会上，他们会移到近距阶段内进行交谈。这样的距离可以传达出各种不同的信息，从"我要跟你保持一定的距离"到"这么多客人当中，我只让你多靠近我一点"都有可能。如果你跟对方不是很熟，却主动走太近，对方可能会以为你在说："对我有意思吗？"

社交距离

近距阶段（1.25~2米）：用于一般商务场合或一般的交谈，像是在公司里见新客户、求职者或不熟的同事；在家门口跟推销员或在店里跟店主说话。一个人可以一个字也不说地利用这个距离来表达权威、优越感或势力。

远距阶段（2~4米）：用于更正式的社交和商务场合。高级主管可能有一张大办公桌，确保与下属保持这样的距离，不过如果他从办公桌后走出来，拉近与你的距离，就表示他愿意跟你亲密一些，少一些上下级的隔阂。这个距离给人在行为上更多的自由：你可以继续工作，却不会显得不礼貌，你也可以停下手边的工作，与对方交谈。关系亲密的两人也可能会采取这样的社交距离，让彼此都放松一下。比如说，一对夫妻保持这样的距离时，可以交谈，也可以不说话，各自看自己的书。

公共距离

近距阶段（4 ~ 8米）：适于非正式的集会，像是主管跟一群员工说话，或是讲师在教室里跟学生上课。

远距阶段（8米以上）：通常是政治人物和公众人物会采用的距离，因为这样的距离能保障当事人的安全，又强调出其权威，尤其是当他必须站在台上，让所有人都能看到他、听到他声音时。

也许你会觉得这些精确的距离分类有些牵强或随机。其实这个分类只是试图把观察的结果标准化，而且它是以实际上人们互动的意图为基础，而非基于标准的数据。

如果有人靠太近，超过该活动和彼此关系所允许的距离，我们会紧绷起来，甚至变得不客气，而这势必会影响沟通的过程。不过在这一点上也是有文化差异的。加拿大人、美国人和英国人在一般交谈时大多喜欢保持一定的距离，彼此之间保持这样的距离，他们才觉得自在。但是如果他们到南美洽商，可能就会很不习惯，因为南美人交谈时彼此之间的距离比较小。到了日本也会有问题，因为日本人常一群人挤在一起，不觉得这是侵犯个人空间。

> **作　业**
>
> 1. 从自己的经验中想想"空间会说话"的例子。
> 2. 上述的距离分类与你的经验符合吗？
> 3. 如果有人"靠太近"，你有什么感觉？
> 4. 承接上题，你会有什么反应？

　　地盘或个人空间受到侵犯时，当事人通常会退一步，以保持原来的距离。但是如果没有地方退了，他们可能会开始往前进，反过来威胁侵入者，逼对方撤退。这一招在北美和英国会奏效，但是在南美洲就难说了，因为对方反而会很高兴你主动拉近距离。

　　既然空间对整个沟通过程有如此大的影响，你应该懂得如何运用和解读这些"空间信息"，才不会在不知不觉中冒犯对方，或是让自己被冒犯。

碰　触

　　"碰触"显然与"个人空间"的概念密切相关。碰触可能是最早的沟通形式之一，无法用言语沟通的小孩也会利用碰触的方式沟通，但是一般我们不会随便以碰触作为沟通的方式。在难过或忧伤的时候，碰触可能是用来表达同情或保护最有效的做法之一。但是一般说来，北美和英国并不是喜爱碰触的社会，只有在上述的亲密距离内，以及亲密的亲友之间，人们才会彼此碰触。在公共场合，女性互相碰触是很平常的事，但是如果是男性互相碰触，还是有些奇怪。小男孩随着年龄的增长也很早就学会甩开爸妈表示爱意的肢体接触。

> **作　业**
>
> 　　如果碰触在难过的时候是如此有效的沟通方式，能够如此有效地表达爱意，那你觉得如果我们在这方面开放一点，沟通过程会不会更顺利？举几个例子支持你的看法。

方向和姿势

除了通过距离,我们还能通过方向和姿势表达出自己的态度,影响沟通的过程。实验结果显示,如果两个人有意向互相合作,他们会并肩坐着或站着;如果两人觉得彼此意见不同,他们会采取面对面的姿势。观察开会中的人,你会发现**人们比较容易跟坐在对面的人争执,较少跟坐在旁边的人争论**。因此,聪明的主席如果想避免冲突,会让意见不同的人坐在桌子的同一边。同样的道理,善于面试的人也会知道,让求职者坐在对面,中间隔张桌子,并不利于自在的对话。因此,现在的公司经常让求职者在一张舒服的椅子上坐下,旁边是张矮桌子,面试者则坐在一张高度相当的椅子上,**跟面试者约呈90°**,因为这样的方向有助于产生轻松自在的对话。

身体的姿势通常会无意识地传达出社会地位,或是想要主宰、顺从的欲望。垂着肩、低着头可能表示害羞、自卑;挺直站着、头稍抬高、手搭在臀上,可能表达出优越与自满。每个人都有不同的步态、站姿、坐姿等,反映出其过去与现在所扮演的角色,比如说警察就常有特定的站姿,这也会反映出一个人对自己的观感、自信或情绪状态。

作 业

看看下图中的四种身体姿势。哪些形容词符合哪个姿势?

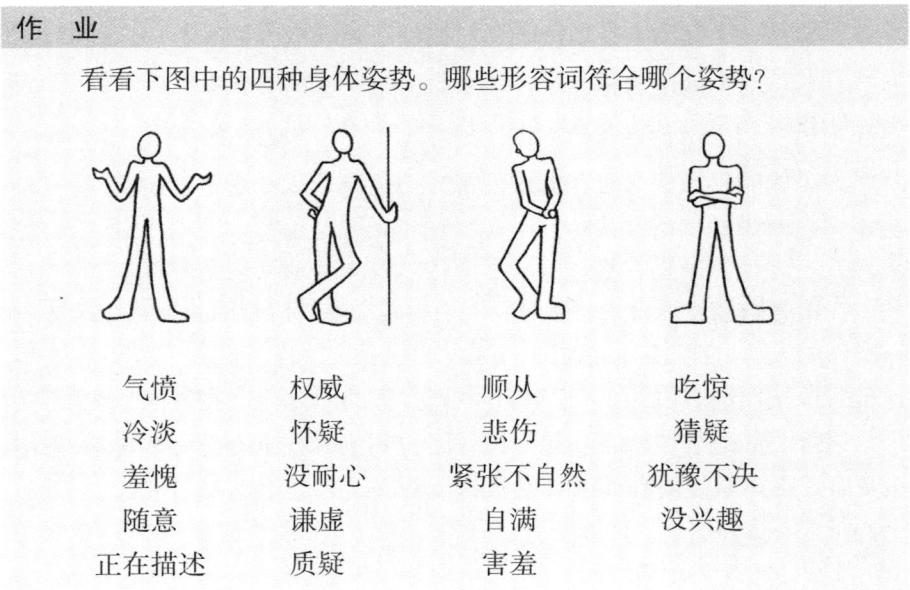

气愤	权威	顺从	吃惊
冷淡	怀疑	悲伤	猜疑
羞愧	没耐心	紧张不自然	犹豫不决
随意	谦虚	自满	没兴趣
正在描述	质疑	害羞	

心理学家从实验中发现，上面这四种姿势易与下列特定的情绪与活动联想在一起。你对这些肢体语言的例子了解多少？你常常通过身体姿势表达你的心情或情绪吗？

姿势一	姿势二	姿势三	姿势四
没兴趣	自满	害羞	吃惊
正在描述	没耐心	紧张不自然	权威
无可奈何	正在描述	羞愧	猜疑
怀疑	随意	谦虚	犹豫不决
质疑	气愤	悲伤	冷淡

变换身体姿势也可以暗示会面的开始或结束，或是表达出想对话的欲望。好的沟通者会随时注意这些信号。

点　头

在大多数西方国家，点头用来表示同意，或是鼓励对方继续原来的话题或活动。我们在第3章也说明过，良好的倾听者会善用这个动作来鼓励对方。这也是我们用来控制或推动对话过程的非语言信号之一，确保双方能轮流发言。不过在英国，点一次头表示对方应该继续说下去，快速地连续点好几次头却表示点头的人自己想发言，而在印度，点头则是"不"或"不同意"的意思。

面部表情

在所有的肢体语言中，面部表情是我们最容易控制的。虽然在交谈中，一个人的表情可能在不断变化，像是吃惊、不敢置信、同意、失望、生气等。你也可以从面部表情多少判断对方内心真正的感觉，这些表情还应该与说出的语言及其他肢体语言一起阅读，因为其他的肢体语言更难控制，所以也更容易揭露对方内心真正的感觉。

眼　神

与其他的身体信号比起来，眼神这个部分不需要费什么力，但是带来的效果相对来说却非常大；有些眼神几乎无法控制，却能够传达出非常强烈的信息，而且对方几乎是在不知不觉中接收到这些信息。眼睛并不单独进行沟通，但加上眼睑、眉毛和身体其他部分的动作及姿势，一个眼神可能传达出无数种不同的信息。就跟其他形式的非语言沟通一样，眼神所传达出的信息必须跟说出来的话一起解读。在人际互动中，眼神有好几种重要的功能：

表示兴趣

- 两个人在交谈时，会不时看看对方的眼睛，这个看的时间约占整个交谈时间的25%~75%不等。每次看的时间长短也许都不同，但是在倾听的时候，看的时间是说话的两倍。
- 看的时间多寡跟我们是否感兴趣密切相关：通常如果对对方的人或话题有兴趣，我们会看着他，如果没兴趣，会把目光移开。
- 持续的凝视通常表示对亲密的渴望，因此在各地文化中，在什么样的状况下可以看着对方多久，多少都有不成文的规定。在拥挤的电梯或火车上，我们会这里看看、那里看看，但是不会盯着别人看。如果哪个没分寸的男人在公共场合盯着一个女人盯太久，势必会引起不快。
- 不过在某些时刻，持续的凝视反而是恰当的，甚至是对方所渴望的。如果两个人隔着一大段距离互动，他们往往会花更多的时间注视对方，如同在弥补空间上的距离。

得到反馈

- 人们"看"，主要是为了获得信息。听别人说话时，我们会看着对方，通过各种视觉信息的辅助，去理解听到的内容。
- 自己说话的时候，我们会看着听众，以察觉对方的反应。如果一个人在说话时能看着对方，听的人不只会觉得说话人确实在意听众，还会觉得说话人充满自信、言之有物。的确，当一个人不讨厌对方的时候，或者在说实话的时候，都会花更多时间看着对方。

推动对话过程

- 目光的移动就跟点头和"嗯"一样，也用来推动对话过程。一个人开始说话的时候，通常会先把目光从对方身上移开。这似乎是因为这时我们正在计划和组织要说的内容，所以我们不希望被太多的视觉信息扰乱注意力。
- 不知道该怎么表达的时候，我们也会把目光移开，但是一旦思绪顺畅起来，我们又会看着对方。最后，全部内容说完后，我们会凝视对方。这是因为我们想知道对方的反应；另一方面，我们也无意识地借此暗示对方，"我已经把想说的话说完了"。
- 中间停顿时，我们也会看着对方，看对方是否愿意听我们继续说下去；如果对方愿意听下去，通常会点头或"嗯"一声。

散发魅力

- 对许多人来说，科学界对眼睛最迷人的发现，就是当人看到令自己兴奋的东西时，瞳孔会放大。瞳孔一般是在黑暗中或在某些药物影响下会放大，但实验结果显示，女人看到小宝宝的照片时，瞳孔会放大，而男人看到喜欢的女人照片时，瞳孔也会放大。这是我们无法控制的反应，它也会进行信息传达。
- 瞳孔放大不只表示当事人感到兴奋，同时也会使当事人看起来更有魅力。所以有可能一开始是只有单方的魅力，但最后变成双向的。

手势与动作

身体各部位，像是手、手臂，甚至腿和脚，这些部位所产生的动作是人们最容易想到的非语言沟通。我们大概每个人都见过说话时喜欢比手画脚的人，有些人甚至动作夸张到你不能跟他站太近。各种动作所表达出来的意思多到无法在此详述，但是一般说来，身体动作有下列几种功能：

沟通信息

- 举起手打招呼、丘吉尔的V手势、握紧的拳头、指向某人的手指，都是用来补充甚至代替语言的非语言沟通。
- 手势经过高度发展与系统化之后，甚至可成为手语，完全替代口语的语言，如电视上的手语新闻、机场地面人员所用的手势、聋哑人士所用的手语、某些澳大利亚原住民所用的手语等。
- 同样的手势在不同的文化中意义可能不太一样，但是有些基本的手势在许多文化中似乎都表示相同的意思。

表达情绪

- 如同用来沟通信息的手势，某些特定的手势似乎在不同文化中也总与特定的情绪一起出现，像是吃惊时用手捂住嘴巴，或是气愤时挥舞拳头。这表示这些手势也许是天生的，各地都一样。
- 一般的情绪激动会引起含糊、无意义的动作，如紧张的演讲人可能会全身动个不停。特定的情绪则往往引起特定的动作，如拍手表示赞赏、握拳表示凶悍、摸脸表示焦虑等。

辅助语言

- 一个人在说话时，往往头、手、身体也会跟着一起动。这些动作跟说话内容密切协调，成为整个沟通过程的一部分。
- 手势和动作常用来强调说话的内容，也用来指出人和物品，或用来描绘形状、大小或动作，但它们也跟语言的结构密切相关。也就是说，大的动作往往配合大的语言单位出现，像是一整个段落，小一点、细微一点、有时几乎注意不到的动作则配合句子、词组或单词出现。最明显的例子就是演讲人抬起整只手臂，同时伸出三根手指说："这里有三个主要的原因……"接着逐个讨论各点原因时，他先伸出一根手指，然后两根手指，最后三根手指，用非语言的方式表示他正讲到哪一点原因。
- 这些在说话中使用的手势，就相当于书面文字中的"标记文字"，我们在第13章还会详细探讨。手势也可以用来推动对话过程。听的人如果举起手，可能表示他想打断说话的人，或是他自己想说什么，又或是想请说话的人详细说明一下。手掌向上伸向某人，可以是邀请对方说话的意思。

表达自我

- 你可能会通过动作和手势表达出你对自己的观感。如果你个性外向，你可能会无意识地通过夸张有力的手势让别人体会到这一点。如果你个性害羞内向，你的动作和手势可能就比较少、比较微小，仅限于身体周围。
- 有些人演讲时会紧张地抓着桌角，或两手藏在口袋里，这都是在抑制自己的自然手势，因为这时他们的两手还是会不自主地动起来。记住，这样会导致一些奇怪的动作，像是在讲桌旁悄悄地做些小动作，要不就是让外套两边像翅膀一样不停摆动！

表示关系

- 研究肢体语言如何反映态度与情绪的科学家发现，我们常会引用或"模仿"对方的手势和动作。这个现象反映出我们对对方感兴趣，或是分享同样的看法。比如说，如果交谈的两人对彼此有兴趣或是意见一致，这时有一人翘起腿，另外一个人很有可能也会跟着翘起腿。
- 这个"模仿"的过程往往是不知不觉发生的，双方都不会注意到，但是从外界观察起来，会觉得很有意思。Desmond Morris在《观察行人》一书中就收录了几张极有说服力的照片。

> **作 业**
>
> 1. 下次跟别人对话时，把两只手握在一起，让两只手都动不了。这样说话的时候感觉是不是很奇怪？就像是你的手想挣脱束缚？
> 2. 这时说起话来，是不是无法做到很自然？

4.6　人际互动背后的心理学

神经语言程序学

　　20世纪70年代，从事语言学、心理学与精神疗法研究的理查德·班德勒（Richard Bandler）与约翰·葛林德（John Grinder）开始教导大众去有意识地采用某些技巧，改变自己的行为，从而更有效地与他人沟通，甚至更有效地影响他人。说得简单一点,其背后的想法就是:"如果心理学家能做到,我们也可以做到!"

班德勒和葛林德开始观察人们的行为,将其组成成分分解出来,便于示范、模仿和有效应用。两人的工作后来激起更多的研究——史蒂夫·安德斯(Steve Andreas)和康妮·雷亚(Connie Rae)、约瑟夫·奥康纳(Joseph O'Connor)和约翰·西摩(John Seymour),还有最近的苏·奈特(Sue Knight)——这套方法现在称为"**神经语言程序学**"(Neuro-linguistic programming, NLP, 或称"身心语言程序学"),被许多人视为用于个人发展、人际技巧与沟通上最创新的方法之一。

NLP与本章特别相关,因为神经语言程序学特别注重面对面的沟通,主张通过"**模仿**"对方的**语气**、**内容**和**肢体语言**等与对方建立互信关系,并理解对方如何看待这个世界,从而用对方能够接受的方式呈现你的想法。

不过,这套方法还主张能够增进学习能力,增进生活上与工作上的人际关系。在行为上更有弹性,因此对他人的影响力也更大,使你更善于争取他人与你合作,并协助你管理自己的想法与感觉,从而更懂得掌控自己的情绪。

情　商

善于口头沟通的人并不仅是懂得选词用字、组织句子和安排内容,这些是先决条件,但是光有这些还不够。即使是清晰有组织的内容,如果只是呆板地念出来,也不会达到多少沟通的效果,甚至让人根本听不下去。

"情商"(Emotional Intelligence, EI)这个概念包含了所有有关对待自我和与人相处的能力,大致说来就是"人际技巧",与"认知能力"和"技术能力"相对。

情商的正式定义如下:"察觉自己与他人感觉的能力,鼓舞自我的能力,面对自我与他人情绪的能力……这是后天学来、有效表现的能力。"**情商可分为四类:自我认知、社会认知、情绪管理、人际关系管理(或称社交技巧)。**

这套定义是美国心理学家丹尼尔·戈尔曼（Daniel Goleman）通过《情商》(*Emotional Intelligence*)、《情商 II：工作情商》(*Working with Emotional Intelligence*) 和与 Richard Boyatzis 和 Annie McKee 合著的《新领导者》(*The New Leaders*) 等书推广普及而成。他的研究工作基于早期约翰·梅耶尔（John Mayer）与彼得·沙洛维（Peter Salovey）进行的研究，当初他们采用的定义稍有不同。戈尔曼的理论来自对儿童的研究，以及对全球性咨询公司合益集团（Hay Group）的数据库的分析，该数据库收集记录了各行各业人员的工作能力，戈尔曼在分析中尤其注重"在工作上取得成功的人"。

情商中对沟通最重要的一个是**自我情绪管理**，另外一个就是**同理心**。此外还有自信、诚恳、对周围环境的认知、服务的态度和影响力。

也就是说，如果你想成为出色的沟通者，你就必须能够**倾听，不被自己的期望与偏好所误导**；**有自信**；**说真话**（因为如果你心里想一套，嘴上说一套，别人会听出来）；顾及风气与文化；迎合客户（听众）的需求；鼓动听众，并预料自己的行动与文字可能会带来什么效果。

交流分析

交流分析（Transactional Analysis，TA，或称"人际沟通分析"）注重探讨外在的行为，再来就是行为背后的内在心理过程。这套理论很简单，外行人也很好懂。也许正因为如此，它才会五十年来一直屹立不倒。创始人艾瑞克·伯恩（Eric Berne）欲借此理论理解人与人之间的互动。越来越多的顾问、教练和受训人员采用此模式去理解人的互动过程，由此改变沟通过程中会引起冲突与不快的行为。

三种心理状态：父母／大人／小孩　伯恩把复杂的人际互动变得简单明了的方法，就是指出所有的人，无论其实际年龄是多大，都会根据三种"心理状态"之一去互动——父母、大人或小孩——而这种心态可以明显表现出来，也可以是隐藏的。三种心态其实各是一种沟通系统，有自己的语言和功能：

父母　→　从"价值观"出发的语言
大人　→　从"逻辑"与"理性"出发的语言

小孩　→　从"情绪"出发的语言

伯恩主张，要在这个世界上顺利地生活，我们就必须保有全部三种心理状态，而且三种状态都完整、未受损伤。

但是在商务场合，就算别人未必都采取"大人"的心理状态，我们也必须尽量采取"大人"的心理状态。通过训练，我们可以辨识对方正根据哪种心理状态进行沟通，并采取相应的沟通方式。如此一来，我们就能够增进自己的沟通技巧，甚至也有助于增进别人的沟通技巧。

游戏、安抚、脚本　伯恩最出名的恐怕就是他于1968年出版的《人间游戏》（Games People Play）一书。他在书中描述了各种"游戏"或例行程序，人们借此来"得分"（获得掌控），或是成为受害者，或是得到正面或负面"安抚"，而且人们自己都不自觉。这些内容非常有趣，但是超出本书内容，在此我们不再深入讨论。

交流分析作为沟通技巧　交流分析的理论简要清晰又切中要点，能够协助人们找到自己在世界上的定位，而且它的技巧也简单好学，有助于我们理解和增进自己的沟通技巧。

我们都可以去学习认识自己的心理状态，学会让自己尽量停留在"大人"的心理状态，借此增进沟通技巧。

我们可以加强自己分析"人际沟通模式"的能力，如此我们就能够理解、预测、改善生活和工作上不顺利、没效果、不融洽的互动状况。

不是所有的肢体语言都容易解读，但是如果我们完全不去解读，就得自己承担遗漏信息的风险。

如果我们只注意说的内容和听的内容，不去留意这些内容被传达的方式，很可能就会造成误会、伤了感情，并错过机会进行真正有效的沟通。

作　业

下次你有机会跟一群人聊天时，观察一下别人的姿势和手势，看看是不是当大家的意见和态度都相同时，会很容易互相模仿彼此的姿势和手势。

4.7　语言沟通和非语言沟通之间的矛盾

最终,你做的每一件事都是一种沟通。行胜于言!一个语言信息往往都伴随着一个非语言信息。

也许朋友打开家门时对你说:"嘿!进来啊!喝杯茶吧?"另一方面却不时地偷偷瞄向墙上的钟,可能就表示他这时其实并不方便接待你。也许某个员工在跟主管说话时,一边努力让自己看起来轻松自在,一边脚却不停地在点地板,或是两只手动个不停,就表示其实他并不是那么放松。

每当"非语言信息"与"语言信息"互相矛盾时,我们通常会相信"非语言信息"所表达的意义。

如果我们够仔细,我们会发现在开心、喧闹、对未来一点都不担心的表象下,其实对方的内心充满焦虑;我们会发现一对坚称相爱如初的夫妻,其实婚姻已经触礁;我们会发现那个烦恼忧愁的员工,正挣扎着从无忧无虑的面具后走出来——如果我们足够留心注意!

4.8　结语:人际互动中周边语言的重要性

周边语言和人际互动是个非常有意思的研究领域,不少人把一生的精力都投入到这方面的研究,然而,我们对此领域的理解仍未穷尽。如果你能够成为更仔细的观察者,能够加强你的感知力,并对自己与他人有更多的理解后,你就能够更精准地解读非语言信息和语言信息,并了解你自己确实传达出什么,以及对方会怎样"解读"你。

作　业

1. 跟一个朋友讨论你们各自如何运用肢体语言、时间和沉默去沟通。
2. 你们对对方所使用的非语言沟通有何感想?
3. 这些非语言信息对沟通有帮助吗?
4. 你的朋友是否觉得有时候你会无意识表达出非语言信息,因而传达出你无意传达出的意思?
5. 将其谨记在心,慢慢改掉这些习惯,避免以后继续传达出错误的信息。

练习 4-1

1. 什么是"后设沟通"?
2. "沉默"如何有助于沟通的过程?
3. 如果你求职面试迟到了三十分钟,也不道歉,对方可能会怎么想?
4. 研究肢体语言的科学称为什么?
5. 人类似乎有一个个人空间感。这个"个人空间"依互动形态与彼此关系可分为哪四种距离?
6. 假设你跟对方各方面条件都差不多,如果你说话时看着对方,对方会对你有什么印象?
7. 当两个人以上在交谈时,大家通常会轮流发言,使整个对话过程顺畅不冲突。有哪些非语言信号可特别用来推动整个对话的过程?
8. 如果语言信息和非语言信息互相矛盾,我们会相信哪个信息所传达的意义?

Chapter 5

打电话

5.1 接错线

"喂?"

"喂?请说。"

"我们家外面街上在漏水,而且水越来越多,我觉得要赶快处理,免得有人受伤了。你们能派人来看看吗?"

"可以的,漏水的地方在?"

"就在我家外面。"

"我知道,但是……在哪里?"

"噢,对……你需要我的地址。莫德大道 27 号……记下来了吗?"

"记下来了。谢谢你打电话来通知。"

接电话的女孩在纸条上写下"摩尔大道 21 号"后,就立刻去跟公路局报案了。

即使在电子邮件和网络无所不在的今天,电话恐怕仍是商务场合最常见的沟通方式。如果运用得当,它有不少好处。电话沟通的好处包括:

· 快速、直接。
· 双方即使无法见面,仍可以直接对话。
· 平等:你看不到对方的地位、外表和环境。
· 专注:讲电话不会像面对面交谈时,有各种社会和情绪因素让你分心。

作 业

你觉得上面这段对话最后会有什么结果?想象之后陆续发生的事,逐一列下来,并在旁边写下当初应该怎么做,就可以避免这些后果。

5.2 打电话的问题

讲电话虽然方便快捷，但是也很容易马上给人缺乏效率的印象，引起困惑和不快。

> **自我检查**
> 列出有哪些使用电话不善的经验曾让你恼怒不堪。

时间上的损失

讲电话当然比寄信便宜。根据许多公司的计算，如果把时间、行政费用和邮资都计算进去，寄一封信平均要花的费用，可以折合成不少讲电话的时间，而这当然也是现在我们更常用电子邮件和传真的原因。不过讲电话并不一定总是最省时的方法，尤其在商务生活中，时间就是金钱。我们都遇过这些浪费时间的恼人状况：

- 得先把录音中的六种选择全听完，才能按键选择。
- 对方不在，得先听完对方的留言，自己才能留言。
- 接线小姐要你稍等一下，然后自己却跑去吃午饭了，让你在电话上等半天，尽管待机时有莫扎特的音乐！
- 从这个部门被转到那个部门，甚至在不知情的情况下，从这个人被转到那个人，因为之前的人无法回答你的问题。
- 打错电话或电话占线。
- 我们正在忙，打电话来的人却似乎有一整天的时间可以闲聊。

遇到这类状况时，浪费掉的时间恐怕比自己写一封信或口授一封信所需的时间还要长。

> **作业**
> 1. 打电话给五家公司或机构，记下他们响应的方式。
> 2. 你对每家公司各有什么印象？

可能造成不好的第一印象

打电话还有可能造成其他的损失。如果你第一次打电话去一家公司，你跟这家公司进行的第一次接触，就是跟接你电话的人。如果对方不够礼貌、对公司不够了解，或是不熟悉电话的使用方式，就算他不是有意的，还是会多少导致你从此对这家公司印象差，以后也很难改观。

只闻其声，不见其人

讲电话的主要问题之一，就是我们虽然可以跟对方进行口头沟通，却得不到任何视觉信息（本章暂时不探讨目前还不是很成熟的视频电话）。我们在第4章已经探讨过非语言信息的重要性。在面对面的交谈中，表情、手势和姿势等不仅能够协助表达文字的真实意义，还往往是给予反馈的主要方式，可以立即澄清误解。由于缺乏这种视觉沟通和反馈，电话上经常会出现下列问题：

- 有些字没听到。
- 把字听错。
- 误解内容，因为缺乏视觉线索和反馈，整个对话感觉没有那么直接。

缺乏视觉沟通，不仅会使信息的接收出现差错，甚至还会由于心理因素使信息的传送受到影响。许多人不喜欢讲电话，因为在电话上看不到对方，会让他们自信大减，最后无法清晰有效率地讲电话和接电话。而语音信箱和录音机的大量使用，更是加深了这种恐惧。

电话沟通在现代商务生活中是如此重要，而不良的电话习惯又是如此普遍，因为我们每个人偶尔都会犯错。然而，并没有几本讨论商务沟通的书会花一两段以上的篇幅来探讨讲电话的技巧。因此，本章的目的即在详细说明如何有效率地进行电话沟通，并因此减少各种"损失"。

注意语言线索

电话并不一定就是次要的沟通渠道，就大部分的目的来看，讲电话就跟面对面交谈一样有效。它省下花在交通上的时间与费用，再加上电话会议与视频会议的便利性，电话的确可以取代大部分的会面沟通。以下技巧可以帮助你当个"语言侦探"，达到良好的电话沟通效果：

- 当你觉得你根据对方的个性、感觉和心情听到某些线索时，相信你的直觉。

- 放松，让想法自然产生，自然产生的印象往往也最符合真相。
- 留意各种能够揭露对方心理状态的线索，如迟疑、自我解嘲等。
- 把你得到的印象"响应"给对方（详情请见第3章），检验其正确性，像是："所以你觉得……"
- 用"预期反馈"引导对话。也就是先想象对方对你要说的话会有什么反应，然后决定怎么表达以达到你期望的结果。

5.3 讲电话的基本原则

简　短

简短，但是不要简短到让别人听不懂，也不要简短到听起来唐突无礼。对讲电话没自信时，人们常常比面对面交谈时说得多。

礼　貌

要避免留下不好的印象，这一点尤其重要，因为第一印象在以后是很难改变的。要留下亲切有礼的印象，语气就跟用词一样重要。此外，即使不是使用视频电话，你的面部表情还是会影响你的语气，所以，保持微笑！

微笑是听得到的，就在亲切热情的语气中。

如果你怒视或皱眉，语气也会变得生硬冷淡。

随机应变

说话不要没头没脑。时时动脑想想你能怎么做或怎么说。如果你想请对方留言，想想你能怎么样让对方和留言的对象取得联系，这样对方就可以在了解整体状况的情况下，决定该怎么做。如果有人打电话来被转到你的部门，但是部门里没有人可以回答他的问题，赶快动脑想一想，公司里有谁可以帮忙？如果你真的帮不了忙，语气也要诚恳关切。

清　晰

发音咬字要清晰，因为电话上的音质会打些折扣，而且对方看不到你的嘴唇变化。例如，在说英文名字和数字时，如果有混淆的疑虑，不妨仿照紧急服务电话和某些客服中心，用单词来确认个别字母：

A	Alpha 的 A	J	Juliet 的 J	S	Sierra 的 S
B	Bravo 的 B	K	Kilo 的 K	T	Tango 的 T
C	Charlie 的 C	L	Lima 的 L	U	Uniform 的 U
D	Delta 的 D	M	Mike 的 M	V	Victor 的 V
E	Echo 的 E	N	November 的 N	W	Whisky 的 W
F	Foxtrot 的 F	O	Oscar 的 O	X	X-ray 的 X
G	Golf 的 G	P	Papa 的 P	Y	Yankee 的 Y
H	Hotel 的 H	Q	Quebec 的 Q	Z	Zulu 的 Z
I	India 的 I	R	Romeo 的 R		

英语的 five 和 nine 听起来很相似，不妨学警察说 fife 和 niner 来区分两者；中文里则是"一"和"七"听起来很相似，不妨把"一"说成"幺"。

缓　慢

讲电话时不妨把语速减慢一些。因为声音经过线路的传送后，所有的字听起来都像是连在一起，而且前进的速度更快。这也是为什么电视新闻主播报新闻时，速度总比平常说话时慢。此外也要记住，对方可能想边听边做笔记，尤其是在电话录音机上留言时，不要把你的电话号码一股脑背出来，要记得对方正想把你的号码写下来。

在电话上留下好印象

你在电话上听起来是什么样的人？你在电话上传达出什么样的个性？以下是一些在电话上留下好印象的方法：

- 讲电话时，对方看不到你，所以你想用多少肢体语言，就用多少肢体语言。
- 把注意力放在你说的话以及对方说的话上。
- 用面部表情表达正面的情绪。如果你微笑，你的声音也会微笑。
- 放松。放松肌肉，呼吸平缓。身体的紧绷会直接传达到声音里，为你留下不好的印象。
- 不要使用专业术语（公司行话或专业用语），对方可能听不懂。

- 避免表里不一的陈腔滥调。以英文为例，"with all due respect"（不是我不尊重你），"between you and me"（你我私底下说说），"to cut a long story short"（长话短说）等。
- 记住，说谎时你的声音会不自主地升高，在电话上尤其容易听出来。
- 不时用"你""您"或对方的名字称呼对方。
- 把某些肢体语言（点头、疑问的表情）转化成实际的文字："对""当然""最后一点我好像没听懂，你能不能……"

5.4　接线员应具备的6个基本特质

以前公司里的总机接线人员是要接受训练的，但是现在的公司大多有直接的专线，总机只负责接一般的电话。对外界的人来说，总机人员就代表整家公司，因此总机人员应该经过仔细的挑选与训练，并具备以下6个基本特质：

- 说话清晰有条理
- 速度得宜
- 礼貌
- 准确
- 谨慎
- 随机应变、乐于协助

> **作业**
>
> 我们都遇过这样的总机人员：接个电话就好像是打扰到他似的。如果让你挑选总机人员，你会注意哪6个个人特质？

除了总机人员，每一个有机会接商务电话的员工或主管也应具备这些特质。好的总机人员就如同公司的大使：他替你接待打电话来的人、把你介绍给对方、把电话转给你、为你不在而道歉、记留言，而且经常替你受责难。你应该善用公司的电话系统来协助总机：

- 礼貌了解公司的电话系统如何运作。

- 把完整的电话交给秘书或其他有责任为你打电话的人,包括国码和区号。
- 请秘书为你打电话之后,自己不要马上就消失不见。
- 电话响过一声后就接起电话,包括秘书回电话给你时。
- 收到留言后立刻回复或行动,不要拖延。
- 事先告诉秘书你什么时候可能不在。
- 把你的专线留给有可能会打电话给你的人,这样对方就不用通过总机联络你。

5.5 打电话前、讲电话、打完电话后

打电话之前

- 自问有效沟通的六个基本问题:原因?对象?时间?地点?内容?方式?(见第1章第7节)
- 把你想达到的目的、必须包含的重点和问题、重要的日期等写下来。
- 把对话当中可能需要用到的文件、信件等资料准备好。这样你就不会电话讲到一半还要去找相关的文件,或是还要把计算机打开,然后让对方等半天。
- 准备一张白纸,随时可以做笔记。
- 知道对方的名字。有时候我们可能事先不知道对方的名字,但是对经常与你通电话的人,你至少可以把他们的的名字与号码记在通讯录里。
- 有些时段通话话费比较便宜,最好在节费时段再打。
- 注意拨电话号码或是把号码清楚告诉要帮你拨打或转接的人。拨错号码是引起不快和浪费时间最常见的原因,但其实也是打电话的人自己的错。

讲电话时

- 打招呼("你好"等),然后报名字和公司名称,接着说明你想跟谁讲电话。
- 对方为你转接时,耐心等候。你可能会被转接到秘书或部门总机,这时你就需要把第一个步骤再重复一遍。
- 如果电话断了,等个几秒钟,再打一次。
- 长话短说:大部分的电话在20秒内就可以达到目的,想想20秒内能

够做什么事？20秒可以让一个人跑180米，可以让一架飞机飞7.5公里！所以简洁扼要的对话可以帮你及对方节省时间。

- 简洁但清楚说明你的主题和问题，至少要清楚到对方能够理解。
- 时时回头看看你的笔记。
- 偶尔停顿一下，确定对方听懂了。
- 把英文名字和地址拼出来。数字的部分重复念几遍。
- 做笔记，尤其是对方的名字和电话号码。
- 如果对话比较长，最后把重点总结一下，并确认双方同意采取的行动或会面日期。
- 如果你要留话，就要协助对方得到正确的留言，不要没头没尾、漫无边际、期望对方能把重点抓出来；应该直接把重点告诉对方，方便对方记下来。
- 保持礼貌。即使没有得到想要的信息，还是谢谢对方的协助。表达善意不只是礼貌，对双方未来的关系也会有帮助。
- 根据正式的电话礼节，应该由打电话的人决定何时结束对话，不过因为不是每个人都知道这一点，所以运用你的判断力，见机行事。

检查重点　掌控对话的流动

- 确定自己确实知道想通过这通电话达到什么目的。
- 采取主动。这样你就可以主导对话，并决定何时结束对话。
- 每通电话一开始，都先说明你是谁，以及你为什么打这通电话。
- 采用对方的对话风格和词汇，建立互信关系。
- 简单明了说明你的状况，直到对方了解你的意思。
- 用提问的方式使对话保持流动，当对方问你问题时也大方提供信息。
- 寻找双方意见相同处，不要只看意见分歧处。
- 运用"沉默"来强调或鼓励对方响应。
- 寻求达成协议时，提供多种不同的选择。

打完电话后

- 打完电话后，立刻把讲电话时做的笔记补充完整，让你以后也看得懂。
- 把笔记写上日期，归类存档。

- 把重要的日期记到行事历上。
- 把讲电话的结果传达给与此事相关的人。

5.6　通过电话收集信息

在为商务报告收集信息时，甚至是在日常工作上，你可能需要联络某些信息的一手或二手出处，或是联络能够为你获得二手信息的人。公司经常运用电话来快速收集信息，而且如果使用得当会非常有效率。

打电话之前

- 确定你到底需要哪些信息。
- 判断哪家公司、个人、部门、政府机构或组织可能会有你需要的信息。
- 按精细程度列出一连串问题，越后面的问题越具体详细，比如说：

   "你们有没有布里斯托地区过去六个月的失业统计数字？"
   "有按年龄层和性别分类的统计数字吗？"
   "能不能告诉我，六月之后，16~25岁女性每个月的失业人数各是多少？"
   ……就这样继续下去，视你需要多详细的细节。

讲电话时

- 电话接通后，保持礼貌，但是直接进入重点。

   不要说："你们那边有没有人刚好对失业有些了解……"最好说："我需要布里斯托地区过去六个月的失业统计数字，你能帮上忙吗？"（记住，礼貌也可以从语气中传达出来。）如果对方可以帮忙，再把问题问详细一点。如果对方无法帮忙，问："那你能不能告诉我，有谁可以帮忙？"

- 如果第一家机构帮不了忙，不要灰心，再试试其他机构。只要不放弃，最后一定能得到需要的信息，除非你讲电话的技巧使对方反感到不愿帮忙。
- 确定电话那端的人是你需要的人。具体说明你需要跟谁通话，像是人力资源部经理或负责采购的主管等。
- 立刻把得到的信息写下来，不要依赖记忆力。复诵一遍给对方听，确认无误。
- 记得说"谢谢"。

5.7　如何接电话

在某些机构里，接电话的工作往往会丢给资历最浅的员工。这对机构或部门来说其实不是很明智，对资历浅的员工来说也不是很公平，而且这类员工缺乏信心和经验，很容易为机构留下不好的印象。不过资深的员工可能也好不到哪里去。懒惰、冷淡、疏忽等因素同样会为机构留下不好的印象。

任何人在任何地方接电话时，都应该有礼貌、有效率、乐于协助。

接电话之前

- 了解公司的电话系统如何运作，尤其是如何转接电话。挂断电话或是请对方再打一次只会造成对方不便，浪费对方的时间，而且留下不好的印象。
- 随时准备好笔和纸。
- 在电话旁边永远准备好：
  ↳ 笔和便条本
  ↳ 公司内部电话目录
  ↳ 行事历（如果有帮助）
- 接电话前，停止跟别人的对话，并减少周围的噪音。

讲电话时

- 想想对方有何需要，把对方需要的信息尽快告诉对方，如：
  ↳ 你的名字和部门名称（语气要亲切），但如果电话是从总机转过来的，那么对方已经知道你的公司名称了。
  ↳ 如果电话是从外部直接打来的，先报公司名称，再报你的名字和部门名称。

一个常见的错误就是接起话筒前就开始说话，或是像有些总机在按下通话键前就开始说话。我不知道已经听过多少间机构只报出半个名字，例如：

"××有限公司。您好。"

很多机构有固定的接电话用语，所以你要知道自家的规矩，如：

"这里是人力资源部经理陈全福。"

"这里是雷琳女士的秘书。"

"您好，这里是发货部，我叫麦克。"

不要把这部分匆匆带过去。这句话你可能常常要说，所以很容易就想把它快快应付掉，但是这样的结果就是听起来单调乏味不诚恳，甚至让对方根本听不懂，因此失去意义。每个人都喜欢听到对方用亲切悦耳的声音说："慧恩公司，您好。我叫珍妮。"尽量让自己听起来诚恳自然。

- 准备好回答对方的问题、记录留言，或是转接电话。
- 如果你是秘书，你可能需要为老板过滤电话，因此你要知道：
  - 老板是否希望这时能答复"正在忙，无法接听电话"。
  - 老板是否希望某些人的电话能直接转给他？如果是，你要知道是哪些人。
  - 老板是否希望你能处理掉某些例行电话？如果是，你要知道是哪些电话。

因此，你除了要询问对方的名字，还要礼貌地询问对方打电话的目的。不过要做得得体，否则可能会引起对方和老板的不满。

- 仔细听对方要说什么并做笔记。你之后需要采取什么行动就以这个笔记为基础；如果你需要把留言传达给第三者，这份笔记就是留言的基础。**确定你的留言包含所有必要的信息，不要假定留言的接收人什么都已经知道了。**
- 如果有不清楚的地方，不要犹豫，立刻请对方放慢速度，或是把名字、地址等拼给你听。之后再念一遍给对方听，确认无误。
- 用语言弥补视觉沟通的不足：把平时对话中的点头替换成实际的语言，如："嗯，我了解……""好，我会告诉他。""我可能不是很同意……""真的？"要避免太不正式的说法或俚语，像是："你在开玩笑吧！""就是啊！""我的天啊！"如果对方要留言给别人，不要替留言的接收人说话、承诺，或是想象他会有什么样的反应，除非你有权力这么做。如："噢，他一定会很高兴！"不管你的语气是诚恳还是讽刺，这样的句子都要避免。
- 不要被周围的人和事物分心，永远不要同时跟电话中的人及身边的人交谈。
- 站在对方的角度，替对方节省时间与金钱。
- 如果你需要花时间找资料，不要请对方在电话上等。请对方挂断电话，找到资料后回电给对方。
- 如果电话断了，把话筒挂回去，等对方打回来。
- 挂电话前，把重点总结一下，并把名字、地址、数字、日期、时间等再念一遍给对方听，确认无误。
- 与对方确认之后的行动，尤其是当你在帮对方留言时。比如说"我会跟她说你星期四早上会再打来"或"我会请他尽快回电话给你"。
- 根据之前提到过的，正式的电话礼节应该由打电话的人决定何时结束对话，因为付费的是打电话的人，但并非每个人都知道这一点，所以运用你的判断力，见机行事。

打完电话后

- 把讲电话时做的笔记补充完整，让自己以后也看得懂。如果你帮别人留言，务必要让对方看得懂笔记。
- 立刻把该办的事办好，如把讲电话的结果传达给与此事相关的人。趁印象还深刻时把该写的信或电子邮件写好。
- 如果帮别人留言，把来电的日期和时间写上去，然后立刻把留言交给对方。如果对方不在，把留言放在对方办公桌上明显的地方，并在对方回来后提醒他。
- 更新所有需要更新的文件，把重要的日期记到行事历上。

> **检查重点** 在电话上当个好的倾听者
>
> - 不要心不在焉，也不要一边做其他的事情，一边听电话。把所有的精力都放在"倾听"上。
> - 把外界的干扰尽可能都去除掉，不要理会周围的人、事、物。
> - 内在的干扰也要消除，一出现杂念，要立刻把自己拉回来。
> - 边听边做笔记，让自己保持专注和警醒。把自己的反应和重要的信息都记下来。
> - 不时发出"声音"，让对方知道你还在听。不要让他问："你还在吗？"
> - 控制情绪，情绪会影响你听的能力。
> - 阅读第3章。

5.8 接听抱怨的电话

记得——	不要——
1. **总是**主动提供协助，不要等到对方开口问。	1. **不要**在对方仍在气头上时和对方理论。
2. **总是**自我介绍，并询问对方的名字，使整个对话更感亲切。	2. **不要**在得到所有的信息前，就建议或同意某个解决方法或承担责任。
3. **总是**让对方把脾气发完，不要插话打断。	3. **不要**找借口，也不要想博取对方的同情。不要把过错推到第三者（供货商出了问题）或特殊状况（每个人都重感冒）上，这是你的问题，不是顾客的问题。
4. **总是**用你自己的话把对方的抱怨重复一遍，表示你很认真对待。	
5. **总是**先请对方把所有的抱怨都说完，之后才开始一一处理。	4. **不要**把顾客的抱怨视为对你个人的攻击。保持客观，不要被激怒。
6. **总是**向对方表示你的体谅，但是不要夸大。例如"我能理解这种状况有多困扰"。	5. **不要**暗示对方是唯一一个不满意的人，因为调查结果显示，不满意的顾客中只有七分之一会打电话来抱怨。
7. **总是**在最后总结一下你能提供哪些协助，并确定对方也同意。如果之后又有问题，主动回电给顾客，不要冒险激怒顾客两次。	6. **不要**承诺在你职权范围内无法办到的事。如果有必要，先跟主管商量，再回电给顾客。

5.9 语音留言

现在许多机构都有语音留言系统。每个员工都有一个个人的语音信箱让别人可以留言；你也可以在同事的信箱上留言。如果电话没人接，通常会自动转到语音信箱。

语音信箱的好处

- 节省成本：如此就不必由秘书或同事帮忙记留言。
- 直接：打电话的人会觉得很放心，因为知道自己的留言被录下来，而且是录在他要找的人的信箱上，因为他在信箱上听到对方事先录好的招呼语。
- 效率：大部分的语音留言系统都可以让你把留言一次传给好几个人。
- 便利：你可以从任何一部电话进入语音留言系统。
- 简单：对许多人来说，留言比写电子邮件简单。
- 避免"互相扑空"：双方互相回电，偏偏对方打来时你不在，你打去时对方不在。

语音信箱的坏处

- 机构里大部分（最好是所有）的员工都需要一个语音信箱。
- 大家都经常听自己的信箱留言，整个系统才有意义。
- 滥用语音信箱。比如说，留太长的留言。通常一个留言最长可达三分钟，但是如果三分钟还不够，结果你连续留好几个留言，对方听起来也很累。
- 有些人会一整天都让电话自动转到语音信箱，让别人几乎跟他讲不到话。

善用语音信箱

- 在语音信箱上只留简短的留言。
- 不要连续留两个以上的三分钟留言。如果你的留言有这么长，把它写成备忘录（电子邮件的形式），因为阅读备忘录比听留言快。
- 每天听信箱留言，一天至少三次。

- 如果你要外出或出差一段时间，无法听留言，在信箱的招呼语中特别说明。

5.10　手机礼节

在今天，谈到如何讲电话，就一定会谈到如何讲手机。不过，由于现在几乎人人都有手机，在运用其与日俱增的功能与服务上也没有什么困难，因此我在这里就只说明如何在不造成他人不便或危害生命的前提下，善加利用手机。

- 绝对不要在开车时讲手机。大量证据显示，即使是在免提的状况下，讲手机也会分散身心的注意力，极有可能引起交通意外。
- 进入电影院、歌剧院或其他社交场合时，务必将手机关机。
- 在医院、诊所、公交车、火车、飞机等被要求关上手机的场所，务必将手机关机。很多人都不知道，此时手机除了会影响他人，还可能会干扰重要的设备和电子仪器。比如说，在加油站手机就可能会干扰加油机和柜台之间的无线通信。记住，加油机和柜台之间的无线通信是双向的！
- 替周围的人着想。就如《上流社会社交指南》（*Debrett's Guide to The Season*）一书的作者赛勒丝楚·诺亚女士（Lady Celestria Noel）所言："无礼说穿了就是自私。表现在使用手机上时，就是以为有个隔音的气泡围着你。"
- 如果你在公交车、火车或其他公共场合必须让手机开着，把手机铃声关小，最好是改成振动。
- 同样的道理，写短信时把按键声调小。也不要为了打发时间把所有的铃声都听一遍。
- 不要大吼大叫。为什么有些人会以为自己的声音无法从麦克风口传过去？即使在正常音量下，身边的人还是可以听到你说话。因此在公共场合或公共交通工具上讨论私人或公事等敏感的话题时，务必谨慎。否则，最好的情况，你只是丢自己的脸；最坏的情况，却可能泄露公司机密。

- 不要老是去看手机，尤其是在约会或跟别人在一起时。如果跟大家在一起时，你只顾着自己讲手机、读短信、写短信，是非常没有礼貌的。
- 最后，在街上边走边讲手机时要记得看路！还有，如果你在街上使用耳机免提，小心路人会以为你在自言自语，然后认定你精神有问题！

作　业

1. 了解你的公司的电话系统如何运作，包括：
   - 找你的电话是会直接打给你，还是通过总机转接？
   - 你的公司要求你用特定的招呼语接电话吗？是什么样的招呼语？
   - 如何转接内线电话？外线电话呢？
   - 如何打外线电话？请总机打，还是要拨一个特定的前拨号？
   - 如何把打给你的电话自动转接到另外一个号码上？
   - 了解通话话费哪个时段便宜、哪个时段贵，以及费用各是多少。
2. 选一份你想要的信息，找出有哪些公司或机构可能拥有这份信息，然后打电话去索取。如果没成功，分析自己讲电话的方式并找出原因。选另外一份信息再试一遍。
3. 跟同事讨论上述的手机使用习惯中，有哪些特别令你们反感。按照你们认为的重要性把各项"记得"和"不要"重新排列。

练习 5-1

1. 下面几个留言对收到留言的人而言可能会引发什么问题？
   （a）麦特：史先生来电，请你今天午饭时间去酒吧讨论事情。
   （b）你星期一的××工作坊取消了。他们会再告诉你改到什么时候。
   （c）道森公司有个人打电话来，说事情搞定了。
2. 大部分的机构都有自己的电话留言便条本，或者就是跟文具商买进现成的留言便条本。为你的机构（或你家）设计电话留言本的格式。
3. 把下面的电话对话浓缩一下，使其更有效率，并把必要的细节补充进去。

电话铃响。

"这里是保罗·杰弗瑞。你好。"

"嗯……你是史隆先生的秘书吗?他在吗?"

"他在公司里,不过现在恐怕无法接听电话。要我请他回电给你吗?你的名字和电话号码是?"

"好,跟他说我是派吉公司的崔特。我的电话号码是0628 675071,但是我今天下午四点之后不在办公室。"

"要我转告他大概是什么事吗?"

"嗯,我跟他约了今天晚上在伦敦见面,我说我会再告诉他我什么时候到机场。他说他可能可以到机场接我。"

"好,我会请他在下午四点之前给你回电话。"

"他大概什么时候回来?"

"他说他三点之前会回来,不过你也知道公司开会是什么样,大家常常谈完正事了还继续闲扯。"

"噢,那如果我出发去机场前,他还没回电话给我呢?那我就不知道他到底会不会去机场接我。"

(沉默)

"你还在吗?"

"在,我只是在想……嗯,我也爱莫能助。他开会时不喜欢被打扰。"

"那你会想办法让他回电话给我吧?"

"对,我尽力。谢谢你,崔特先生,再见。"

"我想到一个……"(电话被挂断)

Chapter

6

面　谈

6.1 没有效率的面谈

对许多人来说,"面谈"就等于求职。的确,求职面试大概是我们许多人一生当中最重要的面谈了。不过,求职面试只是面谈的其中一种。每一天都在进行上百万场面谈,比如为了下达指示和接受指示、推销想法或产品、检讨表现、平息抱怨或不满、解决问题等。

此外还有医生和病人之间的面谈、律师和客户之间的面谈、老师和学生之间的面谈、警察和民众之间的面谈、新闻记者和大众之间的面谈等。

因此,面谈是我们每天都在进行的活动,不管是在家里、在工作场合或在闲暇时间,我们都会跟某人讲话,然后听对方怎么说。

因此,本章除了会探讨比较正式的面试外,还会说明适用于所有面谈形式的基本原则,包括生活中非常不正式的面谈,因为我们很容易忽略其重要性。

基本上面谈包含"说"与"听",以及最后"达成结论"。"说"与"听"是工作和生活上良好沟通的基础,但是光是鼓励大家多对话并不能增进沟通效率,改善"说"与"听"的质量才是关键。

也许正因为我们几乎每天都在进行这个活动,因此除了正式的面谈,我们常将其他面谈视为理所当然。我们自以为知道怎么面谈,结果许多面谈过程反而变得没有效率、浪费时间。下列几点是常出现的问题:

- 时间拖太长。
- 话题扯太远,结果花太多时间讨论无关的事情。

---

* 101室,小说《一九八四》中的折磨室。《一九八四》是乔治·奥威尔(George Orwell)的一部名作。

- 其中一方说个不停，另外一方根本插不上话。
- 最后你有些沮丧，因为整个面谈没有达到你期望的目标。
- 最后你有些困惑，不知道整个面谈的目的到底是什么。
- 整个面谈最后成为一场争论，双方甚至对骂起来。
- 整个面谈带来的坏处比好处多。

作　业

1. 想想过去一星期你参与过哪些面谈。也许是老板临时把你叫去讨论事情，或是要你在某个特定的时间去找他；也许是你预先约好时间要去见老板；也许是去看医生；也许是在大学里跟老师私下面谈。在这些面谈过程中，也许你是"面谈的人"，也就是主动要求进行面谈的人；或者你是"接受面谈的人"，也就是对方才是主导面谈的一方。不管是哪一种，仔细想想这些面谈过程，列出你觉得有哪些不妥当的地方，使面谈过程失去应有的效率。

2. 现在就其中一个面谈过程问问自己下列问题。如果知道答案，把答案写下来：
   - 我们为什么面谈？
   - 双方都清楚面谈的目的吗？
   - 对方是面谈议题的恰当人选吗？
   - 面谈的时间和地点恰当吗？
   - 当初我期望通过这次面谈达到什么目标？
   - 我达到这个目标了吗？
   - 我有没有花足够的时间听对方说话？我自己有没有说了太多话？
   - 我有没有客观地评估对方的观点？
   - 对方有没有客观地评估我的观点？
   - 整个面谈过程为时多久？理想状况下，它应该为时多久？
   - 这段时间花得值得吗？

   现在，如果你可以重新进行一遍这次面谈，你会怎么改善？列出改善的方法。

6.2　什么是面谈?

两个或更多人之间事先计划好、由一方主导的对话。至少对其中一人来说有一个特定的目的，而且在对话过程中双方会轮流说与听。

两个人在走廊上、电梯里或餐厅里偶遇，不免会开始说起话来，但是这些对话不是面谈，因为面谈是有特定目的的，而且是事先计划好、由一方主导的。想想你参与过的面谈为什么有些如此令你不满意，你可能会发现这是因为没有人清楚面谈的目的，因此整个面谈最后就变成了漫无边际的闲聊。

在面谈中你是主导面谈的人还是接受面谈的人，当然要视情况而定，不过如果你能多了解如何"主导面谈"，就会更知道如何"接受面谈"。当你了解主导面谈的人想达到什么目的，以及会用什么方法达到这些目的，你自然就会知道如何在接受面谈时拿出最好的表现，并在遇到对方不是很善于主导面谈的情形时，配合或协助对方，毕竟这种不善主导的人不在少数。

要让面谈有效率，必须：

- 有清楚的目的；
- 事先计划好；
- 由一方主导整个互动。

6.3　面谈的目的

一场面谈可能有非常明确的目的：招聘员工、听取抱怨、管训行为、检讨表现等。但是所有的面谈都会涉及：

- 获取信息；
- 给予信息；
- 澄清信息。

换句话说，面谈就是在交换信息，交换信息就是面谈的目的。研究人员把面谈的基本目的分为四种：

- 传播信息：师生面谈、新闻采访。

- 改变想法或行为：推销、管训、辅导建议、检讨表现。
- 解决问题和制定决策：求职面试、检讨表现、看病、辅导建议、听取顾客抱怨、老师与家长会谈。
- 调查和搜集信息：学术个案研究、社会辅导个案研究、市场调查、民意调查、警方质询、学术调查、作家为写作进行的调查研究。

大部分的面谈，不管其整体目的是什么，都会牵涉到获取或交换信息。

6.4 面谈中交换的信息

面谈中交换的信息一般可分为六种：

描述 接受面谈的人被要求描述自己观察到或经历到的事物，并可能被质问，如同律师质问目击者。

事实 接受面谈的人被要求提供自己所拥有的信息（如采访专家）。

行为 接受面谈的人说明自己过去、现在和未来的行为。

态度和信念 这是比较主观的信息，显露出当事人的态度、个性、抱负和动力；这些信息显现出当事人的价值判断（好或坏）与是非判断，比如："我觉得这没错，但是……""我觉得所有的员工都应该……"

感觉 透露出当事人的生理或心理状态，如"我受够了老是被一个我无法尊重的人使唤""我非常喜欢这个新职务"等。

价值 显露出当事人根深蒂固的价值信念，如"一个人最重要的特质就是恒心，就算遇到困难，仍然咬紧牙关、坚持不懈。没有这项特质，不管有多少能力都没有用"。

上述许多信息都是主观的信息，而非客观的事实，尤其是最后三类。但是尽管它花费时间与金钱，尽管它可能不是完全可靠，我们还是把面谈视为一种收集资料的工具，因为它是唯一一个可以获取某些主观信息的做法，也因为这些主观信息经常通过非语言信息传达出来。因此用来调查态度、意见和信念的问卷，如今也越来越常以面谈的形式完成，也就是调查者以问卷内容为架构，对受访者进行访谈。

下面列出常见的商务面谈：

- 求职面试

- 检讨表现
- 辅导建议
- 管训
- 解雇
- 就职
- 咨询
- 推销
- 搜集资料
- 下达命令

练习6-1

1. 面谈跟一般自然产生的对话有何不同？
2. 下列的面谈各有何基本目的？
   （a）甄选和求职面试
   （b）为市场调查进行的面谈
   （c）采访意外事故的目击者
   （d）为检讨员工表现进行的面谈
   （e）为推销进行的面谈
3. 上述的几种面谈各以交换哪种信息为主？

6.5　如何计划面谈的内容

很多人都以为成功的面谈是"自然产生"的，其实不然。成功的面谈是一方或双方事前仔细计划与准备的结果。出色的面谈者和出色的接受面谈者是训练出来的，不是天生的。他们会不断练习相关的技巧，直到一切习惯成自然，不经思考就能够应用，只是他们轻松自在的态度往往让人忘了他们其实在事前做过分析准备，而且在面谈当中仍不断在仔细观察现场状况。

有些面谈是可以让面谈者和接受面谈者在事前进行准备，但不是每回面谈都如此。也许哪个员工会突然在定期举行的验收进展或检讨表现面谈中大发牢骚，让主管措手不及；而员工在突然被主管叫去管训前，也没有多少时间进行准备。而且面谈还是以自然的对话为主,所以无法像演讲一般经过那么仔细的准备,不过至少有一方在面谈前应该仔细思考原因、对象、内容等基本问题。如果你能够经常练习这个思考过程,不但会使面谈过程更顺利,也会让你在突然需要面谈或接受面谈时,能够充分利用走在走廊上的时间和面谈刚开始的几分钟,做些迅速而有效的思考。

面谈的原因是什么?

- 这是什么种类的面谈?
- 你希望通过这次面谈达到什么目标?
- 你想获取信息还是给予信息?
- 是什么样的信息?
- 这个面谈的目的是改变对方的信念或行为吗?
- 如果面谈的目的是解决问题,那是什么样的问题?
- 如果你无法说服对方,你有没有一条自己还能接受的后路?

如果面谈是由你发起的,绝对不要在没想清楚自己要达到什么目标之前就去面谈。

面谈的对象是谁?

分析对方,面谈前尽可能多了解对方。

- 对方可能会有什么反应或是反对的理由?
- 对方有权力作出你要求他作出的决定吗?

面谈的时间和地点?

分析进行面谈的场合。

- 面谈会在哪里举行?在你的办公室,对方的办公室,或是开车的路上?
- 面谈有可能被别人打扰吗?
- 面谈在一天当中的什么时候进行?
- 面谈前有可能发生了什么事?
- 你处在整个事件的哪一点?

- 对方对这件事一无所知，所以你需要从头讲起，还是你只需要提醒一下或说明最新进展即可？

面谈的内容是什么？

想好你需要涵盖哪些主题，以及要问什么问题，或是对方会问你什么问题。

面谈的方式是什么？

决定好面谈的架构。

- 你如何达到你的目标？
- 你的言行举止应该如何？
- 最好先闲聊几句，还是直接进入重点？
- 你必须小心行事吗？多听少说？
- 最好先从一般的问题开始，再进入到更特定明确的问题吗？
- 还是先索取细节信息，然后再进展到更广泛的问题？
- 你要怎么安排房间中的家具？
- 你如何避免面谈被打扰？

> **作 业**
>
> 回想你最近进行过的一次面谈。如果可以再来一次，或是由你主导面谈，仔细想想你会如何回答上面的问题。

6.6 安排面谈的过程

开 场

不管面谈的目的为何，开场的部分一定要小心进行。因为整个面谈能否成功，很大部分取决于双方在开头几分钟所建立起来的关系。

在开场这短短几分钟内，你要与对方建立起互信关系，并简单说明面谈的主题。开场的内容当然要视面谈的性质而定，在这里我们不可能一一详述，不过下面还是列出几个常见的开场方式。但是不管你选择哪一种开场方式，最重要的就是态度要诚恳，否则对方马上就会看出这只是你要的小伎俩。

简单说明接受面谈者或面谈者所面对的问题：适用于接受面谈者隐约知道问题的存在、但对细节还不清楚的情况。

解释你（面谈者）是如何发现该问题的：暗示对方可能想跟你讨论此问题。这样感觉起来该问题是双方共同的问题，之后讨论起来双方会更客观、更互相体谅。

请对方就该问题提供建议或协助：这个请求必须诚恳，否则对方会立刻看出你只是嘴上说说，然后失去对你的信任。

说明如果对方按照你建议的方式解决问题，可能会有什么好处：同样，诚恳的态度最重要。

直接进入重点：适用于情况紧急，而对方似乎漠不关心时。

指出对方对该问题的立场：适用于对方已经表明立场，请你提出建议，或是有可能强烈反对你的意见时。

指出问题的背景、原因、起源，但是不描述问题本身：适用于对方熟悉问题的背景，但有可能反对你的意见时。

说明是谁派你来面谈：适用于你不认识对方时，这样你就有个"开头"。但是派你来面谈的人必须是对方尊敬的人，而且你的态度要诚恳自然。

说明你代表哪间机构、公司或团体：有助于建立起你个人的威信，但前提是对方尊敬该组织。这个方法也可以解释你的来访原因。

请对方拨个十分钟或半小时给你：问得直接明确，但是不要低声下气，好像你很怕打扰了对方。适用于对方忙碌、没有耐心时。

问一个问题：可以是直接问题、引导性问题，或征求同意的问题（见下一节"如何问问题"）。问了问题对方通常就得回答，自然就会跟你交谈起来。

面谈的主体

不管你选用哪种开场，注意不要让开场部分花去太多时间。记住，**面谈最典型的问题之一，就是进入不了重点。**

> **作　业**
>
> 1. 你在读书时代认识的老朋友邀请你去参加他的婚礼，但是你已经把今年的休假都用完了，因此你必须说服主管准许你周五请假。你已经跟主管约好时间，但是还没告诉他你的目的。你会用哪种方式开场？你会如何进入这个主题？把你具体要说的句子写下来。
> 2. 假设你有个短期的工作，内容是销售"办公桌秩序小帮手"（各式各样的笔筒）。假设你已经通过秘书这一关，可以进办公室跟里面的主管推销产品，你会怎么开场？
> 3. 你跟一个同事处不来。这个同事老是避开你，而且似乎没有人知道为什么。你跟主管提过这事，主管建议你找个工作不忙的时段，先自己去跟这个同事谈一谈，你将如何开口？
> 4. 你在社区大学上一门课，但是你跟班上同学都觉得某个老师的教法不是很好。你们决定先去跟这位老师谈，如果老师改善教法，就不用再去跟上层反应。结果大家选你代表全班去跟老师谈！你会怎么开口？

面谈的主要部分应该用来问问题和回答问题、寻找解决问题的办法，或是说服对方接受你的意见或产品。如果是三十分钟的面谈，95%左右的时间应该用于此阶段。

需要把面谈的流程安排得多详细，取决于面谈的目的、种类和时间限制。在"非结构式"面谈中，面谈者让接受面谈者主导面谈流程，这一般适用于接受面谈者要发牢骚或抱怨个人问题时。在"结构式"面谈中，面谈者主导和控制面谈的流程，如用在搜集资料或时间有限的面谈中。**依结构化的程度，面谈可分为"非结构式""中度结构式""高度结构式"和"标准化"四种。**

非结构式面谈：事先并不确定问题的顺序和内容。你只要先想一想面谈的目的，然后记一下大概需要涵盖哪些领域或主题。这对某些面谈来说非常有用，尤其是辅导建议性质的面谈，但是注意不要把准备不全、缺乏组织的面谈都归类为"非结构式面谈"。

中度结构式面谈：准备几个重要的问题，再准备几个用来继续深入探究的问题。如果对方拒绝提供信息，才需要用到这些后续的问题。

高度结构式面谈：所有的问题都是事先准备好的，而且顺序也安排好了。每个接受面谈的人，听到的问题都一样。有些问题可能是开放式问题，但是这类面谈主要还是以封闭式问题为主，方便之后有系统地比较不同受访者的回答，如市场调查或意见调查，但也适用于某些审查性质的面谈。

标准化面谈：所有的问题都是事先准备好，而且顺序也安排好了，但是除此之外，题目中还包含了现成的答案，因此接受面谈者只能从中选一个答案。如："如果这个产品的价格降低了，你购买的数量会更多、更少，还是跟以前一样？"换句话说，所有的问题都是封闭式的。

> **练习 6–2**
> 看看前面第 83 页"常见的商务面谈"列表。你会为这几种面谈各选择哪一种结构？

6.7 如何问问题

面谈的主体以问题和回答为主，但是在大部分的面谈中，面谈者的目的是跟对方进行自然的对话，而非审问对方。面谈者如何提出问题、又花多少时间说和听，会直接影响面谈的气氛和对方的感受，也直接影响到面谈最终的结果。因此，你必须熟悉各种基本种类的问题及其用处。

直接问题或封闭式问题

用处　想就特定问题找出明确的答案时，直接问题是最常采用的问题模式。特别适用于搜集客观的事实，或是想得到直接明确的答案，以便与其他人的答案作比较，比如资历、事件、意外的细节、统计数字或客观的事实等。

缺点　由于只有一个明确的答案，因此接受面谈的人无法多说什么。完全以直接问题为内容的面谈感觉非常冷漠生硬，会让接受面谈的人觉得自己被审问，而不是被咨询或获邀来说明、讨论。

这种问题让对方在回答时几乎没有选择的余地，因为通常只有一个明确的答案。如："你高中时选修哪些科目？""你在我们公司多久了？""意外发生时，你人在哪里？"

两极问题或是非问题

用处 两极问题其实可以说是直接问题的一种，因此用处就跟直接问题一样。配合面谈的目的，它可以让你快速有效地获取明确的信息。

> **自我检查**
> 直接或封闭式问题有什么好处？
> 直接问题可能有哪些缺点？

缺点 由于两极问题限制了答案的范围，如果使用不当，接受面谈者等于是被迫选择其中一个极端的答案，而他的答案可能介于两个极端之间。比如说，"你喜欢你的工作吗？"这个问题只允许"喜欢"或"不喜欢"两个答案。健谈的人可能会如实地回答，不让自己受限在"喜欢"或"不喜欢"两种选择，但是比较内向的人就会被此问题限制，无法表达心中真正的想法。面谈的人要注意这些危险的存在。

如果面谈的人想更进一步限制回答的范围，他可以问"两极问题"，让对方只能从两个答案中选一个，或是只能给予肯定或否定的答案。

"意外发生时,你人在现场吗？"
（在 / 不在）

"你是搭火车还是开车来的？"
（火车 / 开车）

> **自我检查**
> 你能想到两极或是非问题有哪些用处和缺点吗？

"你喜欢你的工作吗？"（喜欢 / 不喜欢）

"你能三月一号开始来上班吗？"（可以 / 不可以）

引导性问题

用处 这种预设好答案的引导性问题，是销售人员的武器。如果他们能够准备好一连串这样的问题，就能够一步一步引导顾客，最后让顾客接受他们的想法或产品。这个技巧已经被无数的销售人员成功采用。如果面谈的目的是说服对方，巧妙地采用引导性问题会很有效果。

缺点 会使对方觉得受到压力或攻击，或是使对方不由自主地给予"正确"答案，甚至有些引导性问题其实只是浪费时间。（见下面说明）

这类问题强烈暗示答案应该是什么，或是面谈者想听到什么答案，所以面谈者其实是在引导接受面谈者。

"你不觉得最近这几天的天气很差吗？"

"你不觉得如果我们……其实也不错吗？"

"像你领这么多薪水的人不可能一个月负担不了十英镑，是吧？"

上面这几个例子都是以否定的说法表达（"不觉得……""不可能……"）。通常这样的问题会得到肯定的答案（"对啊"），或者至少前面两个问题是以得到肯定的答案为目标。不过，最后一个问题也有可能是销售人员的招术，如果你回答"不对"，反而是他们想听到的答案！

这种问法的缺点是，如果使用得太直接，会使对方觉得受到压力或攻击：

"你以前在校的成绩不是很好，是吧？"

或是使对方不由自主地给予"正确"这个答案，但是如果没有这样的引导，对方其实可能会给予不同的答案：

"这个职位空缺的人选要带领二十名员工，并善于领导和解决员工的问题。你觉得自己能够胜任这样的工作吗？"

没有人听到这个问题会回答"不！"面谈者泄露了自己的看法，协助接受面谈者找到"正确"答案。有些引导性问题其实只是浪费时间，如：

自我检查
你能想到引导性问题有哪些用处和缺点吗？

"想必你很想得到这份工作吧？"

"我想你还挺有事业心的？"

暗示性问题

用处 诱导对方表达心中真正的感觉和意见，也可用来观察接受面谈者在压力下的反应。

有时候，情绪化的字眼暗示出说话人想听到的答案：

"你觉得我们应该采用这个疯狂的点子吗？"

"你对这笔失败的交易有什么看法？"

我们大概很难想象这类问题可以诱导对方表达心中真正的感觉和意见。不过，有时候面谈者会故意提出这种问题，试探接受面谈者不被问题引导、坚持自己立场的能力。使用得极端一点，这类问题也用来观察接受面谈者在压力下的反应，以及要压迫到什么程度他才会"失控"。如：

"我不赞成雇用女性。雇个女性员工其实就是赔钱，是吧？她们总是请假回家看小孩，不然就是请产假去生小孩。女人根本靠不住，是吧？"（面试女性求职者时提出的问题，而且明显违反《性别歧视法案》。）

> **自我检查**
>
> 你能想到这种暗示性问题会有什么用处吗？

这可能不是面试者真正的看法。面试者只是想看看该女性求职者如何捍卫女性在职场上的角色，看看她是否能够应付这样的攻击，以及她如何回答该问题，例如，是情绪化地反驳，还是冷静有尊严地理论。

开放式问题

用处 如果经过仔细的选用，这类问题可以让你就对方的态度、信念和动力得到不少了解。从回答的过程中，也可以看出对方整理想法、组织内容以及在没有引导或提示之下进行表达的能力。

缺点 开放式问题虽然能让你多少看到对方的思考能力，并可能引出意外却值得的讨论。但是这类问题要仔细选用，否则你可能花了不少时间，却只有几个笼统的问题得到答案。

这类问题与前面几类问题大不相同，因为它给予回答的人无限的自由。

"跟我谈谈你自己。"
"你怎么看这个问题？"
"你对这件事有什么感觉？"
"你觉得上个商业教育课程能够如何帮助你把工作做得更好？"

> **自我检查**
> 这种开放式问题能够引出什么样的信息？

这类问题问的通常是"为什么""什么""如何"和"哪里"等。

提示性问题

用处 协助"脑中一片空白"的接受面谈者。

缺点 我们很容易太快采用这种提示性问题。面谈者应该避免给对方不足的思考时间，或是给太多提示，使原来的开放式问题失去价值。

这类问题适用于对方似乎"脑中一片空白"，或者不很清楚面谈者到底想问什么时。

"跟我谈谈你自己。"（停顿）"比如说你毕业前最后几年的求学经历，人生中重要的里程碑，至今做过最重要的决定，类似这些事情。"

镜像式问题

用处 这类问题是确保沟通顺畅最有效的做法之一。接受面谈者可以立刻知道自己是否表达出想表达的意思，面谈者则可以确定自己是否正确理解了接受面谈者的意思。这两个好处能够增进面谈中"听"的质量，并营造起互相体谅与互相信任的气氛。

> **自我检查**
> 这种问题的目的很明显。你能想到会有什么盲点吗？

缺点 这类问题最大的危险就是"张冠李戴"。即使对方并不是这个意思，他还是会说"对！"（见下面说明）

这类问题把面谈者对答案的理解"反射"回去，或是把对方之前的回答总结起来。

"所以你的意思是，基本上你支持这个做法？"

"如果我没听错，你比较喜欢工作上牵涉到实务的部分，比较不喜欢牵涉到文书的部分？"

这种方法的缺点是可能误导，即使对方并不是这个意思，他还是会说"对！"

> **自我检查**
> 你能想到镜像式问题有哪个主要的好处和主要的坏处吗？

"所以你觉得自己成了牺牲品？"

"对。"（心里想：嗯，其实我也不是这个意思，不过这样听起来更严重，那我就说"对"吧！）

探究性问题

用处　得到更多细节，如例子、说明、解释；鼓励对方继续说下去；使面谈从广泛的内容进入到特定细节；离题时，把对方拉回原来的主题；鼓励对方停留在特定的细节，不要太笼统。

缺点　如果使用得太迫切或太频繁，对方会觉得自己坐在证人席上。

如果对方给的答案太笼统，或是需要继续追踪，就可以采用探究性问题。

"你说到工艺品质差，能不能举个例子？"
"你说你不常迟到，那你说说你上个月迟到几次？"
"我不是很了解你的意思。你能不能举个例子？"
"你觉得这些原因当中，哪一个最严重？"

探究性问题经常以"为什么"起头。其实"为什么？"本身就是一个很有用的探究性问题，特别是你不想让对方停止说话时。

> **自我检查**
> 探究性问题有几个主要的用处，你能想到几个？

假设性问题

用处 可用来试探接受面谈者如何处理工作上可能会遇到的状况，或是如何把想法付诸实践。这类问题也可揭露对方的偏见、刻板印象和各种态度、信念和价值观等。

缺点 如果假设的状况不切实际，你反而无法就对方的能力得到多少信息，顶多只是多了解一些对方的个性！

"假设你发现你的工作小组中有个组员严重酗酒，并因此影响工作。你会怎么办？"

"假设我现在要引进一个新的设备或流程，这个新的设备或流程会影响到我手下员工平时的工作程序。你会建议我如何进行这件事？"

不好的假设性问题如下：

"假设今天第三次世界大战爆发了，你会怎么办？"

> **自我检查**
>
> 面谈者什么时候会用到假设性问题？

练习6-3

指出下列的问题各有什么错误。它们各属于哪一种问题？把每个问题改善一下。

1. "一路过来还顺利吗？"
2. "你知不知道我身为部门组长，如果你能力太差，是我要负责任？"
3. "你说你不会一遇到问题就放弃，但是四年内换三个工作，表示你其实不是那么坚持不懈，不是吗？"
4. "你为什么在1986年的时候选择考CSE（中等教育证书），不考O level（普通教育证书）？或者……（低头看问卷）。你选择考CSE，是因为准备明年考O level？还是因为你本来就是念CSE课程？你后来又考一次，成绩有改善吗，我指的是CSE，不是O level，还是O level本身就是一种进步？"

把问题排序

仔细想过要在面谈中采用哪些种类的问题后，你还要考虑以什么顺序提出这些问题。

- 也许你会想从比较广泛的开放式问题开始，然后渐进到更明确具体的问题。这称为**漏斗顺序法**。
- **反漏斗顺序法**则是从具体的封闭式问题开始，渐进到广泛的开放式问题。
- **隧道式顺序法**则是由一连串类似的问题组成。当你只想就每个问题得到初步的答案，无意继续深入讨论下去，这个做法就特别合适。比如说，用一连串问题探索员工对各种工作经历的态度，就属于隧道式顺序法。

结束面谈

如果时间到了，如果你已经得到需要的信息，如果你已经成功说服对方接受你的建议或购买你的产品，如果问题已经解决，或是如果继续谈下去显然也没有帮助，不管是因为还需要收集更多资料，还是因为还需要跟别人面谈，你最后都会结束面谈。

结束面谈时，有三件事情要做：

- 简短地总结面谈的成果，或是双方在面谈中表达的观点。
- 谢谢对方的合作。
- 确定下次会面的时间，或是双方之后要采取的行动。

6.8 结语：面谈技巧评估表

如果按照本章讲到的做法去做，再困难的面谈你应该也能够胜任，并且理解为什么有些面谈者会采取某些做法。不过，最常见的会谈形式也许还是为了找出事实而进行，因为"找出事实"要不就是大部分会谈的基础，要不就是一连串具有特定目标的会谈的一环。因此，下面介绍的流程应该会非常有用。下次要进行以找出事实为主的面谈时，不妨试用一下。如果是别人找你面谈，那你也可以用本章最后的"面谈技巧评估表"，评估一下对方的面谈技巧！以找出事实为主的面谈：

1. **目的**
   - 让对方有机会畅谈问题
   - 找出造成不满的原因
   - 找出问题的全貌

2. **准备**
   - 事先了解对方；查阅以前的记录或历史
   - 尽量找出造成不满（尤其是态度、感觉）的状况
   - 注意公司有没有限制后续的行动的规定
   - 确保隐私，面谈中不被打扰
   - 为面谈留下充裕的时间
   - 摆设桌椅，营造恰当的气氛

3. **面谈**
   - 先让对方有自在的感觉，建立互信关系
   - 说明此次面谈的目的
   - 不要在了解问题全貌之前就开始想解决问题，因为也许问题根本就不存在
   - 让对方从自己的立场描述问题
   - 除了找出事实，也找出对方的感觉。感觉通常更重要，但是在缺乏鼓励的情况下，对方通常不太会表达出来
   - 专心倾听
   - 不要逃避或轻视问题
   - 深入探究，确保你掌握了所有相关的细节
   - 采用开放式问题
   - 不要太快就作出承诺或支持其中一方
   - 如果可以，请对方建议解决的方法
   - 讨论各种解决方法会带来的结果（如果恰当）。不过在以找出事实为主的面谈中，通常还不会决定解决的办法；通常还需要几次其他的面谈，才能决定

- 双方决议最好的解决办法是什么（如果恰当）
- 双方决定要采取哪些行动（如果恰当）
- 总结面谈的成果
- 确定下次会面的时间

4. 后续
- 如果有需要，调查收集到的事实和信息，例如再与其他人面谈。
- 根据调查的结果，决定要采取的行动
- 确定结果达到预期，例如关系、态度、表现
- 进行后续的面谈

作 业

面谈技巧评估表

找个在工作中经常要与他人面谈的人，请他让你有机会观察他面谈的过程。面谈之前，把下表看过一遍，面谈之后，把表填好；然后找个人来观察你面谈别人的过程，请他也把下表填好，之后与你讨论。

　　　　　　　　　　　　　　　　是　　否　　不确定

1. 面谈者有做好充分的准备吗？
   (a) 他有做好准备工作吗？
   (b) 他在心理上也准备好了吗？
   (c) 他把所有的注意力都放在面谈上吗？
   (d) 他有没有把面谈的地点摆设妥当？
2. 他有没有一开始就把面谈的目的说清楚？
3. 他有没有采用恰当的开场方式？
4. 他有没有让对方感觉轻松自在？
5. 他有没有把重点清晰简洁地表达出来？
6. 他有没有给对方机会说明自己的观点？
7. 他有没有专心听对方说话？
8. 他问问题的方式恰当吗？
9. 他有没有就自己的说法给予合理的理由？
10. 他有没有提出建议？

11. 他有没有鼓励对方提出建议？
12. 他有没有一受威胁就让步？
13. 他有没有妥善安排面谈的流程？
14. 此次面谈：
    （a）是非结构式的吗？
    （b）是中度结构式的吗？
    （c）是高度结构式的吗？
    （d）是标准化的吗？
15. 他有没有为面谈留下充裕的时间，让面谈能够自然地进行与结束？
16. 他在最后有没有总结面谈的成果？
17. 他在最后有没有把重点放在面谈的正面成果，也就是双方同意采取的行动？

Chapter

7

求职面试

7.1 准备阶段：了解公司

丹尼尔正为了成为公职人员而受训。他是年纪最大的受训生之一，也觉得自己准备好可以成为正式的公职人员了。他已经有两三次没被选入晋升名单，也跟主管反映过他觉得晋升制度不完善。但是这次的晋升人选面试名单一出来，他的名字又没有在上面。晋升委员会根本没把他列入考虑。

丹尼尔决定要求面谈。面谈这天也是他一般中午会跟姐姐罗伊吃饭喝杯酒的一天。丹尼尔走进酒吧，面如土色。罗伊见了便说："噢，我想我不必问面试的结果了。"

丹尼尔说："根本就是乱七八糟的嘛！他们根本没问我为什么我觉得自己应该晋升，也不问我的工作，只问我为什么觉得晋升制度有问题。我一走进去，他们就开始问什么如果让我来负责，我会怎么改善……整整一个小时。我什么都说不出来，看起来一定就像个白痴。"

作 业

丹尼尔哪里做得不对？

本章的目的是协助你为最重要的面谈——求职面试——做好准备。内容包括：

- 面试之前，对面试产生正面积极的态度；
- 了解自己的长处和弱点；
- 在面试中，拿出最好的一面。

前面我们已经谈过了面谈的主要类型，不管是招聘、处理抱怨或管训，还是检讨表现，也知道面谈者会用哪些方法达到面谈的目的。但是除非你在工作上需要经常与人面谈，否则你这一生中接受面谈的次数恐怕会比主导面谈的次数多。所以，现在我们就来看看接受面谈时可能会出现的问题。

你这一生中接受过的最重要面谈，恐怕就是求职面试——之所以重要，是因为你这一生大部分的时间应该都会花在工作上，所以你应该也会想要找到一份你喜欢的工作。求职者找到合适的工作，就跟面谈者找到合适的人选一样重要，因此在这里我们不妨以求职面试为例，探索成功的接受面谈者应该具备哪些技巧。

心理建设

也许大多数人最大的问题就是"紧张"。几乎每个人一想到要被面试就会紧张，因为想到要被"审问"就会产生压力；而不知道面试中会被问到什么问题则引起焦虑。不过你不必因此感到气馁，因为：

- 几乎每个人面试前都会紧张，在面试中通常也不例外，所以你并不孤单。
- "紧张"其实并不是坏事，就如同舞台剧演员或公众演讲人一样，一定程度的紧张反而使你更专注警觉，更容易拿出好表现。不过，我们显然还是要学会把紧张降低到某个程度，否则紧张过度反而有害无益。
- 面试你的人大概也知道你会紧张，因此他会把标准降低一下，并尽量协助你放松下来。此外也要记住，他可能也跟你一样紧张！
- 不知道面试中可能会被问到哪些问题，然后又不知道自己该怎么应对，通常会使紧张的程度更严重，因此秘诀就是在事前就面试情形、就自己和自己该有的行为举止思考一下。采取积极正面地思考，不是消极负面地忧虑。换句话说，就是做好准备！

掌握练习的机会

假设寄简历、写求职信等辛苦的过程终于得到回报，现在有公司邀请你去面试。即使在你所有应聘的工作中，这是你最不喜欢的一个，你还是应该要去面试！你不会有损失，相反会有所收获：毕竟要成为出色的被面试者，最好的办法就是接受许多面试。

而且，在你完全了解这家公司之前，你也无法判断这个工作到底适不适合你。而了解这家公司最好的办法就是去参观这家公司，最好可以跟那里一个以上的员工聊一聊，感觉一下那里的气氛。

一个好的面试官知道他需要尽可能地了解求职者，但是另一方面，求职者也需要尽可能了解该公司。所以，如果对方邀请你去面试就尽管去。

不过，你不应该等到面试那天才想办法去了解该公司。在为这个"大日子"做准备时，你也要做些调查，**在面试之前就对该工作和该公司具备充分的了解**。

掌握背景信息

不要像这个去劳斯莱斯应聘的求职者一样：面试官问他该公司出产什么产品时，他说："嗯，汽车啊，不是吗？"也许你不知道劳斯莱斯现在在制造飞机引擎，但是去劳斯莱斯应聘的求职者应该事先查过，从1971年以后，该公司的汽车制造部已成为一间独立的公司，而且现在属于BMW！

至少你也应该知道这家公司在做什么。零售、生产、经销，还是服务？它制造、出售或经销什么产品？它提供什么服务？

也许你应聘的是某个部门中某个特定的职位，这时你应该大致知道该部门的职责是什么。对方当然不会期望你知道所有的细节，但是有些基本的信息是你在事前应该能够找到的。

自我检查

在继续讨论如何找到这些基本信息前，先列出有哪些公司信息是最好能事先知道的。用问题形式列出，如：

- 这家公司是做什么的？
- ....
- ....
- ....
- ....

到底有哪些基本信息最好能在事前找出来，显然取决于你应聘的机构，不过下面这个列表还是可供你参考：

- 这是家大公司还是小公司？
- 它属于某个集团吗？
- 它是国营企业还是民营企业？
- 它有多少员工？
- 它的总部在哪里？
- 它一年的营业额为多少？
- 它有上市股票吗？如果有，股价正在上涨还是下滑？
- 它所属的行业正在成长还是萎缩？
- 它有子公司或分公司吗？如果有，是哪些？
- 该公司内部的员工关系气氛融洽吗？
- 最近有没有任何政治或经济事件可能影响到该公司？
- 它最近上过新闻吗？如果有，为什么？
- 它的CEO叫什么名字？
- 它外销产品到国外吗？如果有，是销到哪些地方？
- 它重视员工的训练与进修发展吗？

像这样先列出几个问题，就是很好的展开调查的方式，不过你也可以先考虑要去哪里找资料，然后在调查的过程中，你不只会找到如上述这些问题的答案，还会找到你事先没想到要收集的信息。

去哪里找？

你在应聘之前可能就对该公司有些初步的了解。它的招聘广告可能就已经提供了一些线索：

- 应聘的地点与工作的地点是否一样？
- 它要你去跟谁应聘？人事部经理或主任，还是某个部门的主管？
- 广告中有没有描述该公司的业务内容？

如果你够仔细，知道要找什么，你应该就已经对该公司有些了解，或是至少已经有些现成的问题作为调查的起点。该公司可能还会寄些资料给求职者，这些资料你应该仔细地阅读，并想想你还想知道什么。那么，你还可以去哪里找到相关信息？可以去问谁？谁可能会有有用的信息？

> **自我检查**
>
> 列出有哪些来源可以让你找到一家公司的信息？

信息的来源

网络 在今天，不管你想找什么信息，最方便的来源应该就是网络了。对求职的人来说，网络不只节省时间，而且信息丰富。但是正因为信息丰富，有时候你反而不知道该从哪里着手，或是如何找到真正有用的信息。把公司名称打进去，应该就是我们第一个会想到的做法，不过或许还有其他的渠道，以英国为例，像是《选择：网上求职》(*Choices：Jobs Through the Internet*) 这样的小书（网络版在 www.choicesonline.com）也很有用，它不只列出几百家大公司的网址，而且还就应聘过程给予实用的建议。（另见第 15 章 "求职"）

机构本身 也许对方已经寄了一些资料给你，如果没有，不妨去跟他们的公关部门索取该公司就产品或活动出版的刊物，还有一份年度报告，报告里应该会包含各种有用的信息，如 CEO 的姓名及一般财务信息。

图书馆 大多数图书馆的参考区应该都可以找到不少信息。不妨花些时间自己在参考区找一找，但是如果你实在找不到你要找的资料，或是不知道该去哪里找，那就去请教图书馆员，并说明你为什么需要这些信息。从参考书籍或 CD 数据库里，你应该都能就一家公司找到重要的基本信息。

电视和新闻 在应聘的过程中，最好每天看报纸、听新闻。从新闻中你可以得知当前的热门话题，及其对公司、产业和特定群体（如工会）的影响。

除了听一般的新闻报道，你也应该浏览报纸的财经版，并留意财经杂志，如《经济学人》(*The Economist*) 中的文章；另外，报道商界动态的电视节目也是一种渠道。在公立图书馆内就可以借到最新的期刊和杂志，而在大学图书馆里通常可以借到所有的报纸、期刊和杂志，不管是最新的或过期的。

就算你不是图书馆的会员，要使用参考资料区应该也不成问题。如果你在面试中能够就该公司及其商务工作发表一些有见解的看法，这些辛苦的准备也值得了。

个人接触　跟朋友、亲人聊天的时候，提起该公司的名字，说不定就有人可以提供有用的信息。也许他以前在那工作过，或是认识人在那工作，而你就可以从中得到一般不易得到的内部消息。但是要小心，有时要判断一下，不要听了什么都信。后来离开该公司的人，也许只记得公司的黑暗面，但是现在在那工作的员工却可能对公司非常满意。

准备一些问题

除了为你列出的问题找到答案，掌握背景信息，你在调查的过程中也许还会产生更多的疑问，而这些问题你应该在面试中有机会时提出。

求职者常觉得不好意思问"我会拿到多少薪水？"这个问题，但是这是一个非常合理的问题，就算面试你的人没有提起，你提出这个问题，他也不会觉得吃惊或反感。也许你还有其他相关的问题，因此不妨把薪水问题跟这些问题一并提出，像是福利、进修机会等。

许多人在面试中被问到是否还有问题时，常会脑中突然一片空白。因此，不妨先把你想问的问题写在小卡片上。然后，如果在面试中你实在想不起这些问题时，问问对方你是否可以拿出这张小卡片。对方应该会觉得你对该工作很有兴趣，很认真看待这次面试，才会在事前准备得这么仔细。

7.2　准备阶段：了解自己

下一个准备阶段就是要去了解自己，这大概也是最重要的一环。也许你觉得这一步似乎有些多余，觉得你已经很了解自己了，但是如果面试你的人突然问下面这个问题，你要怎么回答呢？

　　　　"你有哪些长处和弱点？"
　　　　"这个职位有很多人来应聘。你觉得为什么我们应该雇用你？"

在完全没有准备的状况下，你可能会突然哑口无言！或是依你有多少自信会有不同的回答，你可能不是夸大了自己的长处，就是夸大了自己的弱点，两者在对方眼中都是不可取的。在求职面试中，我们当然想要突显自己的长处，让自己的弱点显得不那么严重，但是要做到这一点，就必须在事前进行仔细的思考。

另外一个原因就是，这样你就可以事先想想如何以最委婉的方式说明自己的弱点，并以长处弥补之。当然，你认为是长处的地方，有可能对方并不认为是长处，但是相反的情况也有可能发生。总之，如果你在面试中才第一次发觉自己某个特质或失败经验在别人眼中是种缺陷，一定会让你信心大受打击，因此最好事先就考虑到这一点，想想遇到这种情况时该怎么回应。

最后，只有当你了解自己有哪些长处和弱点时，你才有可能计划面试的"战略"。就拿那些觉得自己"不会面试"的求职者为例好了。除非他们先找出自己为什么不善于面试，否则他们根本不可能知道要怎么改善。也许他们的弱点是在陌生环境下会紧张，但是自己却不愿意承认。只有当他们能够坦承自己会紧张，才有可能开始计划降低焦虑的方式。也许他们会愿意试试本章所建议的做法，在面试前做好充分的准备，但是就算采用这些做法，也不保证紧张就会完全消失！

> **作 业**
>
> 1. 该是好好严格而诚实地分析自己的时候了。不要不好意思说出自己的长处，也不要看不到自己的弱点。要诚实！
>   - 人们喜欢你哪一点？
>   - 人们不喜欢你哪一点？
>   - 你擅长哪些事情？
>   - 你不擅长哪些事情？
>   - 同事是怎么形容你的？
>   - 你在家里跟在公司不一样吗？
> 2. 把你能想到的长处与弱点都列出来。把这张表保存好，也许一段时间后，当你对自己又有更多的发现时，就把这张表修正一下。

也许对许多人来说，在压力下感到极度紧张已经成为生命中的一部分了。这些人必须分析自己的紧张，才能找出与它"和平相处"的策略。当他们停下来思考，可能会发现自己在面试一开始时最紧张，但是之后就会逐渐放松下来。因此如果他们把重点留到后面再说明，面试表现就会更好。也许有些人是一开始很镇静，之后越来越紧张，这时他们就最好一开始就把该说的话说出来，并尽量让面试的时间不要拖太久。所以，承认并分析自己的弱点后，你才更有可能减小它带来的损失。

接下来就是最困难的部分了！请一个应该会诚实作答的朋友，列出你的长处与弱点。把两张表比较一下。不要为弱点的部分辩解，不妨请对方举例，并客观地讨论两张表。跟你还算熟的同学或同事也许是最好的人选，最好不要找跟你非常亲密的人，他们可能只会注意你好的一面，而且不想破坏这段美好的友谊。如果你真的能够进行这个练习，那它可能是你这一生中做过最有用的练习之一。如同苏格兰诗人罗伯特·伯恩斯（Robert Burns）的诗句：

噢，如果上帝能够赐予我们这小小的天赋让我们看到自己，就如同他人看我们！

不好答的问题

最后这个练习牵涉到许多面试中都会提出的问题，虽然问法可能会不同：

"你有哪些长处和弱点？"

为了能在最短的时间内对你得到尽量完整的了解，对方会在事前就仔细思考过，并选出几个特定的问题来问你，找出你如何思考、什么带给你动力以及你是什么样的人。

你应该就这些问题准备好答案，并留意类似问题的出现。记住，**面试官问这类问题不是想听你回答什么，而是想看你如何回答**。

就算你不会被问到这样的问题，事先就这类问题想一想，也会让你在面试中有更多东西可讲，而这正好是面试官所期望的。

这类问题显然没有正确答案，这要视你个人、工作、机构、面试的气氛等而定。有一位女士在被问到她是否个性强悍时，回答说与其说她强悍，不如说她是个果断的人。她继续说她永远会寻求与他人合作，但是她也热衷于追求事业。她用这个巧妙的回答把自己呈现为既不过分强悍、也不过分消极的人。大多数这类"不好答"的问题就应该这样"**中庸**"地回答。

> **作业**
>
> 　　下面就是几个已经难倒不少求职者的问题。你会怎么回答？把你的回答写下来，方便稍后回头再看。
>
> 　　不要被这些问题吓倒，如果这些问题你都准备了，那应该就没有什么问题能够难倒你，一般常见的问题答起来对你来说也更容易。
>
> - 你这一生中最宝贵的经验为何？
> - 金钱或地位，你会选哪一个？
> - 你是个个性强悍的人吗？
> - 你最近一次发脾气是什么时候？原因是什么？
> - 用三个形容词描述你自己。
> - 你在过去一年中有过最好的点子是什么？
> - 你在过去三年中做过最辛苦的事是什么？
> - 你对这个工作有足够的经验吗？
> - 跟我谈谈你自己。
> - 你最大的缺点是什么？
> - 你最自豪的成就是什么？
> - 你希望自己五年之后在做什么？十年之后呢？

7.3　面试过程

做你自己

　　现在我们来看看面试过程本身。

- 确定你确实知道面试举行的地点，并提早出门，宁愿早到，也不要迟到。
- 面试官可能会先问些一般的问题，像是"坐什么交通工具来公司的"，目的是让你感觉自在一点。利用这个机会找个舒服的坐姿，悄悄深呼吸几次，让自己放松下来。
- 接着对方应该会就你的简历或求职信提出问题。
- 最糟的情况就是你发现自己完全不记得在求职信里写了什么，然后慌张之中开始胡言乱语，说些跟信中不一致的内容。

把你的求职信或简历复印一份，面试前再浏览一遍。

建立好形象

你在面试中说的话，不外乎描述你自己，不然就是表达对该机构和该职位的看法。你必须让对方知道自己是个负责、认真、有能力的人，让对方知道你在乎自己，坚信自己拥有这些条件，但是你也要让对方看到你是个有弹性、肯上进的人，愿意去学习新的技巧，不断充实自己。此外，你还要让对方看到你不只是有能力，还有创意，也就是不只是被动地接下责任，同时还主动追求责任。这样描述自己也许听来有些夸大其词，可能你觉得这样的描述根本不像你。但是让我们来仔细看看：

- 假设你觉得自己并不认真，是个懒惰的人。跟你自己解释为什么会这样。
- 在你的人生中，你一定认真努力过几次。那时是什么状况？这些状况有哪些特质，使你特别努力？
- 随时想着你曾表现出这些优秀特质的状况。面试官会想看到证据，不是听你嘴上说说"我觉得我做事很努力"就够了。
- 不要只是把你拥有的特质一一数出来，最好举实例来证明：讲些你个人的经历，用这些经历来证明你拥有哪些特质。

比如说，有位年轻的男士在面试中叙述自己以前在专业足球队担任文书的经历。在其中一个小故事中，他的认真努力让他发明出一个新方法；在另外一个小故事中，他的弹性与上进使他有机会参与解决人事工作上一个有趣的问题。在思考如何回答"不好答"的问题时，也许你也连带想到了这类的例子，在任何面试中都可以派上用场。

采用这个做法，你就能真的做你自己。如果你所描述的事件或经历是你真的亲身体验过的，说起话来也会更轻松自然。为了让自己的经历听起来更好听而凭空捏造，反而无法达到效果，因为这些人假装自己是别人，他们无法拿出证据，也无法不停地演戏；另外，说谎带来的心里不安反而使他们更紧张。

做你自己，但是拿出你最好的一面！

态度要实际

不过，"拿出最好的一面"这个原则也有可能把人诱进另外一个陷阱，就是变得自负傲慢。避免这种状况的诀窍就在于，**以谦虚的态度表现出你最好的一面**。

表现出你有雄心抱负，但是是在**理性**范围内。大多数的面试官都希望求职者有雄心抱负，所以不用害怕承认你也希望有一天当上主管，就跟许多人希望的一样。不过让对方知道你也考虑到实际的状况，思考过凭自己的能力你能够在事业上走多远。准备好谈谈你的事业目标，但是不妨把时间点放在五年和十年之后，同时可以考虑到你在这段时间所累积的经验。使用这样的时间表也显示出你是个有组织、有计划的人。

让实际的例子为你说明你具有哪些特质，这样你就不用言过其实。准备好承认自己有哪些弱点，但是要让对方看到"你知道自己有这些弱点，而且知道如何克服"。把长处强调出来，弥补你的弱点，如：

> "我以前在学校不是很用功，考试成绩出来之后，让我得到了教训。现在我会努力妥善安排时间，写下每天要完成的事情。现在我不只是每天晚上都觉得自己一天过得很充实，而且还发现自己其实很有纪律、有组织。"

让对方看到你知道自己是谁、能做什么、想要什么，以及要往哪里去。

该避免的事

在面试中，有些事情要避免。其中最重要的几件事都与你的表达方式与姿势有关，因为非语言沟通往往比语言本身更"大声"。（见第1章）

语气单调 大声、跋扈的声音会让对方觉得受威胁；小声、单调的声音则会使对方感到无聊。这可能让对方对你失去兴趣，甚至认为你这个人很无趣。紧张常会使人说话声音不自主地变小声、变单调，当事人却不自知。因此，专心让自己的声音有动感有热忱，而最重要的就是要"变化"，像是变化音高、音量和语速。

没有反应　人紧张的时候通常会减少反应。面试官想多了解你，所以尽管他问的问题只需要回答"是"或"不是"，你还是要尽量多回答，不要真的只答是或不是。

拒绝回答　你当然也有可能会被问到你实在无法回答或不想回答的问题。比如说，女性就可能会被问到她们觉得有些尴尬、甚至是不合法的问题，像是："你会不会过一阵子就请假回家生小孩？"

即使是这样，你还是要尽可能诚实回答，而且你还可以利用这个机会发表像是对女性工作的看法，绝对不要拒绝回答，也不要开始理论或辩解。不妨采用"政客型"回答，学学政治家的做法，他们常常被问到无法回答或不想回答的问题，这时他们就巧妙地把对方引导到另外一个已经准备好答案的问题。不过，这种做法应该只在非常情况下采用，它并不能替代事前充分的准备。

用词不妥　避免使用俚语或太口语的用词，专业的商务人士不会采用这些说法。例如英语中的：

OK	well pleased
no way	like I said...Yeh
fantastic	me and my friend went...
I mean	like...I was...you know...gobsamcked...
it was all right	

坐姿不自然　弯腰驼背或僵硬笔直地坐着，通常都是紧张时明显的表现。背挺直、双脚交叠地坐着，给人的印象最好。这个坐姿看起来舒服，当你想强调什么或特别专注时，也让你随时可以稍稍往前倾。而且你的手可以自然地放着，必要时也可以自然地做手势，不像双手插在双腿中间或别扭地扶在椅子上时，还要用个大动作把手提起来。练习坐在不同的椅子上，直到你可以马上找到一个舒服又方便的姿势，而且要好看又容易持久。

负面的开始　留心开场的部分。不要说负面消极的话，让面试有一个不好的开始，如：

"我不是很确定我的背景经历适合这份工作。"

"我恐怕没有任何经验。"

保持正面积极的态度！

求职面试的一些小叮咛

身在陌生、正式的场合，我们很容易就会忘记平时在放松状态下自然就能做到的事。以下是求职面试的一些小提醒：

- 提早到！不只是因为迟到不礼貌，也因为如果你路上匆匆忙忙会让你慌张不安，结果就是更紧张。
- 衣着外貌要整洁，稍微保守一些。
- 从对方的表现感觉一下你要多正式，从非语言沟通当中你应该就能感觉到一些端倪。也许比平时再正式一些，但是也不要过度正式。对笑话或讽刺等内容要谨慎。
- 不要抽烟，也不要嚼口香糖！
- 准备好如果有需要时做笔记。但是最好先问对方介不介意，可是就算对方不介意，也不要没停地疯狂做笔记。
- 有礼貌，态度友善，不要忘了微笑。
- 面试结束后就离开，不要留连。微笑、握手，然后谢谢对方。

7.4 结语：求职面试

对求职者的建议一般都是"做你自己"，但是如果"做你自己"迄今一直没有为你的面试带来成功，也许你就应该分析自己在面试之前、面试当中和面试之后做了什么，又忘了做什么。如果你按照本章的建议，多多练习，并愿意自我批评和接受他人的反馈，你就会越来越有信心，最后你就真的只要"做你自己"，就可以在面试中拿出最好的表现，得到梦想的工作。

作 业

准备好一台录音设备,或者准备录像设备更好,还有你的长处与弱点表,以及你就"不好答的问题"准备的答案。想象面试官刚问你"跟我谈谈你自己"这个问题。

用3~5分钟的时间回答。(注意:在真正的面试中你可能没有这么多时间,因为面试官可能会打断你,所以你还是要自己判断一下,什么时候该停下来。)

说完后放出来听,仔细留意你的语气、用词、用什么证据支持自己的说法等。如果你是面试官,会对自己深感兴趣、印象深刻、甚至极为赞赏吗?如果你对结果不满意,就再试一次。

练习7-1

总结一下你在

1. 面试前

2. 面试中

有哪些应该和不应该做的事。

Chapter

8

团队沟通

8.1 开会

The meeting of minds

开会是由心不甘、情不愿的人集合一群不能胜任的人,为不知感恩的人做没必要的事。

开会是一群人做会议记录(minutes),却浪费时间(hours)。

开会是一群人决定下一次开会是什么时候。

开会是一群无法独自成事的人集体决议所有成不了的事。

到目前为止,我们主要把沟通视为一种个人或两人之间的活动,但是个人或两人之间的沟通只是商务沟通中的一环。通过开会来传播信息或制定决策的做法,就跟人类的历史一样悠久,人类开始懂得合作后它就存在了。不过在现代商务生活中,开会的做法远比过去频繁,因为现代的公司企业规模越来越庞大复杂,分工也越来越细,因此制定决策所需的所有信息,不可能只由一个人或一个部门完整掌握和评估,其他部门的参与是不可避免的。

此外,也因为现在的趋势是把员工组成团队去完成特定的项目或负责特定的过程,在公司企业中我们也可以听到不少这种"团队"名称,如"高层管理团队""销售小组"等。

就工作态度与工作动力所进行的调查结果也显示,人们想要有参与感,能够一起决定对自己有影响的决策。其结果就如某位作家所言:

开会已成为一门大生意。成立团队小组是当红的流行趋势，现代企业的滚轮就是被各种委员会和项目企划小组所推动。

然而，根据一位专家的说法，每天在全国各地各公司所举行的几千场会议中，只有十分之一是有效率的，其他的十分之九只会引起挫折和不满。就如本章一开头所引用的说法，很多人都把设立委员会视为浪费时间与精力，甚至是那些只愿意"动口不动手"的人的拖延战术。也许有时你也觉得开会是浪费时间，也质疑开会、委员会和工作小组的价值；也许你也是那种主张立刻采取行动、不要浪费时间讨论的人；也许你也纳闷，为什么大家都抱怨开会没有效率，却还是愿意花好几个小时在上面。但是**问题其实不是开会本身，而是开会的人——主持的人和参与的人**。本章将探讨：

- 个人沟通与团队沟通的差异
- 团队制定决策的好处
- 为什么人们要组成团队
- 影响团队工作效率的因素

总之，我们会看看小组沟通的本质，让你明白为什么有些团队会议开起来如此缺乏效率，并引导你成为更有效率的会议主持人或参与人。

> **自我检查**
>
> 首先，从你自己参与工作团队和开会（不管多不正式）的经验，想想比起由个人独立进行，组成工作团队有什么好处？

8.2 工作团队的优点

由一个人独自分析问题，可能的确会比一整个团队更有效率。有时候在一场小组讨论后，大家会发现团队里有一两个人其实不用团队的帮忙，也可以独自达到同样的结论。但是问题就是，我们无法在事前知道哪一个成员有能力独自解决这个问题，或是谁会主导这场讨论。

更多的投入

研究结果显示，人们如果参与制定决策的过程，对最后的决策也会更支持，更愿意全力实现它。这可以由下列三个因素解释：

- 把团队纳入制定决策的过程，能确保团队成员熟悉该决策的本质、背景和必要性，因此他们也更能够理解为什么该决策是必要的。
- 由于个人参与制定决策的过程，对该决策态度也会更积极。
- 当人们觉得自己是团队中的一份子，能跟其他成员有一样多的贡献，往往会更有动力。

更好的决定

整体说来，团队作出的决定往往胜过个人作出的决定。有时候一个人的绝妙想法的确会被保守的大众所压制，但是一般说来，团队基于下列四种因素还是能够作出更好的决定：**更多的信息、更多和更好的建议、更大胆的决定、更高的生产力**。

更多的信息 一个人在解决问题时，通常会依赖自己的经验和观察，以及别人的书面报告。在团队中，你还可以接触到别人的经验和观察。信息更多，要找到最佳的解决办法也更容易，而且大家可以从好几个可能性中选择。通常团队的规模越大，提出的想法也会越多，但是人数到了五六个人以上时，数目就会趋于平缓。可是我们可以利用特别的方法刺激想法的产生，尤其是新颖有创意的想法。这个方法就是"头脑风暴"，其方式如下：

- 主题或问题必须经过清晰简洁的说明。
- 不可以提出负面的批评，私下自我批评也应该避免。这条规则非常重要，因为批评或消极的态度只会阻碍思考和沟通。如果你想到一个点子，但是知道某个人可能会不同意，甚至批评之，你可能就不会把它提出来了。因此在头脑风暴的过程中，大家不作任何评估，直到最后才一一讨论各个想法。
- 所有的想法都要记录下来。在大家此起彼伏地提出各种想法时，所有的想法都要由一位秘书或专人记录下来，最好是写在白板上、挂纸上或便利贴上，让大家都可以看到。
- 可以自由联想。不管是多异想天开的想法都欢迎提出。
- 想法的数量最重要。大家应快速地提出大量想法，因为在这个阶段重要的是想法的数量，不是想法的质量。

- 可以结合或延伸之前的想法。一个想法可能会刺激更多的想法，也可以把之前的想法结合起来，或是把一个想法延伸下去。

在刚开始进行头脑风暴的时候，主持人应该先提醒大家这些规则，并最好先用个不相关的问题做暖身练习。最出名的暖身问题大概就是：

一块砖头（或一个回形针、一个金属衣架）有什么用处？

暖身练习有助于打破一开始的拘束与防备。通常头脑风暴了10~30分钟后，大家就渐渐没有多少想法了，这时就可以进入评估讨论的阶段，不过如果可以，最好是一天或两天之后再来进行讨论。

在公司企业中采用头脑风暴的结果都显示，通过这个做法大家能够产生更多的想法，甚至是更好的建议。它不只刺激成员产生创意，而且还教导他们去体谅和容忍他人的想法。因为互动增加了，每个人都觉得自己能够作出贡献，所以它能够增进团队的气氛与士气。因此，只要时机恰当，头脑风暴是个值得一试的做法。

更多和更好的建议　不管是什么样的任务，沟通气氛良好的团队比起个人会产生更多和更好的建议。有些任务并不适合以团队进行，但下面这些任务比起个人绝对更适合由团队进行：

- 需要分工的任务
- 以劳力为主的任务
- 需要创意的任务
- 需要记忆或回忆信息的任务
- 判断的目标不是那么明确清楚

需要分工或劳力的任务显然更适合由团队进行，毕竟六双手胜过一双手，而且速度也更快。需要判断、创意或记忆的任务也更适合由团队进行，因为六颗头脑能作出更正确的判断、激发出更多的想法、把更多的信息记得更久。

在团队中，大家也学习得更快，因为学习过程不会被成见所阻碍。个人的经验与观点往往会随着时间造就出一套非常个人化的"准则"，说得直接一点就有点像是一个"受限的视野"。但是在团队中，由于每个人都有不同的背景与经历,这个限制往往会被打破,因为别人看到的那一面,也许正是你看不到的。等到大家都提出自己的想法后,就更可能作出恰当的决定。

更大胆的决定　群体与个人之间另外一个有趣的差别就是,人们在群体中似乎更愿意接受比较冒险的决定。

有好几个理论可以解释这个现象,但是最普遍的两个理论是:

- 人们觉得这时责任可以由大家一起分摊,而不是一个人独自承担。
- 在群体中,大家似乎会赋予"冒险"某种"价值"。比如说"勇敢",而为了不被冠上"胆小""保守""泼冷水""不合群"等罪名,大多数人都会接受这个"冒险的决定"。

不管真正的原因是什么,现在我们知道,在团队中达成的决定,往往会比团队成员一个人时作出的决定更冒险。对机构来说,这当然可以是好事,也可以是坏事。

更高的生产力

人们会因为各种不同的原因组成团队,但是不管原因是什么,跟别人一起完成一件任务,往往会刺激出更高的生产力,因为团队成员往往会为了得到众人的认可而更努力。

> **自我检查**
> 上面说明工作团队的优点时,我也暗示了某些缺点。你还记得是哪些吗?你还能想到其他的缺点吗?

8.3　工作团队的缺点

上面叙述的优点是"好的"团队在"好的沟通环境"中工作的结果。但是我们也知道,许多团队会议并没有达到这些效果。与个人独立工作比起来,团队合作也有缺点,而许多缺点都跟优点密切相关。

时　间

从"工时"(每人每小时的工作量)的角度看来,独自工作比团队合作优越多了。一个人独自工作时，不需要跟别人协调，不需要再听一遍自己已经知道的信息，不需要在发言前观察团队中的气氛，也不需要担心自己白白跟别人做了重复的工作。

> **自我检查**
> 写出你们开会时，时间如何被浪费掉。

团队中每个人有不同的视角，虽然是优点，但是如果考虑到让团队中每个人都尽情发表意见和批评所花去的时间，它也有可能成为缺点。

开会的时间，与开会人数的平方成正比。

这当然不是精确无误的定律，但是我们从经验中都知道这多少说对了。有时候为了立刻采取行动，就没时间开会。花那么多时间才能达成决议，其实本身并不是问题，问题是这当中有许多时间都是浪费掉的。下面是小组开会时常见的浪费时间的原因：

- 花太多时间在一个问题或思路上，结果议程上其他的问题讨论不完。
- 组员坚持讨论无关紧要的事情。
- 即使表示同意，组员还是觉得自己要"发表几句"，结果只是在重复其他人说过的话。
- 组员花太多时间维持团队士气和其他人际关系事务，结果没有足够的时间去解决该解决的问题。

群体压力

"作出更冒险的决定"是团队决策的优点，但是这种"群众心理"也可能导致不好的决策。他人的存在可能会造成一种"群体压力"，使得个人对平庸的决策也表示赞同。群体压力并不一定总是导致不好的决策，但是在群体中，大家容易妥协，而妥协的结果可能就造成了平庸的决策。

讨论而非行动

团队有时候会用言语取代行动。大多数人似乎都不喜欢作决策，如果可以，他们会尽量敬而远之。因此，有些团队会愿意讨论所有的问题，但是最后却一个问题都没解决。有时候，光是把一个重要的问题讨论过，就会给人不少成就感，因此有些团队光是讨论讨论就很满意了，结果从来没有决议出解决的办法。

比起由个人独自工作，有效率的工作团队有更多优点。团队带给个人一种归属感，并产生更高的生产力。但不是所有的团队都会产生这样的结果，而且这两个结果未必一定会同时出现。成员在团队中有归属感时，生产力很可能会随之提升，但是生产力并不一定带来归属感。

> **练习 8-1**
> 1. 为现在"由委员会来管理"的趋势找出两点原因。
> 2. 团队达成的决议可能比个人独自作出的决策更好，举出两点原因。

8.4 影响团队工作效率的因素

团队的工作成果取决于许多因素，这些因素密切相关并互相影响，因此我们必须先了解所有因素共同的本质，才能一一探讨个别的因素。要了解这些因素如何互相影响，下面我们就先来看看一个有效率的团队具有的特征，这个特征会影响团队的工作成果，但是也会反过来被其他因素影响。

凝聚力

"凝聚力"就是团队对其成员所具有的吸引力。"凝聚力"有时候会被人与"士气"搞混。

"凝聚力"指的是个人被团队与成员所吸引。

"士气"指的是个人对团队、成员、任务和工作环境等的满意度。

凝聚力是会自我循环的，一旦团队中有了凝聚力，大家的工作成果就会更好；工作成果更好，凝聚力又会更强。凝聚力产生的原因有很多，在有些例子里，人们甚至会被曾有失败历史的团队所吸引，这也许是因为个人对团队成员的关心胜过对团队任务的关心。

在一个有凝聚力的团队中，成员对团队忠诚，也对彼此忠诚。凝聚力的强弱显然会直接影响成员同意团队决策的意愿。凝聚力强的团队中，成员乐于享受彼此的陪伴，会互相关心，遇到困难时也会互相帮忙。虽然凝聚力强的团队往往会发展出严格的规范，要求每个成员都遵守，但是比起凝聚力弱的团队，其成员往往也更敢于公开表示"不同意"的意见。

> **作 业**
>
> 1. 你一定也属于某个团队，或是也曾经属于某个团队，例如工作上的团队、大学里的团队、闲暇时间里的团队。想想这些团队：在哪些团队里你感觉最好？哪些团队是你主动加入的，又为什么加入？
> 2. 也许你也经历过凝聚力差的团队。你觉得其中的原因是什么？
> 3. 举出能够造成凝聚力产生和下降的因素，然后与下一页的图表"影响团队工作效率的变量"比较。

在图表"影响团队工作效率的变量"中你会发现，一个团队的最终工作成果——"生产力"和"成员满意度"——取决于两种主要的因素或变量：

- 不可控制的变量（独立变量）
- 可控制的变量（中间变量）

比如说，一个团队可能被指派完成某项任务。团队的成员可能无法控制谁会被纳入团队，也就是说无法控制自己会跟谁共事；另一方面，也无法选择任务的性质，更无法控制工作的环境，而工作的环境又会进一步决定工作的条件与地点。

所有这些"不可控制的因素"不但会互相影响，也会影响团队的整体工作状况，像是成员互动与参与的程度、动力强弱、领导风格、彼此之间的友好关系等。后面这些因素则是"可控制的因素"，也称为"中间因素"，因为虽然这些因素受到"不可控制的变量"的影响，但它们最终又会影响到团队的表现，即最终的成果，也就是团队生产力与成员满意度。

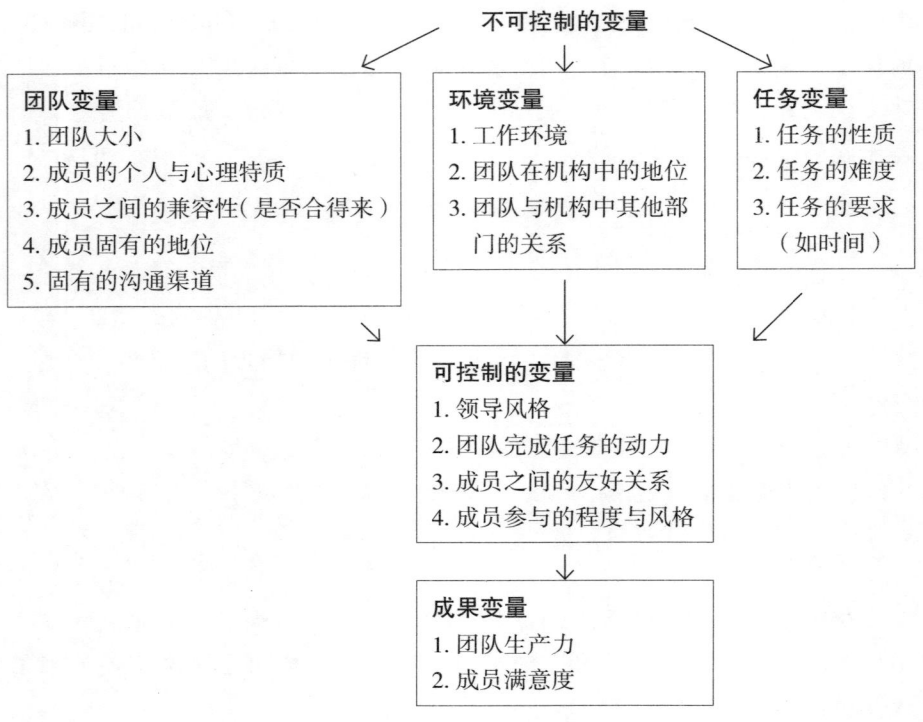

图 8-1　影响团队工作效率的变量

不可控制的变量

这些不可控制的变量显然也并不是完全无法控制，因为团队的成员多少还是可以施加影响力，但是往往要经过一段时间之后才见效。通常团队成立的时候就已经受限于各种条件。下面我们就来看看团队变量。

> **自我检查**
> - 一个团队的理想大小是怎样的？
> - 想想你属于或曾经属于过的团队。
> - 哪些团队的效率最好，为什么？
> - 你觉得团队的大小这个因素很重要吗？

团队变量

大小 团队的规模越大，汇集的信息、技能、天赋、背景、经历就越丰富；但另一方面，团队的规模越大，成员的参与度也越低。不过，团队的大小对每个人的影响都不太一样。有些人觉得在20个人面前说话不是难事，有些人觉得除非自己在团队中有正式的职责或是熟识其他成员，否则10个人都太多。在大型团队中，沟通的时间往往会被权威或强势的成员所主导。不过研究结果显示，团队中参与最积极的人虽然会被公认为是最有影响力的人，但未必是知识或经验最丰富的人，因此这种现象往往会误导团队前进的方向。"被忽略的资源"是团队中常见的现象：真正的专家沉默不语，因此没有人听得到专家的意见。

因此，使团队小到让大家都能参与，和使团队大到能够汇集一定的知识经验两者之间，一定有一个平衡点。小于5人的团队相对无法产生凝聚力，因为成员往往会分裂成3:1或2:2的状态，汇集的经验、知识、想法也太少，不足以产生好成果。超过10个人的时候，面对面的沟通就会开始变得困难；超过15个人的时候，参与度低的成员可能根本不会开口说话，让团队中的互动与创意停滞。

不过对于有些类型的问题，大型团队解决起来会比小型团队更有效率。比如说当问题只有一个正确答案时。这时团队中的人越多，其中有一个人知道正确答案的机会也越大。

如果委员会中必须纳入各个利益团体的代表，团队大小的问题就特别棘手了。因此现在大型的委员会通常会再分成各种小组委员会和工作小组，以求两全其美。

一个团队的理想大小是5~7人，但是在5~10人的团队中，每个成员也还是可以尽情发表意见，同时又能汇集多样的天赋与个性，以充满创意的方式解决问题。团队的大小往往与凝聚力的强弱密切相关，**成员人数超过六七个人时，凝聚力就会开始下降**。这主要是因为彼此的互动减少了，任务需要分工，而且大家需要一个有权威的领导人物维持纪律和控制"小圈子"的产生。

成员的特质与目的 一个团队形成的时候，每个成员都已经有自己的特质。每个人都有不同的态度、价值观和信念，而这些特质如何互相混合会影响成员参与和互动的状况，最后又影响团队生产力和成员满意度。

在有效率的团队里，成员之间互相合得来，所以兼容性非常高，但这并不一定表示为了让团队工作有效率，成员就必须具有相似的态度、信念与价值观。虽然这种"成分均匀"的团体内气氛往往更和谐，而成员彼此非常不同的"成分混杂"团体内往往较容易发生冲突，但是"成分混杂"的团体常比"成分均匀"的团体更具生产力。

因此，我们的目的是恰当地混合不同的成员，或是促进团队的共同成长，以兼顾成员满意度和团队生产力，而这就非常依赖于领导者的个性与风格了。其实，只要整个团队同意并接受领导者，成员之间的兼容性就可以大大提高。

在一个有效率的团队中，所有的成员都接受团队的目的与工作以达到共同的目标。不过大多数人在进入团队时，往往也怀有某些个人的目的，或称为"隐性议程"。"隐性议程"的项目如下：

- 想让某人另眼相看（如上级主管）
- 维护所属团体的利益
- 利用团队开会的时机"压制"对手
- 掩饰自己的能力不足或以前的过失
- 结盟
- 利用团队开会的时机表现一番

个人的目的和团队的目的当然不可能每次都同时被满足，因此成员自己必须找到一个平衡点。每个成员愿意为了团队牺牲多少个人的目的取决于许多因素，而其中团队的凝聚力扮演了很重要的角色。

成员的地位与角色　一个团队形成的时候，理论上每个成员在团队中的地位都相同，但是每个成员在其他成员眼中也有一个已经存在的地位。比如说，假设政府成立了一个特别委员会，目的是讨论减少交通事故的办法，每个成员都是因其专业学识被选进来，但是成员之间在年薪上势必会有差异，而有些人甚至还没开口，在大家眼中就已经是充满影响力的重量级人物。

每个成员也会觉得自己在团队中有个特定的角色要扮演，如激励大家采取行动、调解纷争、理性思考等。

另外一个重要的因素就是成员间原本就已经存在的联系或友谊。几乎总是有些人在团队形成之前就已经互相认识了，而这些之前进行过的沟通，其质量与程度都会影响到当事人在团队中的行为表现。每个人不管有意识或无意识都会设想自己应该有的表现，但在决定自己在团队中的行为表现时，每个成员都要先自问下面这三个问题：

- 我在这个团队中是谁？我扮演什么角色？其他人期望我扮演什么角色？我是该多听少说，还是该去领导？我在团队中是代表其他人，还是只代表我自己？谁会来评判我的行为表现？
- 团队中的"影响力"分配状况如何？谁可能有影响力？什么样的影响力？我想要改变这个状况吗？如果是，该怎么改变？
- 我个人有什么需求和目的？它们和团队的需求与目的一致吗，或者至少不互相矛盾？如果不是，它们应该要一致吗？如果我个人的需求与团队的需求互相矛盾，怎么办？我会牺牲哪个需求以满足另一个需求？

环境变量

工作环境　"不可控制的变量"中，最简单的一个就是工作环境，但是它对于成员互动与工作表现的重要性却常常被忽略。

> **自我检查**
>
> 工作环境会如何影响团队？

距离缩短时，互动会增加。如果大家坐在一个大房间里，彼此相距很远，凝聚力就很难产生。如果把领导者或主席的座位特意跟"其他人"分开，也会阻碍互动，并鼓励领导者采用权威式的领导风格。成员常倾向于跟坐在周围的人结盟，而跟桌子对面的人起冲突，因此明智的领导者会让意见不同的人坐在桌子的同一边。

团队开会的地点也扮演一定的角色。如果是在主管的办公室开会，成员之间固有的地位差距可能会更凸显出来，但是如果在一个"中立"的地点开会，这种地位差距可能就不会那么明显，让大家可以觉得自在一点。

共享设备，甚至是不太舒服的设备，也能够促进凝聚力的产生。工作设备当然应该要切合任务的性质，灯光、座椅、桌子等也很重要，但是即使这些设备状态欠佳，这种"同坐一条船"的感觉依旧能够促进团队的凝聚力。

团队的地位　团队在机构中的地位会影响其生产力、凝聚力与士气。没有人想属于一个在大家眼中不重要的团队，或是花好几个小时跟一个在大家眼中不重要的委员会开会。团队在机构中或机构外的影响力，对机构中重要人物的影响力，对机构的整体目标有多重要、多有利，都会影响团队的表现和成员对团队的态度。

因为团队在机构中不受重视，因而觉得在此团队中是浪费时间的成员，可能会有下列的表现：

- 心里开始觉得这个团队不重要，所以可能不来开会，或者不再积极参与。
- 使用"负面"或"扰乱"的力量，也就是故意唱反调。
- 故意在团队制造麻烦，这样大家至少会注意到他。

机构对团队的期望　团队的任务对于机构的重要性会影响团队本身，但是除此之外，许多机构对于任务该如何执行（如开会），也都有特定的"家规"。事情该怎么做有一定的规矩。换句话说，如何开会、工作、报告和协调等，机构往往有一定的标准。即使在某些状况下，这些固定的做法并不是最合适的做法，但是团队往往不得不遵守这些规范和期望。

任　务

任务的性质、难度和特定的要求，例如时限，都会影响成员的态度和工作方式，以及领导者安排开会过程的方式。团队的任务通常可分为四大类：

- 分享信息——交换看法和信息
- 说服——建议该采取的行动
- 提出创意和解决问题——产生想法
- 制定决策——选出最合适的办法，计划行动

上面四大类中，"分享信息"与"说服"应该是最常见的，而以"解

决问题"为目的的会议除了牵涉到"产生想法",通常还会包括"计划行动"这一步以执行大家作出的决定。

以分享信息为主的会议通常人数可以多一点，流程也会比较固定。而以解决问题为主的会议则需要大家积极互动，流程可能松散一些，所花时间也会比较长。

因此随着任务不同，大家要扮演的角色也会不同。如果在会议中把两个不同的任务互相混淆，对主席和成员来说都会成为一种负担，因为可能这一分钟大家应该自由发表意见和交换意见，下一分钟又应该遵守紧凑的时间表、避免没必要的交流。因此，在安排开会议程时，应该按照类别分开各任务，不要盲目地按照接到任务的顺序安排议程顺序。

可控制的变量

所有这些"可控制的变量"又会影响团队中的状况，因此领导者和成员都应该了解这些潜在的影响力，以作出相应的调整，因为"可控制的变量"是可以控制的，你可以改变、调整，以增进团队生产力和成员满意度，而领导者在这个调整的过程中扮演了关键的角色。领导者可能是从外部指派来的，也可能来自团队内部，在这个时机、为这个任务被大家选为领导者。但是不管哪一种情况，领导者必须知道有哪几种不同的领导风格，而且不同的领导风格对团队、成员互动及最终的生产力和士气会有不同的影响。

领导风格的分类方式有许多种，但是三种最主要的领导风格应该就是：

- 民主式
- 权威式
- 放任式

优秀的领导者是有弹性的领导者，能够视情况调整其领导风格。

每一种风格都会引起成员特定的行为表现，并导致特定的结果。民主式领导风格显然优于另外两种领导风格，现在的做法也是趋向民主式管理。但是民主式领导风格在某些时候并不恰当，视任务的性质、时间限制、成员的特质等，某些时候可能需要采取另外一种领导风格。

练习8-2

阅读下面的句子。每一个句子所描述的状况会在某一种特定的领导风格下产生,判断每一句最有可能会在民主式、权威式或放任式的领导风格下出现。成员在会议中的行为可以是:

- 自我导向的(志在达到个人的目标)
- 群体导向的(志在达到群体的目标,使群体成员感到满足)
- 任务导向的(志在完成任务,不考虑成员的满意度和群体中的人际关系)

一般说来,民主式的领导风格会导致"群体导向"的行为,权威式领导风格会导致"任务导向"的行为,放任式领导风格会导致"自我导向"的行为。在每个类别中,各有一种状况符合一种领导风格;在(D)中则各有两种状况符合每种领导风格。

A 计划行动

1. 团队的行动由领导者计划,成员不太知晓下一步是什么。
2. 团队成员一起计划行动,需要时由领导者提供技术性建议。
3. 只在成员要求得到协助时,领导者才协助成员计划行动。

B 纪律

4. 对纪律不那么讲究,除非是团队自己要求;领导者跟成员的关系是友善、互助、融洽的。
5. 没有纪律,成员想说什么就说什么,完全不考虑别人。
6. 非常讲究纪律,讲究把工作完成。

C 责任

7. 成员只承担有限的责任;成员被指派特定的任务。
8. 成员完全不负有责任,想做什么就做什么。
9. 所有的成员一起分担责任。

D 地位

10. 领导者与成员平起平坐,强调拉平地位差距,强调互相尊重。
11. 领导者与成员之间存在显著的地位差距;追求地位的成员之间产

生竞争。
12. 领导者与成员之间几乎没有接触，成员与领导者产生不了友谊；成员产生追求地位的心理，因而对领导者产生竞争敌意。
13. 地位来自于领导者的称赞，而这样的称赞往往是主观的。
14. 领导者和成员都极少发表意见；无法产生团结、自信与融洽的感觉。
15. 成员在团队中的地位源自其对团队的贡献；领导者的称赞是客观的。

E 互动与参与

16. 大家愿意互相倾听，因此更愿意接受他人的意见。
17. 成员仔细听领导者的指示；但是可能不会注意听其他成员说什么，除非攸关团队的生产力。
18. 成员只关心自己的事情，极少听别人说什么。

对照本书最后的解答，看你答对了多少。

作 业

现在，把上面三种领导风格的特色抄下来或复印下来，这样你就有一个现成的检查表，知道每一种领导风格会出现什么样的行为。就团队生产力和成员满意度看来，你会如何评估这三种领导风格。

- **民主式领导风格**：一般说来，由于民主式的领导者只在需要时提供指引，相信团队成员能够靠自己的力量达到目标，因此成员多能从这份信任及自己作决定的过程中获得满足感，团队生产力因此也比较高。
- **权威式领导风格**：权威式的领导者深信自己必须亲自指引每一步，才能达到目标。团队任务的产生是为了达到个人的目的，而非达到团队的目标。
- **放任式领导风格**：由于领导者并不在意是否达到团队目标，因此任务可能根本没有人去完成，成员的满意度只会源自达到个人的目的，而非源于达到团队的目标。

团队内的互动与角色

互动模式　团队成员之间是否愿意进行语言性和非语言性的互动，会影响到会议中的沟通形态。我们在本章稍早讨论过，团队的大小与时间限制会严重影响成员的参与度。许多人都以为团队内唯一的互动就是领导者与成员之间的互动，但是如果要深入讨论某个想法，要充分利用集体的智慧，那么所有的成员之间都必须有互动。在以权威式领导风格为主的团队内互动偏向集中式，但是在比较自由的讨论中，成员的发言就会是多向的，不只是朝向领导者（见下图）。

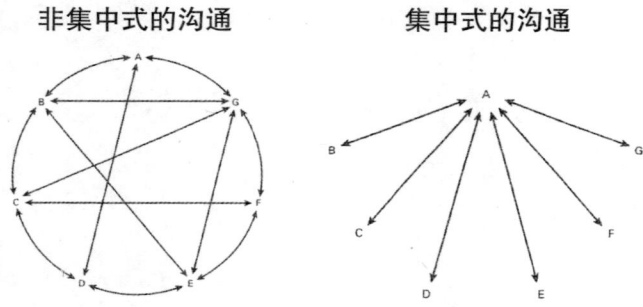

上面这两种沟通形态"非集中式的沟通"和"集中式的沟通"，没有一个是绝对对或绝对错的。不同的情况适用不同的沟通形态，但是你应该要知道，在大型的会议中，主席的严格控制下进行的讨论，会严重限制团队完成某些任务的能力，例如，解决没有明确答案的问题。

角色和行为分析　所有的人类互动中都有两个主要的成分：内容与过程。内容指的是团队所面对的主题或任务；过程指的是团队在完成任务的过程中，成员之间和成员自己所经历的状态，如"团体过程"或"团体动力学"就是在探讨团队中的士气、气氛、影响力、参与度、冲突、领导权争夺、竞争、合作等主题。

在大多数的互动中，大部分人会把注意力放在任务的"内容"上，而忽略"过程"这一环，但是其实它往往是团队互动缺乏效率的主要原因。如果你能够注意到"过程"这个部分，你就能够及早诊断出团队内的症结，并有效处理之。这些"过程"在所有的团体中都存在，因此如果你能留意，你就会成为更有价值、更有效率的团队成员。

> **作　业**
>
> 　　下次开会讨论时,观察团队成员在影响力、士气、冲突、领导权争夺、竞争、合作等方面表现出的行为,以及整个团队完成任务的状况。

　　我们可以分析人的语言行为,然后把这些行为分成两大类:一类牵涉到**完成任务**,另一类则牵涉到**维持团队的完整与效率**。

　　不少研究团体动力学的人已提出各种分析团队行为的方法。这些行为分析家大多只把行为分成十或十二个类别,便于分析团队内的行为。每个分析家划分的类别都稍有不同,下表总结了不同分析家的分类。

> **作　业**
>
> 　　阅读下面各类行为,然后想想你参加过的团体会议。你在会议中见过这些行为吗?在你自己身上,还是在别人身上?
>
> **A 完成任务角色**（选择任务和完成任务时所需要的功能）
> 1. 团队的行动由领导者计划,成员不太知晓下一步是什么。
> 2. 团队成员一起计划行动,需要时由领导者提供技术性建议。
> 3. 只在成员要求得到协助时,领导者才协助成员计划行动。
> 4. 发起行动:提议解决的办法;提出新想法、重新定义问题、提出处理问题的新方式、重新组织信息。
> 5. 寻求信息:请对方详细说明其建议;要求额外的信息或事实。
> 6. 寻求意见:探讨成员们对某事的感觉;澄清价值、建议或想法。
> 7. 给予信息:提供事实或概论;以自己的经验说明问题。
> 8. 提出意见:就某个建议说明自己的意见或信念,着重其价值,而非其事实依据。
>
> **B 团队建设与维持角色**（加强、维持团队生活与团队活动所需的功能）
> 1. 鼓励:对彼此抱持友善、关心、亲切的态度;称赞他人及其提出的想法;同意和接受别人的发言。
> 2. 把关:用"我们还没听到简的发言"这样的说法让其他成员也有机会发言,或是限制每个人的发言时间,让大家都有机会发言。

3. 设定标准：决定团队在选择其内容、程序或评估其决定时所要采用的标准；提醒大家避开与这些标准互相矛盾的决定。
4. 支持：支持团队的决定；体贴地接受他人的想法；团队在讨论时担任听众。
5. 表达团队的感觉：总结团队的感觉；描述团队对各种想法或解决办法的反应。

有些行为同时具有上述 A 和 B 两种功能，既能够协助团队完成其任务，又有助于维持团队的完整与效率。

C 完成任务与维持团队角色
1. 评估：将团队的决定或成就与团队的标准作比较；评估其成就是否已达到目标。
2. 诊断：找出困难的来源及应对的步骤；分析主要的障碍。
3. 试探团队的共识：试探性地询问团队的意见，看看大家是否快要达成共识了；假装提出想法或方案，试探大家的反应。
4. 调停：维持和谐气氛；调解意见不合的地方；提出妥协的办法。
5. 化解紧张关系：讲笑话、平息纷争，以消除团队中的负面情绪；要大家把眼光放远，不要计较眼前的冲突。

一个团队要有效率，这些功能就必须不时由某个或某些成员执行。当然，确定这些功能被执行，终旧是领导者的责任，而领导者自己也势必要执行其中某些功能，但是领导者和成员要分享这份责任到什么程度，取决于领导者的领导风格。在某些团队中，可能有时候所有的成员都会一起执行这些功能。

当然，人们有时也会出现"非功能性"的行为，也就是对团队和任务都没有帮助的行为，甚至会妨碍团队和其进展。

小心不要用上述的分类去责备你自己或别人。不妨把这些行为视为一种征兆，显示团队可能无法通过团队活动满足个人的需求。此外你也应该要注意，每个人对这些行为可能有不同的阐释。有时候，视任务内容和团队的状况而定，非功能性的行为也并不一定是完全没有功能。比如说，强悍的行为有时候就很有助于消除隔阂，激励大家采取行动。

作　业

D 非功能行为
1. 态度恶劣强悍：为了争取地位而批评或责怪别人；对团队或某些成员显示敌意；打击别人的自尊或地位。
2. 阻碍进展：离题，因而阻碍团队的进展；叙述与眼前问题无关的个人经验；花太多时间争论某一个点；毫不考虑就反对别人的想法；叙述个人的困难。
3. 抒发个人心声：把团队当成发表心声的地方；抒发个人的或与团队任务无关的感觉或看法。
4. 竞争：跟他人竞争谁提出最好的想法、说最多话、扮演最多的角色、最赢得领导者的喜爱。
5. 博取同情：让其他成员同情自己的问题或不幸；悲叹自己的处境，或是贬低自己的想法，以赢得支持。
6. 另有目的：提出或支持有利个人的建议；游说。
7. 胡闹捣蛋：胡闹；开玩笑；模仿逗乐；干扰团队的工作。
8. 寻求得到注意：大声说话或不断地说话，以吸引大家的注意力；极端的想法；奇特的行为。
9. 退缩：漠不关心、被动；过度正式；做白日梦；涂鸦；窃窃私语；想别的事情。

如果团队成员能够做到下列几点，团队就会更有力量、更有效率：

- 了解此时此刻需要执行的功能；
- 了解自己能够协助执行这些功能到什么程度；
- 通过自我训练加强自己执行这些功能的弹性与技巧。

8.5　结语：让团队和委员会工作有效率

人们常常对团队或委员会的效率感到不满，却极少停下来想想是哪些因素在影响团队的效率。了解这些因素如何互相影响，又如何共同影响团队生产力与成员满意度后，不管是否为领导者，每一个成员都能够拿出最恰当的表现，让团队达到最高的效率。

练习8-3

1. 从不可控制的变量和可控制的变量中，各举出两个会互相影响、并影响成果变量（团队生产力与成员满意度）的例子。
2. 一个团队理想的大小是几人？为什么？
3. 团队若要有效率，所有的成员都应该具备类似的性格吗？
4. "隐性议程"是什么意思？
5. 每个成员在加入一个团队时，不管是有意识或无意识地都会自问哪三个问题？举出典型的例子。
6. 工作环境如何影响团队的工作效率？

练习8-4

参考第135~137页的行为角色分类，决定下列的句子在会议中可能分别执行哪种功能。记住，一个行为可以同时执行好几种功能。

1. "约翰，你觉得这个想法怎么样？"
2. "好，那我们先来看看目前的结果。一部分人觉得最好的办法是……但是其他人觉得这个做法可能会有反效果。"
3. "我有个感觉，其实我们大家对此都不是很满意。"
4. "什么笨主意啊！"
5. "但是请记住，不管怎么样，我们已经同意最晚十一月要把报告交出去。"
6. "嗯，我觉得主席应该也会同意我这一点，也就是……"
7. "我以前工作的地方，我们就试过这个做法，结果非常成功，旷工率减少了百分之十。"
8. "这对你们来说当然没问题，但是请想想看我手下的人会有什么反应。反正每次都一样，你们从来不想想是谁要来执行你们这些伟大的想法。"

Chapter 9

主持和参与会议

9.1 主持会议

我们在上一章讨论过三种主要的领导风格，以及成员在团队会议中参与的形态。在这一章，我们就来看看领导者的责任和积极参与团队讨论的必要性，以及如何主持正式的会议和做会议记录。

> **自我检查**
>
> 就你对"团队"的了解，你觉得主持团队会议的人负有哪些责任？

会议、研讨会上的主席或领导者的责任就是主持会议、维持秩序，确保整个团队开起会来有成果、有效率。他们必须时刻记住下面两点：第一点是团队此次要完成的任务，第二点是团队的性质。同时必须让大家立刻进入状况，但是要怎么做呢？方法就是准时开始开会，并让大家了解此次会议的内容，也就是说明会议的议程与目的。

了解会议的目的，能让主席有一个掌控的基础，其他的人则有一个明确的方向。会议的目的要定义明确，也就是以事先准备好、清晰有组织的议程呈现，这是良好团队工作的基础。理想状况下，团队的成员应该能认同这些目的，因而了解自己负有一部分的责任。记住，当人们了解工作的内容、能够积极投入并参与决策时，工作起来会更有效率。然而，如果团队此次开会的目的只是提供咨询，最好先让成员知道，避免之后引起误解和不快。

管 理

主席管理和架构会议的方式取决于开会的原因。所谓管理，就是设定一套表现的标准，然后把结果与之比较，并在需要时予以矫正。主席或领导者必须担起这个任务，因为团队的表现最终必须由他一人负起责任。要成为一位有效率的主席，应该遵守下列基本原则：

- 决定要讨论哪些事项；
- 限制讨论的范围；

- 确保大家的发言不离题，一次只让一个人说话；
- 保持中立，绝对不要跟团员争论；
- 确保大家了解眼前的状况；
- 不时总结目前讨论的结果，每讨论完一个事项后就总结一次。

引 导

主席自己虽然要少发言，还是要负起"开场"的责任，并确保大家依照正确顺序讨论各议题。不少人就常在真正了解问题之前，就急着提出解决办法。主席应该引导大家按照这个顺序讨论，并在需要时介入，提出新想法、厘清之前提出的意见、总结、提醒大家可能的后果等。主席在引导大家讨论一项议题时，有四个基本步骤，这也是解决问题的程序：

1. 帮助主题和问题：定义要清楚明确，有需要时或间隔一段时间就重复说明一次。
2. 交换和发展想法：取得证据并阐释之，然后构想解决的办法。
3. 评估各种可能的做法：确定有哪些可能的做法，预想各种做法的后果（时间、花费、资源、政治后果）。
4. 选择一个做法：最好是大家共同决定的结果，决定"谁？""哪里？""何时？""如何？"，确定每个人都知道自己的责任。

刺激讨论

我们在第8章讨论过"头脑风暴"的做法。它可以刺激新想法，鼓励安静的成员也发言，但并非永远都是最合适的做法。

主席应该不时提问题，以刺激大家的想法。第6章探讨过的各型问题，除了可以用于会谈，也可以用于开会讨论。问问题不仅能刺激想法，也能用来控制讨论的方向。比如说，问个问题来打断喋喋不休的成员，然后请其他人发表意见，像是："你提出来这一点很有意思。托尼，你觉得呢？"

以下是刺激讨论的方法：

- 注意问题的问法，避免"是"或"不是"的答案；
- 问题要简短、直接；

- 用词简单；
- 问题要与主题直接相关；
- 问题里只有一个重点。

处理"隐性议程"

主席应该让讨论维持在客观、就事论事的层面，不能让讨论演变为成员个人之间的冲突。隐性议程、成员之间彼此竞争、情绪化的发言都应该立刻妥善处理，否则社交与情绪考虑反而会成为会议的焦点，而忽略任务本身。比如说，请成员就笼统的泛论举例，就可以引导成员就事论事，但是在"维持团队"这个部分你可能还需要别人的帮助。研究结果显示，团队中的"精神领袖"常常并不是官方指派的领导者。

作出决定

最后要作出决定时，如果不需要正式投票，主席可以采纳大多数人的意见，或是在情况允许时自己决定哪一种做法最合适。从任务的性质与团队的组成判断，主席应该能够找出最合适的做法。

> **自我检查**
> 一个团体可以通过哪些方法作出统一的决定？它们各有哪些优点与缺点？

9.2 决策方式

1. 权威人士决定
   - 由主席决定
   - 快速有效率
   - 但是成员可能并不支持或同意
2. 投票决定
   - 公平
   - 投票的时机很重要
   - 可能会分化成员

- 不同意的少数可能不被支持
3. 达成共识
    - 决策是大家共同达成的
    - 成员支持度高
    - 时间冗长（每个人都要有发言的机会,即使最后自己的意见没被接受）
    - 比较理想的方式，但不是每次都可行
4. 一致决议
    - 每个人都诚心同意
    - 难以达成，不过通常也不需要

没有一种方法是绝对最好的方法，因为每一种方法都有其优点与缺点，但是如果有可能，最好是最后大家都同意的做法。不管采取哪一种方法，成员都应该知道最后的决定是什么，而且主席要确定决定的结果确实被记录下来了。

最后，会议结束后，主席要确定有人会去完成会议记录，会议中决议的行动也会被追踪。这可能会牵涉到报告的撰写或后续行动的追踪。

练习9-1

举出主席可用来刺激讨论的两种做法。

9.3 成员的责任

态　度

身为会议成员的首要责任之一，就是对开会有健康积极的态度，开放心胸，体谅他人。

> **自我检查**
> 其他成员在会议中有什么责任?

开会是用来管理和监控很重要的工具，只要每个人都能扮演好自己的角色，对大家就都有正面的价值。

拒绝对开会抱有负面的感觉。

开会能带给你不少好处，即使你是学生，这些好处想必也可以从小组讨论或辅导小组中得到：

- 从他人的知识和看法中受益；
- 从同事的背景和经历中得到许多信息；
- 了解和参与将与你的工作直接相关的决策；
- 进一步了解可能将与你共事的同事；
- 发表你的想法；
- 从他人的角度检视自己的看法、信念和态度。

准　备

你的第二个责任就是在事前就议题做好充分的准备与了解。准备的过程可能会花去不少时间与精力，但是成员所拥有的信息，最终会决定会议的质量。如果你是学生，那就更要留意这份责任。

了解"团体过程"

至于开会本身，了解"团体过程"或"团体动力学"及团体运作的方式，不仅能帮助你培养起正确的态度，同时也能让你成为更出色的参与者。你应该要了解领导者所面对的问题与责任，这样你就更能理解他的领导方式，并通过你的参与协助他达到开会的目标。

"领导"是一个动态的现象。在一场两个小时的会议中，尽管正式的主席依旧是同一个人，但是可能会时时出现不同的领导者。

你应该要记住，与你一同坐在会议桌边的每一个人，都是一个与你截然不同的个人。他们每个人都有自己的烦恼、自我中心的思想（但这是我们都应该避免的）、自己的思考方式。因此要成为优秀的会议成员，你还应该不断地观察他人，考虑到他们的动机、偏见、情绪和思考过程。你自己的实际参与则取决于你的沟通技巧。

优秀会议成员的特质

- 考虑到其他人；
- 了解互动的过程应该是双向的、弹性的、包容的；
- 了解有哪些沟通障碍，并寻求克服这些障碍；
- 能更逻辑性、分析性地思考；

- 发言清晰、中肯，用大家都能接受的语言；
- 知道什么时候适合发言、如何发言，并考虑到开会的空间和地点；
- 为了达到团队目标，愿意合作与妥协；
- 了解倾听的重要性。

> **自我检查**
>
> 在开会中，你什么时候应该发言？
>
> 答案是：你有话要说的时候。绝对不要只为了说话而说话，但是也不要不好意思发言。

准备好随时即席发言。挑大家对你的想法会感兴趣的时机发言，不要等大家都发言完了自己才发言。在讨论中先发言的成员，往往最先得到大家的尊重肯定，在会议进展过程中也会一直被视为可靠的信息来源。另外一个发言的好时机就是在讨论的最后。这当然还是要视讨论的主题而定，但是如果你的理由充足、证据充分，反而会在最后大家都没话说的时候显得特别有说服力。

宁愿多发言几次，不要一次就把你想说的话全说完。只说跟当前主题直接相关的内容，不要变成那种喋喋不休的人，从这个想法联想到那个想法，不懂得什么时候该停下来。每次发言说个一分钟就够了，最多两分钟。

你可能会发现，每当一个人发完言后就会有好几个人同时都想发言，因此你必须懂得掌握时机迅速切入。反应慢一点的成员，可能就一场会开下来根本没机会发言，因为他们没有时时保持警觉。

当然，这并不表示团队中就不需要倾听的人。专心、积极的倾听者同样有很大的贡献，但如果光是听，你就无法把你脑中珍贵的信息或意见贡献给团队。

9.4 主席、记录和成员的职责

下表列出了会议主席、记录和其他成员的职责。这里的会议不仅指正式的会议，还包括一般的工作团队会议。

开会前	开会时	开会后
主席		
1. 确定开会时要讨论的事项。 2. 检阅议程初稿。 3. 确定成员得知开会的时间、地点、目的和议程。 4. 确定会议室内准备妥当，如座位安排、资料文件、水等。	1. 准时开始。 2. 清楚地简介各主题。 3. 引导大家有效率地发言讨论。 4. 维持秩序。 5. 不时总结讨论的结果。 6. 有效率地作出决定。	1. 检阅秘书或记录员写好的会议记录初稿。 2. 监控后续进展。
秘书或会议记录员		
1. 从上次的会议记录或新的来源取得相关资料。 2. 草拟议程，依重要性排序各议题。 3. 与主席确定议程内容。 4. 将开会通知与议程传达给各成员。	1. 提早到。 2. 把会议室准备好。 3. 把所有需要的资料文件准备好。 4. 记录会议过程。 5. 不要让不清楚的讨论或决定蒙混过去。 6. 协助主席。	1. 草拟会议记录。 2. 与主席确认会议记录初稿内容无误。 3. 开完会两天内把会议记录发给各成员。 4. 依会议记录结果，传达相关指示，有需要时进行监控。
其他成员		
1. 把想讨论的议题告知秘书或主席。 2. 阅读所有相关的资料文件。 3. 事先准备，如果有需要准备好相关的资料。 4. 与秘书商讨议程上需要修改的地方。	1. 准时出席。 2. 发言，内容要中肯切题。 3. 记下最后的决议及后续要采取的行动。	1. 阅读和确认会议记录的内容。 2. 采取该采取的行动，有需要时进行回报。

注：如果没有秘书，主席要指派会议记录员。

9.5 议　程

议程上应指明各议题的讨论顺序。这些议题可能是成员在会前陆陆续续提出来的，秘书在安排其顺序时应该依照最合乎逻辑的方式。此外秘书还要考虑到在有限的开会时间内，到底可以讨论多少内容。基本上，例行事项会放在议程的最开始，接着是上次开会延续下来的议题，最后是新的议题。如果有几个简短或紧急的议题，那就先讨论这些议题，剩下的时间就可以花在比较耗时的议题上。第8章第4节提过把不同的任务安排在一个议程上时要注意的原则。

不要把上次开会延续下来的大议题全挤在"续议事项"的大标题下。这些议题最好各自有一个大标题并安排在前面的地方，这样主席和成员就更能确切知道有多少内容要讨论。不要把议程挤得满满的。议程太满会议就会超时，结果就是讨论起来效果不彰，因为大家都急着离开，所以只是匆匆把决议表决过去。

议程顺序

下面列出正式会议常见的议程顺序，不过当然不是每个项目每次都会出现。

- 推选主席和记录员
- 开会通知：由秘书念出（通常只在非常正式的会议上）
- 前次开会的会议记录：应已由主席或秘书过目，然后由主席正式签名
- 上次会议记录所提续议事项
- 收到的信函：由秘书念出
- 主席致词
- 前次开会未讨论完的事项
- 财务事项（总务报告、公布账目等）
- 委员会和工作小组报告
- 讨论提案：如果可以的话，依照提案人原来的用词公布提案，同时公布提案人和附议人姓名
- 其他列在议程上的事项
- 下次开会时间
- 临时动议（Any Other Business，AOB，或称其他事项）：这里应该只讨论小事情，大的议题应该之前就已提出，并移到下次开会讨论
- 感谢主席（定期举行的会议上通常不需要）
- 主席回复（定期举行的会议上通常不需要）

- 主席宣布会议结束

> **作 业**
>
> 列出工作小组开会时通常会包含的议程项目。

拟定议程和准备相关资料

议程上每个项目都应该编号。如果后来又需要改变各项目的顺序，主席应该在开会一开始就清楚说明原因。这一点很重要，避免有些成员因为自己关心的议题被延后而感到不满。开始讨论前次会议延续下来的议题时，最好先提一下上次开会的时间和会议记录的编号。如此前后参照非常重要，因为这样一来，大家就可以追溯该议题的发展，避免作出错误的决策，这次开会新加入的成员也可以借此了解之前的发展。

注明相关的资料也很重要。你可以将其标注在各个项目之下，或是将其列成列表，附在议程的最后面。此外记得，比起平铺直叙的描述，"问题"能够引起更多样的反应，尤其是开放式问题。因此你也可以在议程中纳入一连串细心计划好的问题。

最后，议程上应该有一项是用来提醒大家决定下次开会的日期、时间、地点。如果这样的会议定期举行，不妨把以后开会的日期都决定好。

> **作 业**
>
> 制作一个检查表，用来提醒自己拟定议程时要包含哪些项目，又要用什么顺序安排，便于以后为大小不同的各种会议拟定议程。

议程拟定步骤

- 找出上次开会没讨论完的议题。
- 从当前的发展和其他成员的反应中，决定有哪些新的事项要讨论。
- 选出重要的议题。
- 不要把太多议题挤在"续议事项"的大标题下；重要的议题以大标题个别标出，并安排在前面的地方。
- 把例行事项放在一开始的位置。

- 把重要的议题按照恰当的顺序排序。(见上面的"议程顺序")
- 安排这些议题时,考虑到会议的时限与出席的成员。
- 把各项目编号。
- 遇到上次开会延续下来的议题,标出上次开会的时间和会议记录的编号。
- 议程最后纳入"下次开会日期"一项,确保大家决定下次开会的时间。
- 注明此议程还需要或包含哪些额外的资料。
- 如果有需要,与主席讨论和确定议程完稿。
- 把议程送去打字,或是自己打。
- 校对打好的议程。
- 附上上次的会议记录,把议程、会议记录和所有相关资料发送给所有应该出席会议的人。

9.6 会议记录

正式会议记录范例:

董事会会议记录	
地点	瑞斯与格林纳达公司注册地址
时间	2011年2月9日星期三早上10:30
出席	艾许利先生(主席)　　格瑞依女士 库特女士　　　　　　郎翰先生 童尔先生　　　　　　谢登先生(秘书) * 格林先生与谢尔顿女士致歉无法出席
162	前次会议记录 2010年8月13日会议记录已由主席过目,并当场签名。
163	续议事项 163.1　会议记录编号159.2 　　　　童尔先生报告:所有的主管都收到"员工认股方案"的传单。应董事会要求,各主管应在1月15日前发给每位员工一份传单,并与部门内所有员工说明该方案。 163.2　会议记录编号160 　　　　谢登先生报告:退休条款中所有需修改的地方都已修改。人事部会从2011年1月16日起亲自与每位员工会谈说明。

164	"员工认股方案"引起的反应	
	164.1	现况:唯有在召开咨询会议这一周休假或请假的员工提出反对。
	164.2	决议:各部门主管亲自与这些员工会谈。
165	员工餐厅整修	
	165.1	现况:员工餐厅和小吃部的整修工程将于1月31日展开,预计于2月中旬完成。
	165.2	决议:依据建筑师的评估报告,餐厅和小吃部皆应重新粉刷布置。粉刷布置将于整修工作完成后立刻展开。
166	弹性工作时间	
	166.1	现况:格瑞依女士报告:已确定弹性上下班刷卡装置安装地点,主管楼层也将有一台。
	166.2	决议:公司将租用该新装置,并不购买。该装置将以P.C. Flexitime的系统运作。
167	公关	
	167.1	决议:公关部应于下次董事会会议前就公司内的变动撰拟一份新闻稿。新闻稿的发布日期将于下次董事会会议决定。
	167.2	决议:新闻稿发布后,如果新闻界有意,公司应邀请其就"员工认股方案"采访愿意受访的员工。
168	下次会议时间	
	下次董事会会议时间定于2011年6月15日星期三。本次没有任何临时动议,会议于11:45结束。	
签名 常务董事 S. Ashley 2011年2月16日		

　　如果在会议中作出决策,会议记录中当然就应该记录该决策是如何产生的、最后的决策是什么、谁负责采取什么行动。但是大多数的会议,不管其目的为何,都最好能在记录中记录其会议性质。会议记录追溯委员会的责任,避免大家后来争论到底是什么时候、哪些人讨论和决定了什么。因此,正式的会议和合法注册的组织都需要写会议记录。

写会议记录通常是秘书的责任，但是不论你是否有这方面的经验，如果哪天秘书不在，或是没有人自愿，写会议记录的责任可能就会落到你身上。

写会议记录并不简单，但是如果你能掌握下面基本的原则，写起来就会轻松许多。

如何写会议记录？

1. 开会前

（1）找人或找书指导你写会议记录；跟主席确认公司内是否有特定的格式，但是无论如何，熟悉一下会议记录的基本形式。（参见前面的"正式会议记录范例"）

2. 开会中

（2）记录开会的日期、时间、地点。

（3）记下出席者和请假者。

（4）找出要讨论哪些议题；不妨参考议程。

（5）按照常规的做法，先处理例行事项，例如上次的会议记录由主席过目和签名、续议事项、收到的信函。

（6）给每个项目一个简短的标题，标题下简短总结讨论内容、决议结果，及依照决议什么人、什么时候应该做什么事。

（7）把每个项目编号。

（8）跟上会议的进度。

（9）有不清楚或被大家遗漏掉的地方，立刻澄清。

（10）用做笔记的方式记录，但是不用一字不漏地记，除非有特别需要。

（11）采用简短清晰的句子和段落。

3. 开会后

（12）开完会后立刻撰拟完整的会议记录。

（13）找另外一个人确认内容无误，而且最好是找主席确认。

（14）开完会两天内将之打出来，版面要清晰。

（15）仔细校对打好的会议记录。

（16）把会议记录寄给所有出席者、请假者，及所有相关人士；有需要的话，寄送编辑过的版本。

（17）将会议记录归档：公司里可能有关于如何归档特别的"规则"，

务必遵守。

（18）确定有人监控和追踪后续的行动。

不要——
- 同时担任主席和记录员。如果你是主席，指派另外一个人担任记录员。
- 让讨论的速度超过你记录的速度，这样容易导致记录出错。
- 通过你自己的成见或观点去阐释别人说的话。
- 在记录中插入太多人名。
- 在记录中采用读者可能会看不懂的缩写和专业术语，又不加以解释。
- 开完会后不立刻撰拟记录初稿，时间久了可能就会忘记会议的细节。
- 过分被出席者的地位所影响。就算你的主管在场，并不表示你就需要把他说的话一字不漏地记下来。
- 忘记提醒大家决定下次开会的日期、时间、地点。

作　业

下次有机会，自愿担任会议记录。或是安排开一场会议，自己担起准备和记录的工作。

练习9-2

下列的叙述哪些对，哪些错？

1. 在权威式的领导风格下，领导者作风开放自由，与团队成员共享领导权，也就是鼓励成员一起参与设定目标、计划活动等过程。
2. "参与"牵涉到愿意担起部分的领导责任，以及愿意即席发言。
3. 不需要花太多时间讨论的事项应该安排在议程的最末尾，以免最后时间不够讨论不完。
4. 主席说明完讨论的主题后，就应该立刻请大家建议解决的办法。
5. 要在会议中有效率地参与，最好的做法就是遵照有效沟通的基本原则。

作　业

1. 参加地方议会、公司会议，或是其他小型团体的会议，观察开会的过程。
   - 哪些人发言最踊跃？其中包括领导者吗？哪些人发言不踊跃？发言的状况随着时间而变化吗？哪些成员的影响力大，他们发言时其他人会专心听？哪些成员的影响力小，以至于其他人不怎么注意听他们说话，不采用他们的意见？影响力的分配状况随着时间而变化吗？
   - 团体中有没有敌对、竞争、冲突的状况？大家如何处理这些状况？有没有争夺领导权的状况？大家是否愿意共同分享领导的责任？
   - 大家有没有共同担起"完成任务"和"维持团队"的角色？还是有些人着重担起"完成任务"的功能，有些人则着重担起"维持团队"的功能？
   - 判断团体中每个成员各偏向"以自我为中心""以团队为中心"或"以任务为中心"。
   - 该会议有哪些成功的地方和失败的地方？是哪些因素造成的？
2. 回头看第8章开头讽刺"开会"的句子。想想可能各是什么样的挫折或问题导出这些结论。

9.7　视频会议和电话会议

在今天，人们不需要身在同一个地方，也可以一起开会。视频会议便是通过视频连接，让不同地点的人也可以看到、听到对方。如此一来，身在不同地方的人也可以一起开会，省去花在交通上的金钱与时间。很多公司都有自己的视频会议室，此外，如果你有快速的网络（如宽带）和恰当的软件，你也可以在自己的计算机前举行视频会议。

优　点

- 花费：比起让不同地方的人聚在一起开会，一个小时的视频会议的成本只有其十到二十分之一。
- **实时**：通知开会后，双方不需要等多久就可以开始开会。
- **真实**：有些人觉得视频会议比电话会议更好，因为你可以看到对方的表情和肢体语言

缺　点

- **气氛**：有些人则觉得，比起面对面的沟通，在视频会议中很难去"察觉"对方通过肢体语言等传达出什么意思。
- **接触**：大家在开会前和开会后没有机会闲聊几句，也无法在联机中断的情况下进行协商。
- **生硬**：视频会议一般比较不自然，因为每个人须轮流发言，还要等摄影机对焦好。

在**电话会议**中，则是身在不同地方甚至海外的人通过电话开会，其效果往往就跟视频会议一样好。它的成本也比视频会议少多了，因为需要传输的信息小多了，而且每家公司使用起来都很容易。

举行电话会议的方式有好几种。如果开会的只有三个人，你可以利用"三方通话"的功能；另外就是利用电信局的"电话会议服务"。最后，如果公司里有相应的设备，你当然也可以利用公司的电话系统。

好几个人一起在电话上开会很累人，所以不要一次讨论太多事情，也不要让开会的时间拖太久。电话会议召开起来很容易，也不需要大家跑太远的路。但是宁愿每星期开四个简短的电话会议，也不要每个月开一个冗长的电话会议。

电话会议成功的秘诀

1. 主席
   - 事先把议程通过传真或电子邮件发给大家，列出要讨论的事项及要出席的人。
   - 把开会时可能需要用到的文件或图表也发给大家。把大家的传真号码或电子邮件地址准备好，方便开会时随时寄发额外的资料。
   - 大家都接通后，点个名并随时宣布开会中到场或离场的人。

- 每次都用名字称呼对方,避免你的信息传错人。
- 不时总结一下讨论的结果,好让大家都跟上进度。
- 留意哪些人没发言,找机会让他们发言。

2. 其他成员

- 不要跟别人同时说话;开口前先等个一两秒钟,确定别人真的讲完了。
- 问问题的时候,说清楚你这个问题是要问谁。
- 有人问你问题时,就算你无法立刻提供答案,也务必回话。
- 不要不跟主席说一声就按下静音键,然后跟自己办公室里的人开起会。

9.8 正式程序

在非常大型的会议上,也就是人数超过 20 人时,通常会按照正式的程序讨论各事项,以控制开会的过程。这个正式的开会程序也称为"议事规则",旨在维持会议的秩序,否则在人多口杂的状况下,整个场面很可能会变得混乱不堪。不过,如此限制成员之间的互动,势必也会影响到讨论和决策的质量。因此,也不用每次开会都全盘按照这种正式的程序,不妨适度采用,只要能够控制开会的过程即可。

但是现在法律要求很多机构都须按照传统建立起来的议事常规开会,这些议事常规通常会写在公司规章里,就称为"议事规则"。即使你不同意每次开会都需严格遵守固定的程序,最好还是熟悉一下正式的开会程序,否则在正式会议上你可能想发言都不敢发言,就因为你"不懂规矩"。而这时少数几个搞懂议事规则的人就能够利用其他人的无知,为所欲为。

另外一个危险就是"一知半解",结果议事规则不但没有增进讨论的效果,反而引起更多的困惑。

我们在本书无法一一说明议事规则的所有细节,而且其内容在许多说明法律和议事程序的书籍中都可以找到。不过,我在此推荐斯淳勋爵(Lord Citrine)的《会议主席 ABC》(*The ABC of Chairmanship*)。斯淳勋爵在英国工会联盟担任秘书长达二十年之久。本书虽然初版于 1939 年,至今仍被众人奉为此一领域的"圣经",包括我在内。该书内容完整详细,你所有的疑问应该都可以找到答案,而且尽管作者已有丰富的经历与极高的声望,他仍旧能以活泼生动的方式说明这些枯燥的规则与程序，同时提供大量实用的建议。

不过呢，为了刺激你的胃口，在本章的最后我们不妨来看一个有趣的例子。看看在大家都不是很了解如何解释和应用议事规则中的专业术语，也不是很懂得怎么开会时，是什么样的状况。

下面的文章摘录自《穿破裤子的慈善家》（The Ragged Trousered Philanthropists）。试着定义其中特别标出来的词。然后你可以去《会议主席ABC》里找答案，当作阅读该书的第一步。《穿破裤子的慈善家》作者为罗伯特·特雷塞尔（Robert Tressall），该书读来轻松有趣，旨在描写"爱德华时代劳工阶级的奴役与贫困——在这个时代，每个人都知道自己的地位，因此也应该感到心满意足"。情节围绕着一群油漆工的生活与经历，以及他们后来如何被一名新成员所启发，不再默默接受自己的命运。

下面这段摘录描写的是"员工出游会议"的状况，大家在会议上决定是否要举办一年一度的员工出游，以及出游的日期和地点。

员工出游

（1）就在这个时候，克里斯与几个同事协商过后，决定召开会议，与大家讨论是否要于夏末时节举办一年一度的员工出游。会议在大院里木匠的工作室举行，时间定在傍晚六点，方便有意与会者于收工后参加。

（2）等该来的人都到齐后，木匠工头潘恩——也是做棺材的木匠——经过克里斯的提议与菲尔帕的附议，被推选为主席，接着就是一阵严肃的沉默。最后终于是主席打破这阵沉默，滔滔不绝地开始说明开这场会的目的。也许是不希望有任何误解，他解释了好几遍，一遍又一遍地重复同样的原因与同样的句子，却没发现台下的听众都痛苦不堪地一语不发，就等着他闭嘴，因为他就像陷入一种恍惚状态，一再重复之前说过的话，彷佛觉得必须为每一个人都解释一遍。最后大家终于受不了了，开始大喊"好哇！好哇！"，用木头和槌子敲打地板和长凳；于是，在最后一遍说明此次开会的目的是决定是否要举办员工出游后，主席终于摊坐在木匠的板凳上，抹去额头上的汗珠。

（3）接着克里斯提醒大家，去年的员工出游非常成功，因此如果今年没有员工出游，他自己会觉得很可惜。去年他们有四辆马车，去了杜柏顿村。杜柏顿村的确没什么可看，但是有样东西他们在那里一定可以以最便宜的价格买到，也就是一顿大餐。（大家鼓掌。）为了让大家早点开完会，他提议今年再去杜柏顿村，并推派一个小组负责与当地的"伊丽莎白女王"店主联络安排好吃饭事宜。

（4）菲尔帕表示附议，主席潘恩正想请大家举手表决，此时哈洛却就议事程序提出问题。他认为大家有些操之过急了。恰当的做法应是先确定大家到底是否要出游，然后如果大家想要出游，才决定要去哪，时间是要全天还是半天。

（5）半醉的醉鬼说，他一点也不在意要去哪出游：他愿意接受多数决定的结果。（大家鼓掌。）

（6）伊斯顿建议，这次他们可以订一个火车车厢，坐火车去伦敦参观杜莎夫人蜡像馆。他从来没去过那，而且总希望哪天有机会去看一看。但是菲尔帕说，如果他们走进杜莎夫人蜡像馆，杜莎夫人可能不会让他们再走出来。

（7）主席潘恩又开始漫无边际地演讲起来。他发现自己一旦开口，就很难停下来。他说着说着又说起去年出游的细节，这时哈洛又从他的木屑堆上站起来，说他想请主席回归议事程序。（"好哇！好哇！"）大家根本还没有决定要不要出游，讨论这么多又有什么用！大家到底要不要出游？这才是现在该讨论的问题！

（8）随之而来的是一阵尴尬的沉默。每个人都不知所措，不是盯着地板，就是瞪着前方。

（9）最后是伊斯顿打破沉默，说现在最好有个人能提出动议，让大家决议举办出游。大家"好哇！好哇！"地表示赞成，接着又是一阵尴尬的沉默。最后主席问伊斯顿，他愿不愿意就此提出决议案。伊斯顿犹豫了一会儿后，同意了。他正式提出决议案："与会成员同意举办出游。"

（10）半醉的醉鬼说，为了让大家早点开完会，他附议该决议案。但是就在这个时候，大家开始在台下争论起出游的地点，还有几个人开始讲起前几次出游的趣事。几乎每个人都在讲话，主席费了好些工夫才得以将决议案交付表决。他发现自己的声音完全被台下的喧闹所淹没，于是开始用木槌敲打长凳。台下有些人好奇地看着他，纳闷他到底怎么回事，但是大多数人还是沉浸在他们自己的讨论中，根本没注意到他。

（11）正当主席想尽办法收回大家的注意力，好将该问题交付表决时，班迪与几个新手陷入争论，这几个新手说他们知道有个地方比"伊丽莎白女王"还要好，那是就"新发现"酒馆。其中一个人说，他去年跟普申和卓威的人去过，吃了烤牛肉、鹅肉、果酱派、百果馅饼、沙丁鱼、布丁、牛脚冻，费用里还包含一人一品脱的啤酒。讨论到一半，他们发现其他人大多都举着手，为了表示合作，他们也举起手，接着主席便宣布决议案一致通过。

（12）班迪说，他想请主席念出刚刚通过的决议，因为他之前没听清楚。

（13）主席回答说，他们没有书面决议。该决议只用来确定大家到底要不要出游。

（14）班迪说，他只是想礼貌地就会议内容提出问题：他只想知道决议案的内容到底是什么？大家到底同不同意一起出游？

（15）主席回答说，与会成员一致同意。（大家鼓掌）

（16）哈洛说，那么下一步就是决定出游的日期。克里斯建议八月的最后一个星期六，这样他们就有足够的时间准备好自己的那部分钱。

（17）史金斯此时问，大家有没有决定好是要出游一天还是半天。他自己是希望能够出游一天，毕竟这样也只是少掉一个早上的工钱，如果只出游半天，实在太不值得了。

（18）哈洛建议去"伊丽莎白女王"，就跟去年一样，而且只出游半天。

（19）菲尔帕说，为了让大家早点开完会，他附议该决议案。

（20）班迪此时提出修正案：出游一天，早上九点从"板球选手"酒馆出发。此时史金斯说，为了让大家早点开完会，他附议该修正案。

（21）此时一个新手说，他想提出另一个修正案。他提议把"伊丽莎白女王"换成"三个臭皮匠"。

来源：《穿破裤子的慈善家》"员工出游"，罗伯特·特雷塞尔，伦敦：Lawrence & Wishart 出版社，2002年（1955年初版）。（小说里这场会议又延续了三页之久，经历各种动议案、修正案、反修正案、激烈的辩论、争吵、讥笑和欢呼，最后大家还是决议采用最初的动议，去"伊丽莎白女王"。）

作 业

1. 为上面的员工出游会议写开会通知和议程，也就是克里斯在开会前可能会发给大家的通知与议程。
2. 为上面摘录的开会过程写个简短的会议记录。
3. 查阅"法定人数""把问题交付表决""终止讨论"的意思。

练习9-3

1. 从上面摘录的"员工出游会议"第一段，你能看出开会的时间、地点应该遵守什么原则吗？
2. 潘恩当主席有哪些做得不妥的地方？
3. 在第三段，克里斯提出一个提议。他为什么这么做？这个理由正当吗？
4. 克里斯和其他人显然不知道提议、动议和决议之间的差别。这三者之间到底有什么差别？
5. 在正式会议上，什么时候可以发言？
6. 这场会议上，大家显然把许多会议用语都混淆了。这些人了解他们所使用的词句吗？你知道下面这些词句是什么意思吗？

    （a）议事程序问题

    （b）要求主席回归议事程序

    （c）内容问题

    （d）宣布违反议事程序

    （e）修正案

7. 举行投票时，主席要注意哪几点？

Chapter

10

演 讲

10.1 演讲技能日趋重要

可蕾儿在霍萨克活动管理公司的人力资源部已工作三年。这三年期间，她学到很多，也逐渐担负起更多职责。她的公司最近扩张了，签下好几个大合约。每个合约都需要招募几百名员工，人力资源部开始感受到雇用这么多人所带来的压力。

可蕾儿渐渐发现自己的职责也在改变，公司开始要求她去新进人员的入门与培训课程上授课。跟别人一对一交谈对她来说从来不是问题，但是一要她站在众人面前说话，她就会紧张起来，胃部绞痛，口干舌燥，声音不是消失成没人听得到的低语，就是变得尖锐刺耳、上气不接下气……然后完全忘了自己想说什么。她一向讨厌在众人面前说话，在学校里也一样，她总是避免在课堂上朗读或背诵。

她觉得自己无法担任这个工作。幸运的是，她在别家公司找到一个担任协理的机会，但是薪水比现在低很多。在无法确定是否要辞职的情况下，她决定先多找找其他的机会。就在这个时候，她的主管把她叫进办公室。

"可蕾儿，好消息！我们刚签下大合约，但是在这个月内要找到两百个人。人力资源部主任决定通过电视台和电台进行招募工作。第二个好消息就是，我们希望你去电视台和电台做招募工作。"

可蕾儿回到办公室，写了两封信，一封是辞职信，一封是同意任职信。

作业

1. 如果你是可蕾儿，你会有什么感觉？
2. 她的决定恰当吗？要一个在工作上其他各方面能力都很出色的人，担起在众人前说话的责任，你觉得公平吗？

没错，除非你是政治家、演员、老师、电视主持人等公众人物，否则

在平常的工作中，你应该不需要常常在众人面前演讲，尤其是刚开始工作那几年。

不过，也许正因为我们生活在一个口头沟通和视觉沟通极度频繁的时代，因此许多人宁愿用"听"的方式，而不要用"读"的方式得到信息内容；也因为公司组织了解面对面沟通的优点，因此你在一大群人面前说话的机会也会越来越多。即使你现在在工作上不需要在众人面前演讲，很有可能哪天你就需要担起这样的任务。而你的表现如何，会影响到你在职场上的成功。

基于这些原因，如果不想危害自己的名声和升迁机会，在工作职场上就很难避开演讲这个任务。本章目的就是协助你以充分的自信担起这项任务，这份自信来自于了解任务的内容、时间和执行方法，另外本章还将提供实用的建议：

- 准备各种形式的演讲
- 开场白和结束语
- 即使你不是美工设计师，也要设计好看的视觉辅助内容
- 在当天安排你的"舞台"，好充满自信地面对观众，毕竟观众也希望你当个好演讲人

知识如果无法传达给别人，就是无用的知识。在上面的例子里，可蕾儿非常了解公司的业务，尤其是她自己在人力资源部的职责。她能够在三五人的小组里把这些知识传达给主管和他人，但是如果听众的人数多了，她就会紧张。想到要上电视和电台说话，同时有几千人看着她、听着她的声音，她吓坏了，于是她放弃这份有职责、变化、理想薪资，更有升迁机会的工作。

她显然不知道，**演讲前紧张是很正常的**。知名的政治家经常要在公众前演讲，却也常承认自己在演讲前有多紧张。第一次世界大战期间的英国首相劳合·乔治（Lloyd George）至今仍被众人推举为英国史上最出色的演讲家和辩论家，但是据说他在下议院演讲前，也紧张得忐忑不安，像只走在烫砖上的猫。

如果可蕾儿跟主管谈过自己的恐惧，也许就会发现，她的表现其实没有想象的那么差。对于自己的表现，我们往往会比他人还要挑剔，也许是

因为我们知道自己心里的感觉，而他人不知道。可蕾儿的主管也许会建议她去参加培训课程，以增加自信。没有几个人是天生的演讲家，**演讲是后天习得的技巧，每个人都有能力习得这份技巧**。可蕾儿不给自己机会去发现，**技巧和自信其实来自于两个条件：努力和练习**。

10.2　公众演讲的技巧

所有伟大的演讲家最初都是差劲的演讲者。

——爱默生《论行为》

我们应该如何学习和练习演讲技巧呢？我们先来看练习的部分。不管从书上阅读和学习多少的演讲技巧，都无法使你成为出色自信的演讲家。追溯知名公众人物长年下来的演讲录音，我们会发现，是多年下来的练习使他们的演讲技巧最后臻于完美。英国首相劳合·乔治早年的演讲录音完全没有他后来的力量与口才。于1946年创立英国全民健康服务体系的Aneurin Bevan，早期的演讲不时可听到结巴之处，虽然他一直没有完全克服口吃这个缺陷，长年下来，他累积起可观的词汇，最后几乎可以完全避开无法顺利发音的词。而这也证明就算是口吃，也不会阻碍你成为成功的公众演讲家。

撒切尔夫人从一开始选为议会议员，到后来成为英国首相，最后卸任，过程中也可以看出她的外貌、声音和演讲技巧经过多大的改变。不过也有例外，布莱尔在担任影子内阁贸易部发言人时的口才，就跟后来当上英国首相时一样好。而也许美国总统奥巴马就是天生的演讲家，尽管他的首席撰稿人还不到三十岁。

政治演讲也许是公众演讲里非常特殊的一类，也许你觉得政治演讲跟你在工作或社交上的演讲无关，但是了解其中精心运用技巧能够带来哪些效果，还有练习能够带来多少回报，可以让我们从中学到许多，并增进自信。

你可能会问："但是我有什么练习的机会？"回想你这一生，你一定有过被别人邀请致感谢辞，或是"站起来说几句话"的经验。你有没有遇过这样的状况：别人问你愿不愿意开会前说几句话，或是代大家感谢来访的演讲人，而你却匆忙回绝道："别找我！我不是很会说话。问某某某吧，他口才比我好。"你有没有过参加大型会议时，你很投入，很想发表你的看法，但是却忍住站起来的冲动？这些都是练习的机会。从今天开始，利用每一个这样的机会"说几句话"。你不只会信心大增，还会注意到自己有哪些长处和弱点，并像 Aneurin Bevan 一样，学会取长补短。

有些技巧也是可以从有经验的演讲家身上学习的，而其中最重要的一个，就是**准备**，就跟其他形式的沟通一样。

劳合·乔治会参考《罗杰同义辞典》(*Roget's Thesaurus*) 仔细准备讲稿，而且常会事先把讲稿写好、背下来。而所有这些努力都得到回报，他最出名的就是发明绝妙的新词：他曾把蒙茅斯郡的居民形容为"得了病态的疯足球症"，把上议院形容为"五百个碰巧被选出来的失业人口"。除了精湛的遣词用字，再运用戏剧天分和声音，他让众人注意到所有努力最后的成果。

许多伟大的演讲家都懂得让整个演讲听来自然不做作，就彷佛他们有迅速的思考能力，一切都是当场想出来的，但是准备工作其实早在踏上讲台前就做好了。

你的讲台也许不是下议院或政治集会，但是不妨学学这些政治演讲家，在事前就做好充分仔细的准备，直到演讲内容完美到你可以充满热忱与活力地演讲，达到听起来就像即兴演讲的境界。一位演讲家曾如是说：

如果你要我说五分钟，那我需要两星期的时间准备。
如果你要我说一小时，那我需要一星期的时间准备。
如果你不在意我要说多久，那我现在就可以开始。

10.3　准备工作

基本问题

没错，就跟其他形式的沟通一样，演讲最基本的问题就是——

- 演讲的原因？
- 演讲的对象？

・演讲的内容？
・演讲的时间？
・演讲的地点？
・演讲的方式？

现在我们来看看这些问题如何应用到演讲或报告上。在你受托担起演讲责任的那一刻，有些问题应该是你当场就要找出答案的：

演讲的日期与时间　确定你有足够的准备时间：不只是准备书面资料，还要准备视觉辅助工具。

演讲的时间要多长　就你的演讲主题，这样的时间足够吗？记住，演讲的时间越短，就要越仔细地准备，虽然你可能会以为情况完全相反。

演讲的地点　在听众熟悉的环境中吗？在你熟悉的环境中吗？如果不是，演讲前先去看看场地，确定演讲厅的类型和大小、是否为阶梯式座位、音响效果、灯光、设备（多媒体投影机、传统投影机、白板）等状况。不要害怕去询问是否有可能做特别的安排。

谁会来听演讲　人数、年龄、性别、教育程度、对演讲主题的了解程度、来听演讲的原因和态度（比如说，有些人可能会不同意你的看法）。这当然都会影响到你在演讲中要采用的想法和语言。

为什么要找我讲　你有什么特别的知识或职位？听众对你会有何期望？这不是过分谦虚的时刻，而应该坦诚实际。如果公司请你以新进员工的身份，跟公司说说你的印象或感觉，那么没有人会期望你表现得像个已经有三十年工作经验的总经理。

演讲的方式　是正式的致辞、演讲或讲课，或者只是开头介绍一下，以刺激大家讨论？会有让大家发问的时段吗？如果有讨论或发问的时段，也许你可以保留部分内容不说，这样听众就有问题可问，而你也有新的内容可以回答。

视客观条件进行调整

当然，上面这些状况，有些也许是你可以控制的，也许建议举办这场演讲的人就是你自己，这时你就可以把这场演讲视为一场表演，你就是制作人，能够决定哪个地点最合适，多少听众最理想，要不要留下发言时段等。

但是，无论如何，在主观理想和客观条件之间，可能会有冲突。这时候就需要做些调整或妥协。

比如说，你觉得听众的人数要很少，可能最多二十人，因为如果要达到此次演讲的目标，你必须跟听众进行频繁的互动。但是你的直属主管，或是任何一个高层主管，却希望最少有六十人出席，即使他自己跟此次演讲并没有直接关系。你是要调整你的目标呢，还是把同样的演讲重复三遍？假设你还是希望把听众人数维持在二十人，你要提出什么理由，让主管相信这是最理想的人数？

再举一个例子。你觉得你至少需要四十分钟的时间来演讲，但是主办人只能给你三十分钟。你会调整你的目标，还是把部分内容用视听设备带过去？

作 业

从下列的主题选出一个。想象你演讲这个主题时的听众和场地。描述你的听众和场地，写下来。将后面的建议运用在这个演讲情境。

（1）幽默在你的生活中的地位　　（5）经济独立
（2）出国旅行的好处　　　　　　（6）节省燃油
（3）离职演讲　　　　　　　　　（7）新闻自由
（4）想工作

视客观条件进行调整后，你就可以开始仔细考虑为何要这样做。

作 业

1. 你计划在这个场地跟这群听众达到什么目标？尽量具体详细。
2. 你想对听众做什么？
3. 你希望听众最后有什么行为或感觉？

演讲的目的决定演讲的方式，如下表：

目的	方法
告知或叙述 叙述观察结果、背景原因、事实、细节。	· 了解听众对主题的了解程度；要采用恰当的语言，如果需要使用听众不熟悉的专业术语，应该解释其意义。插入趣闻轶事、实例、图解等，使演讲内容更生动有趣。 · 采用演绎法（先提重点，然后说明/举例/图解），或是按照时间或空间顺序，选词用字要精确。 · 回头看第1章第8节关于如何决定各信息顺序的说明。
指导或说明 · 解释、说明、指导； · 说明事情如何运作、程序如何完成、行动如何执行，也许你还想解释为什么是这样、为什么在过程中要采取某些步骤。	· 你应该把重点放在展示上，就是用图解、图片或现场示范的方式。如果无法采用上述方式，至少你的说明要能让听众在脑中想象其情景。 · 用比喻的方式会很有帮助，但要用听众都熟悉的事物来比喻。"这个过程就有点像……"通常演绎法、顺时法或按照空间顺序会最合适，但是如果你的重点是说明为什么要采取某程序，或是为什么该程序是如此，归纳法（先说明/举例/图解，然后把重点归纳出来）会更合适。

（续表）

目的	方法
说服、信服或激励 · 通常以改变信念、态度或行为为目的 · 提出一个论点，或是支持/反对的理由	· 你必须说明其对听众的好处，并提出客观的证据，以同时掳获听众的感性和理性。证据——统计数字、专家学者的意见、他人经验——当然都必须是正确的。 · 不要以偏概全，避免夸张、情绪化、渲染性的字眼。如果你的论点是立基在某种假设上，就要说明清楚这些假设。避免让自己受到偏见的影响，或者至少承认你怀有什么偏见。提出事情的反面，否则你的论点会站不住脚。 · 内容的结构要非常合逻辑，这用归纳法会非常有说服力（详见第1章第8节"步骤四：决定顺序"）。 · 除此之外，最重要的就是要： （a）抓住听众的注意力； （b）找出听众的需求与兴趣； （c）证明你能够满足这些需求； （d）寻求观众的反应或赞同。
娱乐 致感谢辞、餐后致辞	· 有些人似乎天生就擅长这一类的演讲。不过，既然我们每个人都有机会进行这类演讲，它还是很值得学习的。 · 基本的原则就是：简短；控制笑点的量或引用别人的笑话也很有用；把演讲的内容与听众的兴趣及当时的场合贯穿起来，要既亲切又特别。

10.4　准备演讲内容

先把主题分解成几个小主题，然后思考如何呈现、示范、组合最好。

这一个酝酿的过程可能会花上很长一段时间，你可以用不同的方式、沿不同的路径发展你的想法。

步骤一：思考

1. 花时间搜集和组织你的想法。
2. 有空的时候就想想演讲内容，像是在做其他通常只需要动作的事情时，如整理花园、布置家里，甚至上班、上学的路上。
3. 与同事和朋友讨论该主题。
4. 随身带本笔记本或一张小卡片，随时记下临时产生的想法。

步骤二：收集资料

只要时间允许，尽量多阅读。不要只搜集演讲时会用到的信息，也不要只搜集跟主题有关的信息，比如以英文来说，你可以多搜集一些名言佳句，像 The Penguin Book of Quotations 和 The Penguin Book of Modern Quotations 这两本书就非常有用，除了有不少名言佳句，还提供不少介绍主题的方法。

还有你可以从报章杂志上收集趣闻轶事。网络的出现使这个收集资料的过程变得容易多了，但是别人要把资料放上去也很容易，所以**在网络上找到的资料，一定要确认其正确性**。

步骤三：制作大纲

就跟所有经过仔细计划的信息一样，演讲内容也需要一个**前言**和一个**结论**。

演讲大纲

1. 前言
2. 呈现主题（如果你有多个主题，这个部分可重复写成几段）
   ☐ 1 图解、示范　　☐ 2 原因　　☐ 3 处理反对意见
3. 结论（呼吁听众采取行动等）

不管你如何制作大纲，都应该合逻辑、有组织（请参照第1章第8节）。即使这时候你在计算机上打出基本的大纲，不妨还是把每个重点和其发展思路写在一张卡片上。然后你可以把这些卡片前前后后调换，看看什么样的顺序最合适，就跟写报告时一样。但是这个做法对演讲还有另外一个好处，也就是当你对演讲内容已经很熟悉时，这些卡片就可以在演讲时充当提示。一句名言就说：**照顾好开头和结尾的部分，中间的部分就会自动出现**。

但是当然，如果要达到演讲的目标，中间的部分也要经过仔细的组织。另外一句名言又说：**人灭亡，因为他们无法把开头和结尾联结起来**。

你当然不必把这句话当真。不过演讲时该如何开场和结束，往往是没经验的人觉得最可怕的部分。也许理当如此，因为一场好的演讲，可以成于它的开头和结尾，也可以毁于它的开头和结尾。

> **作 业**
>
> 在我们开始探讨如何设计演讲的开场和结尾前，回想你听过的致辞、演讲和讲课。如果你实在想不到，下星期仔细听听广播和电视上的讲课或演讲，比如说，大学的公开课就是不错的选择，或是去听听公开的讲座或演讲。
>
> （1）演讲人在开场和结尾时说了什么、做了什么，使开场和结尾对你或是对全体听众来说非常成功或不成功？
>
> （2）记下开场和结尾中用到的句子，然后按下面的说明分析之。

10.5 演讲的开场白

基于下列三点原因，你一定要熟练自己在开头几分钟要说什么和做什么：

1. 也许排在你之前演讲的人通过个人魅力或演讲主题已经赢得听众的心；或是之前的节目非常精彩有趣，甚至是会场的高潮。
2. 也许你是会场上第一个或唯一的演讲人，因此你要负责引起听众的兴趣，也就是让听众立刻觉得今天来得很值得。
3. 也许你在开头几分钟最紧张，就跟大多数人一样。

基于上述的原因，你必须立刻给听众留下深刻的印象，立刻抓住听众的注意力和兴趣；而要做到这一点，你就必须对开场白的内容了如指掌。

留下开场好印象

1. 记住，演讲一开始，你的"表演"就开始了，因此正式开始前，先安排一下你的"舞台"。花点时间把你的笔记和视觉辅助工具等摆好，方便之后使用。确定你在讲桌和黑板、投影机或计算机之间有足够的空间可以走动，确定你的笔记或计算机高度够高，不用老是低着头看。
2. 不要犹豫。听众就位后就开始，但是先用几秒钟的时间浏览一下台下听众，让他们也打量一下你。
3. 不要用陈腔滥调开场，像是"今天很荣幸……"。也许你想谢谢听众的出席，或是表示觉得很荣幸，但是这最好晚一点再说，甚至是挪到结尾的部分。
4. 不要道歉。也许你觉得自己的知识、主题、能力或甚至在场并不适合当天的活动，但是只要你充满自信地登场，听众也会对你有信心，而这份自信来自于周全的准备。
5. 开场白必须有趣、有创意，让听众想继续听你之后要说的内容。
6. 不要太早引入高潮。如果之后的内容无法胜过开场，听众的兴趣就会逐渐减弱。
7. 记住，这只是开场白。内容不要太长，跟整个演讲的长度比例要适当。

开场的方式

说明演讲的主题或标题　不需要说得很吸引人，因为听众可能已经知道你的主题了，但是把主题设计得简单好记。

说明你的目的和演讲的架构　如果你采用演绎的顺序（见第1章第8节），这就是很安全稳当的做法。但是如果你的目的是说服听众，那最好不要一开始就泄漏太多。即使在开场的时候说明一下目的和演讲架构算是合适的做法，也不要用它来开场，不妨采用下列更有趣的做法。

闲聊　可用在比较不正式的场合上，如："几天前我才跟提姆（布朗）

讨论到……"这时你除了会立刻赢得提姆（布朗）的支持，还避免让听众觉得你在"演讲"。

问问题 想想就你演讲的主题，听众会想提出哪些问题，如"大英帝国的辉煌时代已一去不返了吗？""难道为了充分利用高科技的好处，我们就必须牺牲基本的生活质量吗？"听众会本能地开始在心里寻找答案，而你则可以继续说明你的答案。

读心 类似问问题。想想听众可能会有哪些先入为主的想法，把这些想法说出来，必要时纠正之。如："如果我今天坐在台下，我可能会想，今天这场演讲又是在就工作安全作精神讲话。但是今天晚上，我有更宝贵的信息要提供给大家……"

趣闻轶事 必须说得有技巧、跟主题相关、简短，而且有可能的话，跟你切身相关。例如，拿自己开玩笑往往能够赢得听众的心。

讲笑话 如果你很会讲笑话，那不妨试试这个做法。但是每个人的幽默感可能会有很大的差距，如果听众觉得你的笑话不好笑，反而会造成反效果。同样地，笑话也必须说得有技巧、跟主题相关、简短。

当地色彩 往往非常有效果，但是要诚恳。"我一向热爱回到布莱佛德的磨坊与烟囱之间的感觉"听起来会很虚假，除非听众知道你是在布莱佛德出生的。像"……的居民对抗……问题的方式总是令我感到鼓舞"这样就很诚恳。

事实和统计资料 用得精简，可以引起听众的注意与兴趣。大部分的商务或科技主题都会附带许多事实信息，既引起听众的兴趣，又增进听众的知识。仔细选用，确定其正确性，并简单呈现。互相对比的数字会特别有意思：

> 二十一世纪的头五年，铁路上的年平均交通意外死亡人数是2人，飞机上也是2人，马路上则是2740人，水上是6人，骑马或坐马车则是18人！

不必每个数字都太精确，没有人可以吸收像6,545,100这样的数字，除非有足够的时间和视觉辅助工具的帮忙。就算使用视觉辅助工具，还是**把数字和百分比四舍五入**，让听众更容易掌握。

名言佳句 这应该是最简单的做法了，而且往往也是最有效的做法。

引用的名言佳句应该出自知名人士或观众都认识的作者，而且要跟你的主题密切相关。

出其不意　不一定非得是花俏的开场、手枪表演或爆炸场面，这些极端的做法容易出错，而且难以把高潮维持下去。语言也可以达到出其不意的效果：

"培训是浪费时间和金钱……"

停顿一下，让吃惊的效果蔓延开来，然后再说：

"除非培训的目的是让整个团队成长，而不是只针对个人。"

讲故事　与趣闻轶事相对。每个人都喜欢听故事，但是你的故事要选得好、讲得好。最好情节有些转折，而且最后一定要引到演讲的主题。

选择什么样的开场，当然也要视你的个性而定，但是不妨多些弹性，多些创意。把开场白不断改善与练习，直到完美无缺，并对自己要说的话，还有如何过渡到主体的部分，都了如指掌。

作　业

现在，依之前设想好的听众与主题，照上述各方法为你的演讲写一段合适的开场白；并找出需要的资料，如名言佳句、统计资料等。

10.6　演讲的结尾

演讲的开场白要引起听众的兴趣，结尾也一样要引人入胜。一场好的演讲也可能会被不好的结尾所破坏。

要避免的陷阱

- 不要"漫谈"到结束。用一个有力的总结结束。
- 不要又来"一场演讲"。如果你突然想到新的东西，务必克制冲动。随着心里越来越放松，我们很容易发展出原来不在演讲内容之内的新思路。
- 不要重复。在总结的时候，不要把细节或各小点又重复一遍。如果你在预定的时间内就说完了，那就坐下，不要再用无关紧话的话填时间。
- 不要给太多结束的信号，如"最后""结论就是""结束前再提一件事"。其实最好就是完全避开这些用语。你的结尾辞本身就应该为演讲收尾，听众一听就知道你的演讲结束了。
- 不要看着讲稿念结尾词。把结尾词背下来，这样你就可以在达到结尾高潮时看着听众。

要避免这些常犯的错误，你必须把结尾计划好，这是整个演讲准备过程中的一环，这样你就不会在演讲的最后不知所措。下面是几种结尾的方式。

结尾的方式

结语　常见的做法，但是很有效。把重点简短总结一下，听众就不会有任何疑惑。

问题　让听众去思考。如："那么，这就是我们必须去做的。现在的问题就是，怎么做最好？"

故事或轶闻　应该简短切题。你可以说说你的想法，实际应用的经历。

名言佳句　就跟开场时一样，引用名言佳句可以表示你博学多闻，使你的演讲更有信服力。引用的名言必须切题，不要只为了引用而引用。

其他的选择　提供其他的选择或不同的解决方法。你希望听众选择什么做法，应该要能让听众从演讲内容中明显听出，在最后你也可以特别强调它。

戏剧　如果你可以通过戏剧化的声音或内容收尾，势必会是个精彩的结尾。

行动　你希望大家现在就采取行动，不要等到以后才行动。那就要求听众立刻采取行动，这时很多人都会响应。

奖励　说明听众能够从行动中得到什么益处，像是报酬或奖励，他们就更愿意响应。如果你能提出采取行动的理由，听众就更不会忘记你的信息。

恐惧　利用恐惧来刺激听众采取行动，是很冒险的做法，因为这会疏远听众与你的距离。不过，由于要激励听众采取行动往往很困难，有时还是可以加入一点点恐惧的成分，像是"现在就采取行动！不然就太晚了！"

刺激良心 效果可能跟恐惧一样，只是风险比较小。你可以让听众体会到，基于懒惰、漠然、忙碌、逃避，他们一直没有去做自己知道该做的事情。

不管哪种方式最合适，最重要的就是不要停不下来！记住这句公众演讲的格言：起立，演讲，闭嘴。

作　业

依之前设想好的听众与主题，照上述各方法为你的演讲写一段合适的结尾词。

10.7　用视觉图像辅助演讲

你不需要是专业的美工设计，也可以利用视觉辅助工具使演讲更生动！在这个阶段，你可以看看第11章和第18章，里面有更详细的说明，下面列出的是基本的原则。

- 是否采用讲义和视觉辅助工具？
- 如果是：(a) 彼此关系复杂的概念；(b) 为了达到说服力——那么事先就把视觉辅助工具准备好。
- 印出来的文字不是视觉辅助工具，如果你把文字印出来，用图像手法增进其视觉效果：
  a. 底线、方框、圆框
  b. 项目符号、短线
  c. 仔细设计版面
  d. 善用空白
- 不要采用太复杂的视觉图像，一个图像讲完后，听众必须能够了解其表达的意义。
- 视觉内容必需配合演讲内容。
- 你希望听众记住的东西，应该都要搭配一个视觉图像。
- 不需要的视觉图像就不要采用，而且基本上就不应该采用太多视觉图像。小心不要让PowerPoint把人催眠了！
- 确定没有错字。

- 就算不是专家，你也可以制作出好看的视觉图像。

不少计算机软件，如PowerPoint使得幻灯片的制作简单多了，而彩色打印机现在也比以前便宜。不过，就算你无法使用计算机，还是可以做得很专业。以下是如何制作有效的视觉图像的诀窍：

- 透明的投影片也很有用：你可以在上面写字，还可以描摹简单的图形、卡通人物，甚至字母。
- 字不要写得太小，以致没有人看得见；也不要写得太大，不然你的手会抖。
- 如果你的字不整齐，用现成的模板或字母转印贴纸。
- 版面要清晰顺眼。顺眼是视觉工具的基本原则。
- 用彩色的马克笔，但是选用显眼的颜色，不要选太淡的颜色。一张投影片上用颜色来强调语言信息，但是不要用太多颜色。例如，用红色表示危险、停止、支出、问题；用绿色表示前进、收入、令人满意。

在演讲大纲上相应的位置提醒自己这时要用到视觉辅助工具，而且是哪一个。如果在这个阶段，你还不是很有自信，那最好把讲稿完整地写出来，让自己充分熟悉要讲的内容，但是语言要用自然的口语，不要用书面语言，而且不要想着演讲当天可以看着这个讲稿念。

10.8 讲稿与练习

为什么要写讲稿？

就连最优秀、最有自信的演讲人也会准备讲稿，因为：

- 人的记忆会出错。
- 有了讲稿，就不会有遗漏的地方。
- 在讲稿上可以发展出复杂的论点。
- 有了讲稿，就不会搞错顺序。

但就算你把完整的讲稿写出来了，也不应该在演讲当天看着讲稿念，因为除非是极有经验的演讲家，否则这样的演讲会很枯燥乏味，你也无法看着听众。

例外——如果演讲内容可能会被引用，或是关系到政策声明，就应该事先把完整的讲稿打出来，并用两倍行距，标注该强调和停顿的地方，因为这类的演讲一字一句都需谨慎。当然啦，也可以用电子提词机。

把讲稿背下来

许多有经验的演讲人会把讲稿背下来，然后讲起来就像是即席演讲一样，但是对我们大多数人来说，这个做法有其风险，如果做得不好，就会给人生硬不自然的感觉，而且如果忘词了，后果就不堪设想。

大纲标题或关键词

如果你对自己的演讲内容非常熟悉，在卡片或白纸上照顺序写下重点、主要的论点和例子，并用数字编号或贴上小标签，这是最好的做法。

如果你紧张时手会抖，那最好用卡片，不要用纸张，并把卡片放在讲桌上。如果没有讲桌，那就在桌上把几本书叠到适当的高度。

练 习

两个做法可以让"紧张"保持在一定的限度内：

- 充分的准备；
- 大量的练习。

所以，大声练习整篇演讲：

- 在大小类似的房间里；
- 同时录音下来；
- 确认一下时间的分配。

在讲稿上相应的地方记一下，讲完该单元要花掉多少时间。不妨在同事面前"排练"一下，尤其是重要的演讲。不过记住，由于是排练，你可能反而更紧张不自然。

10.9 演讲厅和讲台

演讲厅

有空去看看空闲时的演讲厅。考虑一下：

1. 座位的安排：听众之间的距离近时，反应会更热烈；半圆形的座位安排优于"教室型"的座位安排。
2. 窗户：注意开些窗户让新鲜空气进来，但不要让会议厅里产生穿堂风。
3. 灯光：找出灯光的开关在哪里；演讲人背后不要有灯光。

视觉辅助设备

1. 投影机：插上插头；开关的位置；白板笔或马克笔；如何对焦；备用灯泡。
2. 白板：确定有笔（数目和颜色）和板擦。
3. 多媒体投影机：确定可以用，并把你的投影片仔细播放一遍。

讲　台

1. 有活动的空间。
2. 提供了干净、有盖的杯子和水。
3. 有没有看到麦克风？
4. 你要坐着还是站着？
5. 你会挡住屏幕或白板吗？

10.10 结语：当个出色的演讲人

做你自己！并且看着你的听众！就算是非常成功的演讲人，也常常打破书上的演讲规则。因此，如果你还在成为公众演讲人的初期阶段，应该把注意力放在充分的准备、本书第2章列出的基本说话技巧，以及下面列出的四点特质。但是最重要的就是，*维持听众的兴趣*。

你可以打破本书里几乎每一条规则，但是这一条千万要遵守。如果你具有下列四点基本特质，听众就会充满兴趣地听你演讲——而这四点特质也是所有有效沟通的基本要素。

信服和诚恳　听众想听到事实（而且是正确的事实），但是他们更想知道你对这些事实的态度，他们需要感觉到你是真的相信自己说的话，而且是真的对它们感兴趣。

热忱　热忱来自于真正的信服。如果你自己无精打采、心不在焉，听众也会无精打采、心不在焉；如果你自己充满热忱，听众也会被你的热忱所感染。

力量　说话要适度有力。用词也要积极有力，要避免太客气的说法，如"我个人的拙见是""请容忍我""原谅我"等。

简单　演讲的人常常不知道自己在说明的概念有多复杂，以为对听众来说都简单明了。这称为COIK（clear only if known）陷阱，也就是以为听众已经具备足够的背景知识。我们可以把未知的事物用已知的事物（听众熟悉的概念和语言）来描述，使听众更容易理解。

Chapter 11

视觉辅助工具

11.1 演讲技能日趋重要

公司最近让马克在新进人员的入门课程上花五分钟介绍公司某一产品。马克知道,即使只是五分钟的演讲,也需要仔细地准备,因此他非常认真地收集资料、准备讲稿,断断续续地忙了一星期后,他已经有充分的自信,能够独自挑起这段介绍的大梁,即使只有五分钟。

A picture's worth a thousand words

他要介绍的产品是"卫星的鼻锥"——嗯,好像是吧,我也记不太清楚了,因为之后的五分钟,我们这些台下的听众可辛苦了。在这短短的五分钟内,马克除了一边用超快的速度讲解,一边还给我们看了八张幻灯片,每一张都很漂亮详细,但是即使他也留了时间给我们看,我们坐在后面的人还是根本看不清楚;两张大海报,从我坐的位置看过去,就像是从月亮上拍的伦敦卫星照;同时还发给我们六张照片传阅。

在今天,每个需要演讲或报告的人,都有数不清的选择。他们可以从一系列富有创意、高科技的设备和较传统的做法中选择,给予听众视觉上的辅助。因此许多人就会像马克一样,试图把所有能用上的方法都用上。不然就是对这些眼花缭乱的做法感到茫然无助,最后完全只依赖口头语言,仿佛连简报架都不认识。那么,到底有哪些视觉辅助工具?什么样的视觉辅助工具适合什么样的状况?它们各有什么优缺点?要如何善用它们,好让它们能够"辅助"你,也"辅助"你的听众?本章的目的即在:

说明目前有哪些视觉辅助工具;说明如何有效利用这些视觉辅助工具;但是最重要的是,指出容易出错的地方,如何避免这些陷阱,以及出错时如何补救。

不管你自己是否曾作过报告、演讲或讲过课，你一定见识过各种不同的视觉辅助工具，也发觉到视觉辅助工具可能带来哪些问题。至少你一定遇过那种整节课在黑板上胡写乱画、然后只在下课铃响时抬头看一眼学生的老师；或是那种只顾低着头打计算机、把一张又一张的 PowerPoint 幻灯片逐字念过的演讲人。

> **作　业**
>
> 　　把你能想到的视觉辅助工具都列出来，同时列出其可能会为演讲人或听众带来的问题。

视觉辅助工具的种类显然数不胜数，你的列表很可能就包含了我遗漏的项目。我的列表如下：

- 白板、电子白板、交互式电子白板
- 简报用挂纸
- 磁性板及其他"可扩充式"视觉辅助工具
- 实物
- 模型和实验
- 传统投影机
- 多媒体投影机
- 35 mm 幻灯片投影机
- 录像带、DVD
- 自制影片

我们还会仔细探讨这几种视觉辅助工具的细节。但是不要只贪图最新的科技，而对传统的方法一律排斥，因为每一种方法都有其优点和缺点。首先让我们看看基本的原则。

11.2　使用视觉辅助工具的基本原则

> 　　幻灯片七大过：太多字！太详细！太复杂！太拥挤！缺乏色彩！时间太长！没有解释！
>
> ——英国作家 Antony Jay

最重要的就是要记住：视觉辅助工具就应该是**视觉**和**辅助**：

视觉　也就是利用最有效的沟通渠道——视觉沟通。不只是让听众有东西可看，而且尽可能给听众看图片，不要只看文字。

辅助　也就是要协助演讲人传达其信息，而非妨碍演讲人传达信息；并协助听众接收和了解演讲人的信息，而非妨碍听众接收和了解信息。

在不少演讲场合，听众被逼着去看一张又一张内容相似、极其无聊的PowerPoint幻灯片，或者是Antony Jay所称的"视觉文字"，也就是被文字填满的简报用挂纸或幻灯片，而且还都是不好吸收的词，像是：costs（成本）、benefits（收益）、advantages（优点）、disadvantages（缺点）、reliability（可靠性）、creativity（创造力）。

不过，虽然有些权威人士主张视觉辅助应该尽量少包含文字，但是要为每个内容都找到一张图片或图表并不容易，因此很多人可能会就此作罢，什么视觉辅助工具都不采用了。因此这还是要适当地判断和折中。当然，演讲人在准备视觉辅助内容时仍应以图像为主，而且就连抽象的概念也可以用图像方式表达，像是图解、图表、漫画等，只要我们运用一点想象力。但是视觉辅助工具当然也可以用来呈现文字，以加强演讲人的信息，提醒听众重要的概念，前提是这些文字必须经过设计，而非只是潦草地写下来。

很多演讲人会让听众觉得，他使用的视觉辅助设备其实是一种障碍，而视觉辅助的内容本身则像是"设计"来混淆内容，而非协助传达信息。**使用两种沟通媒介总是胜过只用一种沟通媒介，但是这只限于在两种沟通媒介相辅相成的前提下。**

> 如果用得不好，视觉辅助工具就只会浪费时间、令人分心，而且昂贵又缺乏弹性，最好的状况下只是令听众困惑，最坏的状况下就是使演讲一塌糊涂、丢人现眼。
>
> 如果用得好，视觉辅助工具就能够节省时间，是必要、有趣、娱乐、好记、无价的方法。

所以如果你要避免这些陷阱，让视觉辅助工具为你工作，而不是跟你作对，你就需要知道有哪些视觉辅助工具，使用视觉辅助工具有哪些问题，什么时候适用什么视觉辅助工具，以及如何有效使用它们。

11.3　白板、电子白板、交互式电子白板

　　白板就是一个塑料或是金属的面板，你可以用白板笔在上面写字。白板使用起来干干净净，有多种颜色可用，而且画面清晰；但缺点是容易反光，有时候笔印也不容易擦干净。电子白板是更现代化的白板，可以把白板的内容印出来发给听众，还可以连上计算机，把内容存储下来。交互式电子白板可以让演讲人和听众用手指或笔在上面书写，但是还需要连上多媒体投影机和计算机。（详情请见11.9 "多媒体投影机"）

用处

1. 表达简单的视觉信息。
2. 在小型、非正式的场合可随时派上用场。
3. 在整场演讲中呈现背景信息。（整场演讲都不擦掉）

用法

1. 使用白板笔，这样用板擦或干布就能擦掉。
2. 使用深色的白板笔。
3. 准备好备用的白板笔。
4. 事先确定白板不会反光，如果有必要，把白板挪一下位置。
5. 事先计划好你要写什么或画什么。
6. 画图要简单显眼。但如果要画的图有些复杂，事先用虚线在白板上打好草稿。
7. 如果要写字，只写关键词或简短好记的句子。
8. 练习把字写得清晰、迅速、整齐。
9. 用印刷体写字，除非你的手写体清晰又漂亮。
10. 不要对着白板说话。站在白板旁边看着听众说话；如果你用右手写，白板应该在你的左边。每次写字或画图不要花太多时间，写完或画完后立刻转回来对着听众。
11. 需要指着白板上的内容时，用长棍指。

优点

1. 现场通常都有简单的白板，但常被简报架或传统投影机取代。
2. 电子白板和交互式电子白板可以记录讨论过程或决议。

缺点

1. 容易把白板当成涂鸦板，结果就是字迹潦草，难以辨认。
2. 看着演讲人吃力地把刚说过的字拼出来，甚至还拼错，听众会感到枯燥乏味。
3. 会打断与听众的目光接触或交流。
4. 高科技的白板买或租都较昂贵。

11.4　简报用挂纸

也就是事先在大型挂纸上画好内容，可以只用一张，或者是好几张按照顺序夹好挂起来，把信息呈现给一小群听众。也可以在演讲时把听众提供的信息写在简报架挂纸上，方便稍后回头看，或是撕下来贴在墙上。在挂纸上写字画图也有画面凌乱的危险，因此在这里也应遵守使用白板的规则。

用处

1. 能以单张的方式在演讲中呈现背景信息。
2. 能以连续多张的方式逐步呈现信息，或是呈现故事的发展阶段。
3. 记录讨论的过程或决议。

用法

1. 字体和图画要简单、显眼、有色彩。
2. 如果你想要逐步呈现各条信息，把多张挂纸按照顺序夹好挂起来，让听众每次只能看到一张内容。
3. 用连续多张挂纸呈现信息会很有效，但是需要很多的准备工作，也许用透明投影片或计算机加上多媒体投影机的做法会更恰当。
4. 一张图片用完后如果还挂在那里会令人分心，因此最好在每张或每几张图片后的段落插入一张空白的挂纸。
5. 你必须对每张挂纸的内容和顺序了如指掌。

优点

1. 价格便宜，准备一次可用好几次。
2. 挂纸上的内容不像白板每次都要擦掉，因此方便保存，供以后参考。
3. 挂纸可以撕下来贴在墙上，随时参考。

缺点

1. 不管简报架上端是用什么机制把挂纸夹起来，把挂纸往后翻时常会出现问题：通常翻到第六张左右后，挂纸就会开始自己翻回来，因此你要非常熟悉挂纸的内容，并事先排列好整个顺序。

2. 容易把字和图画得太小，让听众看不清楚。

3. 携带不方便，而且你需要一个把挂纸挂起来的设备，要不就是你自制一个架子，要不就是一般的简报架，但是两种都很容易倒塌。

4. 如果你把挂纸当成白板用，纸上的字擦不掉，因此你每次都需要把之前那张纸处理掉。如果你把纸往后翻，就会遇到纸自动翻回来的问题，如果你把纸撕下来丢在地上，之后整个讲台看起来就会像足球赛结束后的球场看台。最好准备一个纸箱，或是请个助手悄悄把纸移走。

11.5 可扩充式视觉辅助工具

这在过去包括磁性板和插钉板，你可以在上面把一张图逐步拼起来，可以随时添加和移走内容。这可以为你的演讲增加动感，静态的白板或挂纸就无法达到此效果。

当然，计算机和多媒体投影机正在逐渐取代这些方法，但是计算机幻灯片的呈现方式在今天往往千篇一律，因此采用一种与众不同的做法，会让你的演讲更有特色。

插钉板在今天已经没有人用了，不过，磁性板通常并不难找，因为许多白板都是有磁性的。所有的东西都可以吸到白板上展示，只要在背后贴上磁铁或一段自己剪下的磁铁带即可，磁铁带可以在DIY店买到。你当然也可以用万能胶把东西贴到任何平滑的表面上。

用处

1. 逐步建立起简单的视觉图像。

2. 可以把吸在上面的展示物在板子上四处移动。

3. 如果是比较复杂的内容，最好用磁性板，因为磁性板上的展示物更容易移动。

4. 达到戏剧效果，比如军队过去就会用磁性板说明船只的移动和队形的改变。

用法

1. 展示物的种类不要太多，或是每个种类的展示物数目不要太多，否则展示物太多，你很难立刻找到你要的那一个。

2. 展示物要够大并有颜色，让每个人都可以看清楚。

3. 除非你非常确定你每次都有磁性板可用，否则就不值得花那么多金钱与时间制作这些磁铁展示物，不妨改用卡片加上万能胶的方式。如果你可以借到或租到一台多媒体投影机，那不妨用一系列的投影片展示逐步的变化或移动。

优点

1. 可展示移动的过程，达到戏剧效果。
2. 贴上磁铁的展示物以后可以一用再用。
3. 是比较少用的视觉辅助工具，所以会立刻引起听众的兴趣。

缺点

1. 可能会一下搞不清现在要把哪个展示物放上去。
2. 准备过程花费不少时间与精力。
3. 比使用白板或挂纸昂贵。
4. 可能不是每次都有磁性板可用。

11.6 实物的应用

把实物拿给听众看，不仅能够激起听众的兴趣，还能把抽象的文字或概念变得具体易懂，但是这个做法却太少有人采用。这可能是因为当你在说明自己非常熟悉的东西时，总是很容易假设听众也一样熟悉该物品。

把小东西藏在口袋里，甚至把大东西藏在桌子下或桶里，然后在恰当的时机掏出来，能够把一场平凡的演讲转变为一出充满娱乐与戏剧效果的表演。

用处

1. 让听众具体看到曾听过、但没看过的产品或概念（现在这种状况可能比较少了，但是几年前，很多人就没看过硅芯片）。

2. 为听众不熟悉而复杂的过程以简单的实例作为比喻。

用法

1. 要在恰当的时机展示实物，需要审慎的判断与一些排练。通常在说明过程中的高潮或一个介绍段落的末尾是不错的时机。如果你等到整个演讲的结尾，那务必要做得够好，否则只会造成冷场。

2. 如果你有足够的实物发给听众，那最理想，但是务必等每个人都拿到实物后，再继续你的演讲，否则听众只会去注意东西发到哪了，根本无心听你演讲。

3. 如果你只有一个实物，一定要大到让每个人都看得见，或者把它留到演讲最后再拿出来，然后请听众上前来仔细看看。如果你太早拿出来，但是请听众等到演讲结束再上来看，听众反而会感到失望，并因好奇而分心。

优点

1. 激起兴趣，注入活力。
2. 让听众看到具体的实物。

缺点

1. 如果听众看不到台上的实物，或是得等到演讲结束才能一饱好奇心，反而会感到失望。

2. 在口袋里摸索半天或是吃力笨拙地把东西从袋子里掏出来，反而会造成反效果。

11.7 模型和实验

模型或实验如果真的奏效，而且真的跟演讲内容密切相关，那会非常吸引人，并成为演讲的高潮。但是如果跟演讲内容不是很相关，听众会觉得自己白白浪费时间来看你作秀；如果模型或实验不奏效，那么整个演讲就会成为一场惨痛的失败，所以要小心！

用处

1. 说明抽象或科学的概念与过程，模型与实验在科学过程中往往是不可或缺的，尽管有其危险。

2. 把枯燥的内容转变为生动有趣的示范。

用法

1. 一定要确切知道你要在哪里展示模型或做实验，并确定空间、桌子高度、动力来源、通风甚至用火规定及防火措施。

2. 确定你准备好所有做实验或展示模型所需的设备，记住，在一般的演讲厅里不会有自来水，因此你可能需要自己带水。

3. 排练：每个参与实验的人都应该一遍又一遍地练习，直到能不经思考地做好自己的部分。

4. 不要因为怕麻烦就不敢采用模型或实验，仔细做好准备并审慎排练几次就是了！因为成功的示范所带来的效果，值得你去冒这个风险！但是如果你整场演讲能否成功就取决于这一个模型或实验，最好准备好另外一套备用，或是准备好图解或其他视觉辅助工具，以备不时之需。

练习11-1

我们到现在看的主要都是非机械性的视觉辅助工具。在开始讨论"投影类"的视觉辅助工具前，先回答下列问题：

1. 身为办公室管理人员的你，职责是安排办公室的空间利用，如决定谁用哪间办公室、办公家具怎么摆设最有效率，以及如何有效利用空间。你的公司与另一家公司合并后，你决定与三十名员工代表召开会议，讨论如何重新安排两家公司的办公空间。你已经有几个现成的想法，想在会议一开始就介绍给大家供之后讨论，而你也知道与会人可能也有自己的想法。如果金钱和精力都不是问题，你会用哪种视觉辅助工具来协助你说明？为什么？

2. 使用白板或挂纸时，你应该站在它的哪一边？为什么？

3. 在演讲中拿出实物是很有帮助的做法，你能想到两点原因吗？

4. 公司要你作个演讲，演讲中你要就一大型而复杂的图像或一设备进行非常详细地说明。你会采用哪种视觉辅助工具？准备视觉辅助工具时，要记住哪些原则？

5. 公司要你主持一场讨论会，讨论的主题你自己要有相当的了解，但是其他人也能发表不少意见。讨论的重点之后要公布在公司的业务通讯上。你会采用哪种视觉辅助工具？为什么？

11.8　传统投影机

传统的 OHP 投影机（Overhead projector）存在已久，但是在今天还是非常有用。它比多媒体投影机便宜，比较少遇到故障问题，而且在改变投影片的顺序上也更有弹性。

投影机里的光源将光线向上投射，穿过一个透明的水平平台，演讲人就把准备好的透明投影片放在这个平台上。有时平台上附有滚动条式的透明胶片，演讲人就可以在上面写字或画图。投影片或胶片上的图像最后通过平台上方的光学系统反射到屏幕上。

传统投影机的目的是解决演讲人在白板或挂纸上写字时背对听众的问题。使用传统投影机时，演讲人就可以整场演讲都面对着听众，要指着图像时，就指着投影片，而不用转身去指着屏幕。换投影片时也不用转身背对听众。

理论上，传统投影机结合了许多视觉辅助工具的优点与弹性，而且在有经验的演讲人手中，它的确既有效率又容易操控。虽然在实际操作上，对缺乏经验的人来说，它还是有不少陷阱。不过只要多加练习，一定不会吃亏，因为你迟早会使用到投影机，毕竟它还是非常常见，而且便宜！熟悉投影机的使用方法，你就能够充分利用它的优点，并充满自信地操作它。

用处

1. 几乎什么内容都可以描摹到投影片上，或是轻松迅速地复印到投影片上。

2. 复杂的图像：可用上下重叠的方式，创造出复杂图像的效果。比如可以将彩色的透明胶片贴到原投影片上；或是用纸张遮住部分投影片，之后再移开以显示下面的图案；还可以在原投影片上放上其他的投影片，改变图案的内容。

用法

1. 一开始先用简单的投影片，直到你对投影机的操作非常熟练。把投影机摆好，确定投影到屏幕上的图像是方形并清晰的。

2. 选择站在可以自然地操作机器、同时自然地随时拿起讲稿的位置，不要站在听众和屏幕之间，这样不只会挡住你的图，自己还会被投影机的灯光照得眼花缭乱。有些演讲人就是只顾着操作投影机，根本不知道投影机的灯光就直接照在自己脸上，而且还在屏幕上留下一个头的影子。

3. 事先就把投影片仔细准备好（见第10章第7节）。按照顺序仔细排好，最好每张投影片之间都夹一张白纸，这样你就可以清楚看到上面的图案。

4. 不要担心该怎么把投影片摆到投影机上，投影片不像幻灯片，摆进机器时上下左右都要颠倒！你只需要把投影片拿起来，如果上下左右都对，就这样直接摆到投影机的平台上。通过光学科技的神奇技术，投影机上的投影片在你眼里是什么样子，在屏幕上看到的就是什么样子。

5. 往屏幕上瞥一眼，确定一下是不是整张投影片都投影到屏幕上了，而且画面是直的，歪掉或是缺一角的画面，很容易让人分心，而你会纳闷为什么听众都坐立不安或在暗暗窃笑。

6. 有些权威人士认为投影片摆好后才能把投影机的灯打开，然后要先把灯关掉，再把投影片拿走。但是如果你有很多张投影片，这样开开关关反而比亮着灯看投影片被摆好更容易令听众分心。这又是一个需要练习和判断的问题。

7. 如果需要指出某个细节，用笔去指投影片。用笔，不要用手指，因为图片投射到屏幕上会被放大，所以你的手指，甚至你的手也会被放大。如果你紧张得手在抖，那就更不要去指。

8. 如果你要现场在透明胶片上写字或画图，遵守写白板的规则。你也可以事先把所有需要的图案在滚动条式透明胶片上准备好，但是这样一来，你当然就无法更换图案的顺序了。

9. 每次都确认有一个好的备用灯泡。投影机的灯泡常会偏偏在演讲到一半时烧坏。

优点

1. 不管是租是买，都比多媒体投影机便宜很多。
2. 演讲人操控起来更容易，而且更有弹性。
3. 演讲人可以整场演讲都面对着听众。
4. 虽然也称为投影机，但是可以在正常光线下使用。
5. 只要屏幕的位置摆好，就没有人会遮到屏幕。**屏幕最恰当的位置是**

在演讲人后方，稍微偏右上方。

6. 增加动感和活力，遮住、上下重叠、改变顺序等做法，都能带来不少变化。

缺点

1. 要操作熟练并不容易，但是可以通过练习克服。

2. 许多演讲厅的屏幕是固定的，但是位置又不理想，使得演讲人一定会遮住部分的屏幕。

3. 大多数的传统投影机都很笨重，但是现在也有手提式的。

4. 许多演讲人把滚动条式胶片当成涂鸦纸用。

5. 大多数演讲人并不认真设计投影片，尽管只需用 PowerPoint 等计算机软件就可以得到很好的成果，并不需要专业的美工设计。

11.9　多媒体投影机

最近几年非常流行，而且现在的机型都不重，携带起来很方便，但是价格仍旧不便宜。很多人都喜欢用多媒体投影机，毕竟它是"高科技"产物，而且不用把投影片印出来，但是在某些方面，还是比不上传统投影机有弹性。

用处

1. 可以把视听媒体设备的影像投影到屏幕上：计算机、录像机、DVD 放映机、数码相机，尤其是计算机上的投影片，最常见的就是 PowerPoint 投影片。

2. 录像带和影片。

用法

1. 仔细确认你知道怎么使用现场的多媒体投影机。严格遵守其使用说明，例如，说明上常常要你先把投影机的开关打开，之后才把计算机等的开关打开。

2. 确定你有正确的接线，可以把你的设备接上投影机，这些接线通常会跟投影机附在一起。

3. 调整到适当的角度和画面大小：有些投影机可以让你选择不同的画面大小，还可选择是要正面投影（从屏幕前方投影）或背面投影（从屏幕后方投影）。

4. 确定亮度：大多数时候你可以把亮度维持在正常状态。

5. 如果你用的是计算机，你可以利用功能键在屏幕上的画面与计算机上的画面之间切换，这样你就可以在计算机上设定你的投影片，不必让听众看到，弄好了再切换过去，投影到屏幕上。

6. 预留足够的时间把机器设定好，因为这些新设备常常还挺麻烦的！

优点

1. 不必印制投影片或制作幻灯片。
2. 静态画面和动态画面可交错出现或一并出现。
3. 使用PowerPoint时，可以使用让字或图案"飞入""横越画面""消失"等特效。
4. 数据内容非常方便携带：记忆卡、CD、DVD、随身碟等。
5. 可以用遥控器或鼠标操控，不必站在计算机和投影机旁。

缺点

1. 目前购买或租用都比其他视觉辅助工具昂贵。
2. 容易出错，有时候需要专业人员才能把问题解决，尤其是如果投影机是别人提供的时候；而如果连计算机也是别人的，那风险就更大了。
3. 如果你用自己的投影机，出错的机会就会小很多，但是这样你去哪里都得拖着投影机跟计算机。
4. 画质清晰度可能比不上好的传统投影机或幻灯机，尤其是录像带，虽然更现代的机型画质越来越好。
5. 如果使用PowerPoint等软件，你就必须按照顺序展示每一张投影片，虽然你可以快速跳过去，但是你无法像使用传统投影机时，随时略过几张投影片，或是临时换到某一张投影片，除非你的投影片很少。

11.10 35毫米幻灯片投影机

在今天仍常使用，但是常常用得不妥当。可以单独使用，也可以跟录像机合并使用。演讲人或助手用遥控的方式更换幻灯片，或是由事先录好的录音通过电子信号自动换片。市面上也有现成的幻灯片或DVD可买，但是幻灯机最大的好处就是演讲人可以使用自己的幻灯片,保存在幻灯片盘或幻灯片盒里,携带方便,要更换顺序也很容易。

用处

1. 放映真实的照片,可显示真实的人物、地点、物品。

2. 难以用白板、挂纸或传统投影机显示的图解、图表或平面图,可使用幻灯片清晰呈现。

用法

1. 最好每次都用有卡盘的幻灯机。事先把你的幻灯片放入,并确定顺序正确,上下左右也没有颠倒。

2. 幻灯片通常是为了能够多次使用,才特别花金钱和时间去制作,因此要小心保存,最好保存在一个专用的卡盘里,这样你就不用每次把幻灯片拿进拿出。

3. 永远不要使用质量不好的幻灯片,不管你觉得它有多重要或多有趣。听众最受不了的就是看着一张张模糊不清或画面切得不好的照片,同时听演讲人不停地道歉。如果你觉得必须为某一张幻灯片道歉,那一开始就不要用那张幻灯片。

4. 可以采用事先录好的录音伴随幻灯片,并确定录音内容跟幻灯片内容步调一致,要不就是你现场说明,同时用遥控的方式操控幻灯片的切换。不要让别人帮你控制换片,除非实在没有办法,比如在大演讲厅里,你跟幻灯机的距离实在太远。这时候你就需要一位放映师,他必须跟你一样熟悉你的演讲内容,而且聪明、反应快,可以照你的讲稿和提示切换幻灯片。你必须事前跟他确定好幻灯片的顺序和提示换片的暗号,然后严格遵守,最后一次彩排之后,绝对不要再更改幻灯片的顺序或去掉几张幻灯片,并商议好遇到故障时的做法,如卡片时该怎么办。

5. 事前说好何时要开启和调暗室内灯光。

6. 想好要用什么说法把各张幻灯片连贯起来,让整个演讲顺畅自然。听众最受不了听到演讲人对每一张幻灯片都说"这是一张……的图"。

7. 了解你的幻灯机,幻灯机往往喜怒无常,动不动就故障、过热、对焦不准等。幻灯机大概是最容易出错的视觉辅助工具。

8. 准备或选用幻灯片时要非常严格。

9. 准备幻灯片时记住上述这些原则，然后找个人看你排练，请他坦率地批评。

优点

1. 在所有投影工具中，画质最清晰，色彩最丰富。

2. 为你的演讲带来真实感。

3. 如果你的摄影技术很好，幻灯片制作起来其实很便宜、容易，胜过一段影片。

4. 可以放大细节，传统投影机和非投影式视觉辅助工具就没有这种功能。

缺点

1. 可能出现的问题几乎数不胜数。

2. 放映幻灯片时，房间里的灯光通常要调暗或关掉，所以，除非你决定整场演讲都在漆黑的房间里进行，否则你就必须每次放映一大批幻灯片，然后再把灯打开继续演讲，不能每次只放一两张，然后一直开灯、关灯。

3. 如果你要指出幻灯片上的细节，你必须指着屏幕，这时你就有可能挡住屏幕。

4. 幻灯片很容易损毁或遗失。

5. 如果你用的不是自己的卡盘，那么很有可能会在将幻灯片插入幻灯机的卡盘时，把上下左右颠倒。因为把一张幻灯片插入卡盘有八种可能的方向，但是只有一个方向是对的！

11.11　影片和DVD

现成的影片和DVD可以跟经销商租用，其地址可以在图书馆里找到。

用处

1. 把真实的世界带入你的演讲。

2. 同时带来娱乐与教育效果。

3. 呈现难以用其他视觉辅助工具展示的过程。

用法

1. 确认一下如何调暗房间的灯光和关上百叶窗。

2. 确定对方提供的机器可以播放你的影片或DVD。虽然大多数人在家里使用的系统也是公司里最常用的系统，但还是有可能不一样！

3. 演讲前先给自己足够的时间去搞清楚如何操作机器。确认一下如何放入录像带或DVD，如何停止、播放、暂停等。就连最聪明的人在一台陌生的机器面前也会变成无能的笨蛋，所以要小心！

4. 仔细选用你的录像带或DVD。事前多看几张片，衡量哪个最适合你的目标。应该要整片都放出来，还是只放一部分？影片通常比较容易在特定的片段停止和播放。

5. 把内容放几遍，直到你已非常熟悉。不妨做个笔记，记录一下主要的内容和前后顺序，方便在讨论时回头找到位置。

6. 如果你只想给大家看影片里的某些片段，事前准备时在片段的起头和结束处按暂停，记下影片的时间点。

7. 准备好一个应变计划以防万一，如经销商送错录像带时该怎么办。

11.12 自制影片

在这个科技日新月异的时代，有越来越先进的录像设备可使用。随着功能和技术的进步，这些录像设备的价格也越来越低，要录制自己的影片也更加容易与便宜，就如同每家都可以看电视一样。

由于这些录像设备的价格与机种变化得如此之快，我们在这里很难详细说明到底有哪些种类。不过，现在的数字录像机操作起来都很简单。比如说，你可以随时控制画面和光线，而且可以在录像的同时看到录像的画面。此外，你还可以立刻检视影片，如果不满意可以立刻重录。但幻灯片就必须等到冲出来了才能看到。

结论：如果你有机会使用数字录像机，尽量去用。各种功能都试试，它使用起来并没有那么难。为先进影音设备的复杂与神秘感到恐惧是很正常的，而且你一定需要不少练习和建议，才能独立制作出非常好的影片。不过这只是我诚心的忠告，你一定能够掌握它的技巧，而唯有当你愿意放手一试时，才能发现其中的陷阱与成功的秘诀。

11.13 注意事项

听众无法同时做两件完全不相关的事情

听众无法一边看着前面的图，一边听你讲跟图无关的内容，也不可能一边看着前面的图，一边听你讲话，还一边传阅你发下来的东西。

不要同时使用太多种视觉辅助工具

如果你除了一台传统投影机、幻灯机或多媒体投影机之外，还想利用白板或挂纸，很可能无法让整个演讲过程进行得很顺畅。要用这个设备的时候，你偏偏站在另一个设备旁，你可能会变得手忙脚乱。

决定好到底要用什么视觉辅助工具和设备

先确定好你可以得到相应的设备（如投影机和屏幕），才开始准备视觉辅助工具的内容。不要假设你需要的设备现场都会有，结果到了现场可能连个白板都没有，更别说投影机了。如果你需要的设备在演讲现场通常不会有，最好去借一台或租一台，并自己带来。如果你想把整场演讲都以投影的形式呈现，却发现投影机的租借事宜出了问题，或者你的计算机跟对方的投影机不兼容，这样势必对你的名声有莫大的影响。

自己把"舞台"安排好

首先，找机会去看看演讲的地方，熟悉一下各个设备的位置。讲桌的大小能让你把所有的讲稿和资料都摆开吗？屏幕的位置合适吗，会被你挡住吗？如果你会挡住屏幕，能不能移动屏幕呢？如果屏幕不能移动，调整你演讲的方式，比如就不要使用屏幕。

其次，最晚在演讲开始前十五分钟就进入现场。看看要怎么摆设现场的设备会让你觉得舒服自在，并能够在台上轻松自然地走动。这一点当然要做得得体，但是不必觉得现场是什么样子你就得接受它。也许现场是按照前一个演讲人的需要所摆设，也许是主办单位按照自己的猜想所摆设，甚至可能是清洁人员打扫后的结果！因此，事先要确定：

1. 电视、屏幕和投影机的位置摆设恰当。
2. 如果你是右撇子，面对听众时，简报架在你的左边；如果你是左撇子，简报架应该在你的右边。
3. 讲桌跟传统投影机的距离要够近，这样你就不用在两者之间跑来跑去。
4. 在你走动的范围内，地上不要有电线。
5. 知道如何迅速平顺地开关百叶窗。
6. 知道如何操作你需要的视觉辅助设备，而且设备没有故障。

视觉内容不要太复杂

首先，因为你的听众大概也无法在短时间内把这么复杂的内容吸收进去，而且就算你计划好留给大家足够的时间，真到了那时候你大概也会忘了；其次，因为你要么得详细说明上面的细节，结果让听众开始感到无聊，要么你自己被这些细节弄得昏头转向。

视觉内容要够大，让每个人都看得到

投影片或幻灯片的内容要占满整个屏幕；投影片或幻灯片的内容要够大、够清晰,让最后面、最角落的人也能看清楚。事前在准备的时候,幻灯片、投影片或挂纸上的内容在你眼中看来永远都够大，但是给台下的听众看时，它们往往会缩小不少，即使是在很小的房间里。

小心使用指字棒和激光笔

使用指字棒一定胜过直接用手或手指去指，一根旧的伸缩式收音机天线就是很理想的指字棒，伸长时可用来指东西，不用时又可以缩短。但是指字棒拿在手中，往往会夸大手的动作，所以如果你紧张到手在抖，看起来就会更明显。同样的道理，如果你用的是激光笔，听众就会看到屏幕上的红点不停在晃动，不知道它到底在指哪里。

不要让视觉内容停留太久

如果你已经讲完一张图片，开始讲别的内容，却还让它摆在上面，只会让听众分心。

永远准备好应变计划

不管你准备得多充分,还是有可能会遇到各种状况。如果你有十张重要的透明投影片,投影机的灯泡却在放映第二张时烧掉了,你该怎么办?如果录像机故障了呢?如果你打开盒子,却发现里面不是你要的 DVD?如果提供场地的单位不允许使用万能胶?如果整场演讲所依赖的实验示范不顺利?如果白板笔干掉了?如果你的演讲内容全储存在计算机里,计算机却死机了?

11.14　结语:善用视觉辅助工具

使用视觉辅助工具成功的秘诀全在于事前的"准备",事前就仔细计划好要如何利用视觉辅助工具,要让视觉辅助工具呈现什么……还有出了状况时要怎么办。

想想你见过别人出过哪些状况,想想他们当时是怎么处理的。然后运用你的想象力,想象更糟糕的状况,然后为每一个可能的状况想一个应变计划,或是处理的方式。好的演讲人永远都会想到可能会遇到哪些状况,然后通过仔细的准备预防这些状况发生,但是状况有时还是会发生,就连最出色的演讲人也无法幸免。然而如果真的发生了,好的演讲者会迅速果断地思考和处理!

练习 11-2

1. 如果你想给听众看几张照片,你应该用哪一种投影机?

2. 你决定只使用两种视觉辅助工具。哪些你会避免同时使用,因为讲台上的安排可能会引起问题?

3. 你想跟听众解释一个复杂的过程,其中牵涉到各种不同的机器和复杂的操作流程。采用哪种或哪些视觉辅助工具最理想?

4. 传统投影机的灯泡突然烧坏了,投影机里的备用灯泡也用不了,而且你才讲了几分钟。你怎么办?

Chapter

12

增进阅读速度

12.1　阅读的速度

> 寄件人　　部门主任
> 收件人　　你
> 日期　　　星期一
>
> 我星期三下午要去开一个会，我想要讨论的议题大概是"引进新式绩效管理系统的可能性"。有几本杂志评比过几个绩效管理系统，但是我自己没有时间去读这些文章，因为我要出差参加规划研讨会，星期三上午才会回来。
>
> 你能不能把这几篇文章看一遍，总结一下重点，并写上你自己的意见，这样我就可以在开会前快速看一遍？我会请乔把文章复印给你。

你的名声危在旦夕！你有事业心，急欲拿出好表现。这是一个机会，你可以让老板看到，你有能力处理所有的状况，因此这不只是把杂志文章浏览一遍、附张纸条交回去就可以交差了事。你需要把文章仔细读过、分析过，然后写上中肯的意见，但是今天已经是星期一了，而且你还有自己的工作要完成，所以你没有多少时间。你会怎么反应？你会怎么处理？

也许你觉得没有人会丢给下属这么不人性的任务，但是即使你现在觉得不可能，以后情况还是有可能会改变的。而本书的目的之一，就是为你配备沟通技巧，这样以后真遇到使用这些沟通技巧的机会时，你不仅能够妥善应对，还能够处理得出色卓越。

就算没有上述这样的任务要完成，对我们许多人来说，在短时间内要阅读大量的资料，依旧是一个常见的挑战。我们似乎每天都在经历信息爆炸，被雪崩般滚滚而来的纸张所淹没。

对学生来说，老师推荐阅读书目的速度常常比自己阅读的速度还要快。许多学生的阅读速度不够快，或是无法记住阅读的内容，因此阅读成为一门苦差事，本来应该不难的课程，也变得困难起来。

而已经工作的人则是常常找不到时间去阅读他们知道自己应该阅读的东西，如电子邮件、会议记录、报告、太多可能会有帮助的文章、这篇"供你参考"的文章、那篇"供你参考"的文章，此外还有报纸，或许偶尔还有一本想看的闲书。在这里我们最好先知道，**人们在屏幕上阅读的效率，往往比不上在纸张上阅读的效率**，因此如果有长篇的、重要的或困难的内容，最好能打印出来。

那么问题到底出在哪儿？毕竟，我们大多数人从五六岁就开始阅读了，而且对我们许多人来说，从五六岁到现在已经是很长一段时间了。但是尽管有这么丰富的经验，只有极少人充分发挥出潜在的阅读能力。大多数人阅读得太慢，无法专心，无法记住阅读的内容。

成年人平均的阅读速度为每分钟200到300字，但是有些人能够每分钟阅读600字，而据说肯尼迪总统能够每分钟阅读1000字。为什么人们的阅读速度如此不同？为什么有些人的阅读速度可以达到别人的三倍之多？

这当然跟智商、教育程度、地位、工作或性别无关。很多太太在工作上并不需要常常阅读，但是阅读速度却比先生快，尽管相较起来她的经验更少、练习也更少。也有很多聪明的男士和女士的阅读速度却比不上自己的下属。

似乎没有人知道为什么有些人很自然就能够阅读得很快。但是我们知道的是，有效率的读者会以不同的方式阅读。

如果你觉得自己的阅读速度太慢，也许这并不是你的错。就连最优秀的读者也会被下面这些因素影响速度：

1. 复杂的内容；
2. 作者的风格；
3. 不好阅读的字体；
4. 单调的版面，四四方方没有变化的版面会让眼睛疲倦；
5. 不熟悉的字和用语。

不过，这些也可能只是借口。阅读速度太慢，也有可能真的是你自己的错，因为我们知道，速度慢的读者往往有些坏习惯；有效率的阅读则往往运用了某些技巧，而这些技巧是可以练习和学会的。你的阅读速度可以因此至少增加一半，但是理解程度还是一样好。许多去参加"快速阅读"

课程的人，或是利用彼得·肯普（Peter Kump）《突破速读》（*Breakthrough Rapid Reading*）一书和英国的www.acereader.com网站自己训练阅读速度的人，通常都能够把阅读速度增进一倍，同时维持原来的理解程度，甚至有些人的理解程度还增加了。

本书碍于篇幅有限，无法给你一个完整详细的速读训练课程。但是我可以：

1. 跟你解释为什么有些人的阅读速度缓慢没效率。
2. 协助你找出自己现在的阅读效率。
3. 建议一些技巧，如果你真想增进阅读速度，完全可以自己练习。

12.2　你怎么阅读？

自我检查

　　首先就是要找出你的阅读方式。这里就跟本书其他的"自我检查"一样，务必诚实回答。去猜正确答案，对你没有一点好处。要找出你的阅读效率，就下面的问题，如果你的答案是"通常是这样"，请打"√"；如果你的答案是"很少"，请打"×"。

1. 我会先把要阅读的东西浏览一遍，再开始仔细阅读。
2. 遇到不懂的字或词组，我会回头多读几遍，之后才继续看下去。
3. 我觉得要找出一段内容的主旨很难。
4. 不同种类的内容，我会用不同的速度阅读。
5. 阅读的时候，我会把字默念出来。
6. 如果要读很多东西，我会尽量拉长每次阅读的时间，中间很少休息。
7. 写问卷、考卷时，我会先把整张问卷或考卷浏览一遍，才开始作答。
8. 要阅读报告或期刊时，我常常会开始做白日梦。
9. 如果是困难的文章，我会仔细慢慢阅读，不会选择快速地读个两三遍。
10. 我觉得要理解和记住读过的东西很容易。
11. 一般说来，我的阅读速度算是慢的。
12. 开始回答这些问题之前，我先把所有的问题都快速略读过一遍了。

如果你1、4、7、10、12题都打钩，那你可能已经上过速读课，或者自然而然就已经养成良好的阅读习惯，不然就是没诚实回答，自欺欺人！

不过如果你在其他任何一题前面打钩，那么你已经养成了一些坏习惯，但是如果你能够好好练习本章所建议的技巧，就能大大提高阅读速度。

不同的内容，不同的速度

在这个阶段，很可能什么样的内容你都以同样的方式和同样的速度阅读。但是只要稍微想一下，你就会发现自己花太多时间在简单的内容上，结果就没有足够的时间花在比较困难的内容上。因此，增进阅读速度的目的，其实是在扩大阅读速度的范围，这样你就能够更有弹性，不必什么内容都以同样缓慢的速度阅读。加上不断的练习，最后你不管阅读什么内容，甚至是非常困难的内容，速度都会比以前快。

阅读就跟开车一样：一开始还在练习的时候，你不是很有自信，因此会开得很慢，很少开到三挡以上。但是等你经验多了，你就能够视路况随意上下换挡，几乎连想都不用想。阅读也是一样。如果你多加练习阅读的技巧，最后就会更有自信，能够视阅读的内容和目的随时调整阅读方式。

阅读的目的

消遣 许多人阅读不为其他，就只为了好看的故事或有趣的文章所带来的乐趣。

信息 这大概是最常见的理由了。不论我们是否喜欢阅读，我们大多数人都得为了得到信息而阅读，如工作上的、兴趣上的、生活上的，从食谱到核物理期刊，从填表须知到操作指南，都属于这个范围。

判断 在这类阅读里，你想知道别人的想法和意见，以形成你自己的意见和结论。因此你要能够评估他人提出的论点，并留意成见或偏差的存在，或是作者是否意图利用情绪化的论点左右你的想法。

本书的目的不在改变你消遣阅读时采用的阅读方式，或是训练你一口气把一整本小说读完，因为消遣阅读所带来的乐趣，就在于细细咀嚼其中的文字和影像，享受其带来的特殊效果。我们在这里着重的是，把为了信息或判断而进行的阅读变得更有效率；换句话说，就是更有效率地利用你的时间。

理解和速度

把阅读速度加快还不是唯一的问题。改掉坏习惯、增进阅读速度显然很重要，但这只是增进阅读效率的其中一环。

理解当然也很重要，因为如果只是提高阅读速度，同时却影响理解的程度，并没有好处。速度和理解这两者其实密切相关，我们之后就会探讨到；而且许多人常发现自己阅读速度增快后，理解能力也增进了，这才是最理想的进步。

12.3　阅读的物理过程

眼睛的移动

许多人阅读缺乏效率，是因为眼睛移动的方式不理想，但是自己都不知道。当你在阅读的时候，你的眼睛是不是一路从页面的左边看到右边，中间一点都不停顿？如果是的话，你只会看到一片模糊。试试让眼睛从房间的一侧看到另一侧，中间完全不停顿，你看到什么？一片模糊！除非你在看的物体也在移动，否则你的眼睛不可能在移动的时候对焦。

印在页面上的字是静态的，因此眼睛也只能在处于静态时，才能把文字对焦看清楚。因此在你阅读的时候，你的眼睛会不时停顿下来，把一个字或一个词组看清楚后，才移到下一个字或词组，这些停顿就称为注视。据估计，眼睛每次注视的时间约持续0.25~0.5秒。每次注视时，眼睛会阅读一个或好几个字。

每次注视时，你可以对焦或辨认的字数就称为辨识广度。有些人似乎能垂直阅读横向印刷的一页。换句话说，他们每一行只注视一次，而这一次注视就可以把整行看清楚。这些人的辨识广度就非常大。

显然你的辨识广度越大，需要注视的次数就越少，阅读的速度也就越快，因为注视的时间花去最多的时间。

阅读速度慢的人通常辨识广度小，需要进行很多次的注视，但是往往也还有其他跟眼部运动和大脑运作相关的不良习惯。

回　视

也就是在阅读的时候跳回前面看过的地方。缺乏效率的读者每次注视时只吸收一个字，让阅读过程更不顺畅。一个字通常要跟前后的字连在一起后，才传达出明确的意义。因此，这些读者一个字一个字缓慢地前进，尽量把每个字的意义连贯在一起，却很难从这些个别的字去掌握住整体的意义。看了三四个字后，可能就忘了第一个字是什么，于是又必须从头开始，就如下图所示。

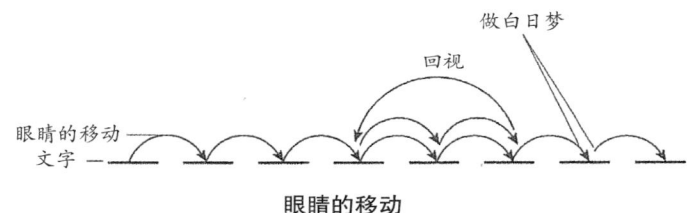

眼睛的移动

由于这个过程很缓慢，比大脑思考的速度还要慢，于是大脑就开始找别的事做。换句话说，这些读者很容易就开始做起白日梦，或是想到别的事情。下面看一个英文例子。

自我检查

　　用非常缓慢的速度一个词接一个词阅读下面的句子，用手指遮住后面的字，每次只露出一个字。

> Though ... there ... are ... no ... doubt ... some ... people ... who ... think ... words ... must ... be ... read ... one ... at ... a ... time ... they ... are ... wrong ... because ... meaning ... tends ... to ... come ... from ... groups ... of ... words.

　　就像这样："Though" — "Though there" — "Though there are" — "Though there are no" — "Though there are no doubt"就这样一直下去。这时候你还不知道这些词到底传达出什么意思，是吧？一直要看到people这个字了，这个句子才开始有意义。

　　而另一方面，好的读者辨识广度大、注视的次数少，不只是阅读的速度更快，同时理解起来也更轻松，而且不容易分心，因为他们的大脑被逼着要跟上眼睛的速度。

好的读者的阅读模式也许就如下图。他们会依据文字的意义决定辨识广度。他们会阅读一组组有意义的文字，而不是个别的单词。

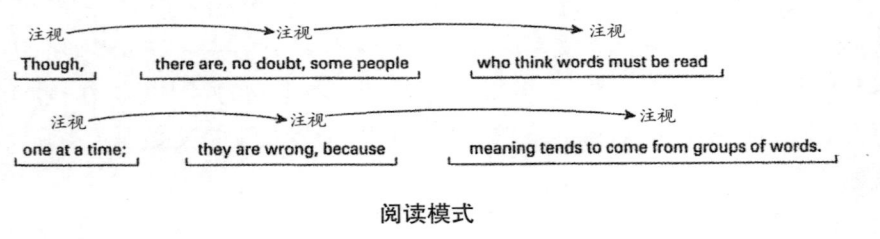

阅读模式

自我检查

找出你的眼睛移动的模式。请个朋友架一面镜子在你面前，然后站在你后面，方便看到你的眼睛的位置，你自己则拿一本书来读。然后问朋友，你的眼睛是否常常跳回之前的地方？是否停下来很多次？还是每行只停顿个两三次？

默读和想象

速度慢的读者还常常习惯在阅读的同时去注意字的发声，或者是动嘴默念或在心里默念。这往往是小时候学读书认字时留下来的习惯。一开始我们会大声念，后来是默念给自己听。小孩子在阅读时还是会经常动嘴把字默念出来，这在大人身上比较少见，但是动嘴默念或在心里默念势必会减慢你阅读的速度。

自我检查

下面这个简单的做法可以检查你是不是会把字默念出来。阅读的时候，把食指放在嘴唇上。如果你的嘴唇在动，你就会在手指上感觉到。这个做法可以用来矫正，如果你发现嘴唇在动，那就把手指贴紧嘴唇，让嘴唇动不了！

大声朗读时，一般人的阅读速度只能达到每分钟125字；如果是动嘴默念或在心里默念，也一定会把你的阅读速度降低到每分钟200字以下。这个习惯也会影响到对整体意义的掌握。如果你动嘴巴去默念，或是在心里默念，你就会把注意力放在个别的单字上面，而不是句子整体的意义。

要发现你会不会在心里默念就比较困难了。唯一的办法也许就是刻意想到这个危险，比如说在阅读本书的此刻，然后想办法去找出自己会不会在心里默念。如果你的阅读速度慢，那你很可能就有这个习惯。如果你加快阅读速度，你就没办法去默读或想象个别的字了，起码在生理上就不可能。

舒适的环境

阅读的环境不舒适会影响到阅读的顺畅度。但是如果太舒适也可能让你分心。

姿势 一张舒适度适中的椅子，高度适当，前面放一张桌子，应该就是认真阅读最合适的姿势。

光线 良好的光线很重要。虽然一般认为台灯是最佳的光线来源，但是从后上方来的光源其实最好，因为它不刺眼。

视力 你最近测过视力吗？有可能你的视力正在退化，你自己却不知道，因为眼睛的肌肉会加倍努力，以弥补视力上的缺陷。同样的道理，眼镜的度数可能也不合适了，你却不自知。人们常常因为好面子而不愿意去测度数，但是就算你没有因此有眼睛疲劳或头痛等症状，你的阅读还是会受到影响。

休息 你当然应该避免因为噪音、他人、饥饿或口渴而分心，并应该给自己一个好好阅读的机会，但是你也应该给自己适当的休息。进行多次而短暂的休息，胜过逼自己一口气连续读好几个小时之后，精疲力竭才给自己一个长时间的休息。

词　汇

显然，如果遇到不熟悉或不理解的字，大脑无法吸收，你必须回头再看一遍或推敲思索，阅读速度势必会减慢。虽然当作者的应该避免无谓地使用艰难晦涩的字眼，但是如果是你自己的词汇太少，那你应该想办法增加词汇。

各种词汇测验就可以不时拿来考验一下自己的英文词汇。

练习 12-1

测验一下你的英文词汇。从各选项中，找出与题中单词最相近的意义。

1. NEFARIOUS
   a. dangerous
   b. suspicious
   c. evil
   d. distant

2. CENSURE
   a. suppress
   b. reject
   c. blame
   d. delete

3. NEBULOUS
   a. transparent
   b. vague
   c. fat
   d. luminous

4. SALUTARY
   a. beneficial
   b. courteous
   c. respected
   d. restful

5. TORTUOUS
   a. arduous
   b. cautious
   c. slow
   d. winding

6. PREMISE
   a. basic assumption
   b. a building
   c. foreword
   d. abstract idea

7. CREDIBLE
   a. superstitious
   b. sceptical
   c. praiseworthy
   d. believable

8. INVALIDATE
   a. overwhelm
   b. cancel
   c. injure
   d. verify

9. BIZARRE
   a. odd
   b. a market
   c. comical
   d. colourful

10. DEFUNCT
    a. wicked
    b. forbidden
    c. extinct
    d. hopeless

你答得如何？（解答见下面）

  答对9~10题 你的英文词汇很丰富。你大概也不需要别人鼓励你继续增进词汇了。

  答对8题 值得表扬，不过遇到不是很确定的单词时，花点时间去查一下。

  答对6~7题 你的词汇量算多了，不过还是可以试试下节建议的练习。

  答对5题及以下 你的词汇量有限，这势必会影响你的阅读速度。下定决心，按照下节建议的做法增进词汇量。

12.4　增进英语词汇的方法

  广泛地阅读　除了工作或学业上的阅读，你还应该尽量多阅读你自己专业领域之外的书籍和文章，例如定期阅读报纸，而且最好选"有水平"的报纸，其词汇使用更丰富，不过看任何报纸都胜过完全不看报纸。

  一周一字　每周选一个你遇到但是不懂，或是不太会使用的字或词，然后在说和写时尽量多用它。你的朋友可能会觉得很好笑，但很快就会羡慕起你丰富的词汇了。

  养成查字典的习惯　如果你听到一个不熟悉的词，立刻问对方是什么意思，并且把这个词记下来，稍后在字典上查阅。如果你没有一本好字典，现在就去买一本。我最爱用的英文字典是 *Oxford Dictionary of English*，但是好的书店都能够帮助你找到一本好字典。此外，选一个好的电脑词典和电脑同义词典装到电脑上。

  拉丁和希腊字根　很多英文单词，甚至是来自其他语言的单词，常常都以拉丁和希腊单词为基础。虽然现在没有什么人学拉丁文和希腊文了，但是认识一下常见的词缀（单词的一部分，通常形成单词的前缀或词尾），会非常有帮助。如auto这个词缀就来自希腊文，意思是"自己"，在automatic（自动）、autobiography（自传）、autograph（签名）等词中就可以见到。

> **自我检查**
>
> 下面这些拉丁（L）和希腊（G）词根或词缀，你认识几个？你可能全都知道。如果不是，现在就把它们学会。
>
> | | 词根或词缀 | 意义 | 例子 |
> |---|---|---|---|
> | 1 | ante（L） | 之前 | antecedent 发生在前的事 |
> | 2 | anti（L） | 对抗 | antibiotic 抗生素 |
> | 3 | amphi（G） | 周围、两边 | amphitheatre 圆形露天剧场 |
> | 4 | aqua（L） | 水 | aquarium 水族馆 |
> | 5 | audio（L） | 听 | auditorium 观众席 |
> | 6 | bene（L） | 好 | benefit 利益、好处 |
> | 7 | bio（G） | 生命 | biography 传记 |
> | 8 | circum（L） | 周围 | circumference 圆周 |
> | 9 | corpus（L） | 身体 | corporate 全体的 |
> | 10 | dia（G） | 穿越、穿过 | diameter 直径 |
> | 11 | graph（G） | 写、记录 | photograph 照片 |
> | 12 | hyper（G） | 过多 | hypertension 高血压 |
> | 13 | hypo（G） | 过少 | hypotension 低血压 |

12.5 结语：更快速地阅读

快速阅读的关键就在于使眼睛更快速、更顺畅地在页面上移动，使大脑习惯去搜寻阅读内容的意义，而不是只专注在个别的单词上。下面的练习一开始做起来可能会感觉很奇怪，而且你可能会发现自己的注意力都放在练习的步骤上，而非文字的意义。但是这些就跟许多需要刻意学习的技巧一样，一开始感觉很奇怪，久而久之就会习惯成自然。你可能会觉得有些练习对你一点效果都没有，但先好好试几次，再决定是否彻底放弃这个练习。

作 业

1. 指字 用手指或笔随着页面上的字一路指下来：尽量让手指或笔以稳定的速度沿着每行文字移动。一开始你可能会发现自己只注意到自己的手指或笔，文字反而没怎么看进去，但是多练习几次之后，你应该就会忘了手指或笔的存在了。然后逐渐把速度加快，但是整个移动还是要顺畅平滑。之后，每两行只指一行；然后每三行只指一行；每四行只指一行。你可能会觉得这个练习很愚蠢，但是这是一个很好的习惯，只可惜我们小时候都被教导去放弃这个习惯。这个用手指或笔去指字的做法，其实道理就跟速读训练课程上所用的方法一样：在速读课程上，他们会用光点在影片上移动，带动你的眼睛以顺畅但逐渐增快的速度跟着移动。

2. 节奏 快速阅读的关键之一就是形成一个稳定的节奏，因此除了让眼睛看到移动的手指或笔之外，如果再配合上一个听觉上的节奏，会非常有帮助。一个方法就是在每行末尾用手指或笔轻轻点一下，或是每两行或更多行点一下。多试几次，直到你找到一个顺耳的声音和节奏。之后，慢慢增加速度，就跟前面的练习一样。手指在页面上点一下的声音与画面其实就如同节拍器，可以增进你的节奏感。

3. 增加阅读速读 之后不管读什么都练习用这么快的速度阅读。

Chapter 13

提高阅读效率

13.1　决定阅读内容的优先级

想象你的信箱里有数不清的电子邮件，桌上积了各种信件、备忘录、文章、报告。其中有些很重要，需要马上阅读和处理；有些有一定的用处，但是不那么急；有些读起来很容易；有些会很困难，读起来很花时间。或是想象你还是学生，正要开始读一本老师指定的书。

不管是哪一种情况，尤其是时间不够的时候（而且时间通常都不够！），我们通常会就这样埋头读起来，一点也不停顿，直到时间或精力已到达极限，你通常还是没把成堆的文件或该读的书读完。

有些内容是**必要**的，也许这些内容只占了一小部分，但是如果少了这部分，你就无法完成你的工作。但是这部分也许你到了中途才发现，甚至藏在文件堆或书本的最后。

有些内容是**有用**的：有趣的背景信息并不是绝对必要，但是知道了更好。这部分不需要立刻阅读，也许可以等到你不太忙时再去读。

剩下的内容是**不重要**的：这类信息可能是不小心寄给你的，或是掺杂在有用或必要的信息中，或是你已经知道的信息。你当然不想浪费时间阅读这部分。很多垃圾邮件就属于这一类，因为许多人在转寄邮件时并不怎么筛选。

缺乏效率的读者不只是所有的内容都以同样的速度阅读，而且会直接就开始阅读，这并不是最好的方法。

从书本的第一页，或是从文件堆最上面一份文件直接就开始阅读会有两个问题：

1. 你不会以最恰当的顺序阅读。
2. 开始阅读的时候，你不知道自己大概会遇到什么内容。走在陌生的小径上，总是比走在你稍有了解的小径上困难。

在本章，我们就会探讨如何以更有效率的方式去完成一份阅读任务，以更恰当的顺序去阅读其内容。

你应该在大致了解整体的内容与结构之后才开始阅读。

这不只会使你阅读起来更轻松，也会使你阅读得更快。这个做法需要两个技巧——**浏览和略读**——两者都是阅读的方式，但是你可以随时根据阅读目的调整阅读的速度。

现在让我们回到那堆积如山的文件或那又厚又重的教科书。如果你直接就从头开始读，以稳定的速度前进，你就得把全部内容都读完了，才能知道哪些部分是**必要**的，哪些部分是**有用**的，哪些部分又是**不重要**的。但是全部的内容你都以同样程度的精力与专注力去阅读；只要稍微想一想，你就会发现这个做法很没有效率。但是如果没先读过，你怎么知道哪个部分有多少价值？

阅读内容的性质、难度与目的要求你用多少时间阅读，你就该用多少时间阅读，不多也不少。

13.2　浏　览

你需要的是一个特别的阅读方式，让你在开始仔细阅读之前，就对整个内容有个大致的了解，这样你就可以判断其价值，知道该什么时候去读它，又需要投入多少精力。

浏览就是一个这样的阅读方式。严格说来，浏览不算是真正的阅读，但是它是阅读过程中不可缺少的一环。

其实你也许偶尔也会浏览：如在通讯录里找电话号码的时候。姓名按照英文字母或注音排列找起来当然轻松不少，但是如果你要在一大堆姓 Brown 或是姓陈的人当中找到朋友的名字，你应该会用浏览的方式去找正确的名字，然后再找正确的地址。你不会每条地址都仔细阅读，但是因为你知道你要找的地址是什么，因此当你浏览到它时，它在页面上就似乎特别显眼。

你大概会先看报纸的第一版，看看有没有分版索引。你的眼睛会在整个版面上随意浏览，并不仔细阅读，而是去寻找你需要的那部分。你的眼睛和大脑只会注意到似乎隐藏了相关线索的文字："电视""广播""节目"。也许你的眼睛看到了"电视"这个词的时候，它们就会停止大范围的浏览，专注在"电视"这个词上。然后你可能会看到"电视"下面是"节目评论"一词，不是你要找的内容。于是你的双眼又开始浏览，直到找到你要找的内容。如果你在"分版索引"上找到了该找第几版，你会把报纸往下翻，但是只注意每一页的版数，其他什么都不看，直到翻到你要的那一版，然后又开始在这一页上浏览，直到找到你要找的内容。

这个浏览的过程牵涉到挑出跟阅读目的有关的关键词，其他内容一律略过去，以及不时缩小范围。在所有重要或与工作相关的阅读任务中，浏览这个做法有两个主要的好处：

评估 让你快速"阅读"完整篇文章，找出关键词，借此大致了解其内容，以评估其对你的价值。

了解结构 让你大致了解其结构之后开始仔细阅读时，你就知道会遇到什么内容。

分 类

如果你的目的是先对整个内容有个大致了解，评估其对你的价值，以决定到底需不需要读它，还是只需要读一部分，或者全部都需要阅读。你必须能够依照下列的标准将其分类：

必要的 需要仔细阅读。

有用的 读完必要的内容后，其余有时间再阅读。

不重要的 已经有一位作者建议过，如果你是工作人士，把这部分丢去做纸类回收！

警告！如果你是学生，觉得助教推荐的某份内容是不重要的，还是要把这份内容仔细读过，这样你才有充分的理由和证据支持自己的决定。你也可以直接去找助教，跟他讨论你的初步看法，但是做好心理准备。毕竟你还在读书，助教知道的可能还是比你多，因此他建议的内容还是应该要阅读，尤其如果它又属于课上的必读书目。这时候你就得努力找到它的"必要性"了。

你会发现浏览的做法在整个阅读过程中时常会用到,不只是一开始筛选资料的时候。它就像跑车上的最高挡,爬坡或行驶在弯弯曲曲的道路上时不是很有用,但是想尽快从甲地到达乙地时就非常有用。

掌握内容概要

如果继续沿用上面车子的比喻,我们都知道,走一条完全陌生的路往往比认识的路难多了。因此,大多数人要开车前往不熟悉的地方前,会先想办法找出要去的地方在哪里,又该怎么去那里,也许是找方向,也许是看地图。同样的道理,如果事先掌握一下内容概要以及作者是如何安排其结构的,阅读完全陌生的内容就会容易多了。

在一开始浏览的时候,你就已经得到一些线索了。现在可以开始阅读,但还不是真的仔细阅读。首先,你得先熟悉一下这条路,知道哪里要转弯,哪里要减速,哪里可以看到路标,为你指出正确的方向。要掌握住这个内容概要,需要另外一种阅读速度,并不吸收所有的文字和细节,而只是掌握作者主要的想法,大致了解其结构和内容。

13.3　略　读

略读是一种极具效率的快速阅读技巧,也就是你以自己能够达到最快的速度阅读,借此对阅读内容得到一个概要的了解,细节则忽略过去。有些人据说拥有惊人的阅读速度,也许其实是因为他们拥有出色的略读能力。他们能够把大块的内容略读过去,只在遇到需要的信息时才把速度放慢。

> **自我检查**
>
> 在一个科技或商务性质的段落中(不是文学性的内容),你觉得你会在哪里找到段落的主旨?

由于略读的目的是让你掌握阅读内容的主旨和结构,因此如果你能够熟悉文章的结构,知道哪里可能可以找到文章的主旨,要略读起来也会更容易。换句话说,也就是了解句子如何组成段落,了解人们如何使用"路标"

引导读者。因此，在深入探讨略读这个技巧之前，我们先来看看这两个结构因子。

段落与主题句

在以描述事实或说明为目的的文章中，一个段落通常只包含一个主旨。而段落中通常就有一个句子表达出这个主旨，因此这个句子也称为"主题句"。

主题句为段落的第一句　作者在段落一开始就说明其主题，然后举例说明、支持或详加解释这个主题。见图13-1"段落的结构"。

主题句为段落的最后一句　作者先旁敲侧击，最后才引出其主题。

例　外

有时候段落的第一句也用来连接上一段，或是当做开场白，而第二句才是主题句。偶尔主题句也会出现在段落的中间。

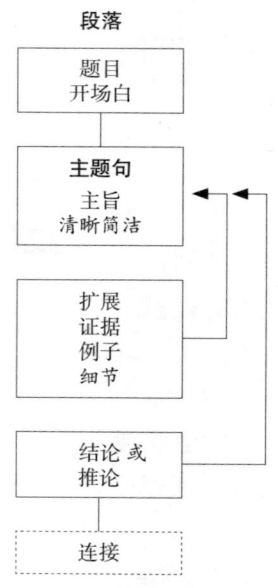

图 13-1　段落的结构

文学性质或描述性质的写作目的不同，因此具有不同的结构。你也可能会遇到写得不好的文章，作者没有遵守清晰写作的原则。更何况，最好的作家偶尔也会违反这些原则，这时要找出主题句就得费工夫了。

在上一节"掌握内容概要"的两个段落中，主题句都是最后一句，尽管你可能会觉得第一句才是主题句。不过尽管如此，在略读这两段时，你一定特别留意了第一句和最后一句，因此还是掌握了我的主旨。在"略读"的两个段落中，主题句都是第一句，之后的内容都在详细说明这个主题。

> **自我检查**
>
> 找出以下各段落的主题句：
> 1. 第219页，"掌握内容概要"第一段。
> 2. 第219页，"掌握内容概要"第二段。
> 3. 第219页，"略读"第一段。
> 4. 第219页，"略读"第二段。

一个段落应该有多长没有绝对的标准。一个段落可以只有一句话，也可以长达一整页！不过，好几个短段落前后接续，如广告或通俗报纸的做法，会给人支离破碎的感觉；而太长的段落会给人沉重复杂的感觉，要读完似乎只有缓慢辛苦一途。**有效的写作通常会混用较长和较短的段落。**

> **作　业**
>
> 再看看本书的其他段落，看看你能不能找出每一段的主题句。如果你常常觉得很难找到，那可能是我的错，不是你的错！

一旦你习惯了去找出主题句，你就会发现，把各段落的主题句连接起来，就可以当成整篇文章的摘要。要让这篇摘要通顺，你可能中间要加些字，但是基本上这个方法非常好用。

> **自我检查**
>
> 作者可以用各种手段——有些是视觉的，有些是语言的——告诉读者自己的思路正往哪个方向发展，以及自己觉得哪些想法特别重要。你能想到几个这样的"路标"？

标　记

视觉标记　大部分的教科书和商务写作都会用大小标题点出内容主旨。其他的"视觉路标"则还有：下划线、粗体、斜体、编号（数字或字母编号）、项目符号。

语言标记　除了视觉标记外，作者还会用语言标记暗示接下来的内容。比如：

1. 第一点、首先（first）：这个词应该会促使你去找后面的"第二、再者"（second）、"第三"（third）。

2. 例如（for example）：这个词的后面通常是详细的例子，在略读阶段你的目的是掌握内容概要，因此可以先略过去不看。

3. 因此（therefore）：这个词的后面则可能是重要的结论，总结了前面的内容，因此在略读的阶段，这是你要寻找的句子。

这些标记文字就如同交通标志，告诉你要减速或加速，因此可以如下分类：

减速	这些文字暗示你，你应该把速度慢下来，因为接下来会有思路上的转折： ▪ 然而　　▪ 但是　　▪ 尽管如此 ▪ 虽然　　▪ 尽管　　▪ 而是 ▪ 另一方面
继续	这些文字暗示你，接下来会有更多同样的内容： ▪ 而且、此外　　▪ 以及　　▪ 也 ▪ 而且　　　　　▪ 此外　　▪ 同样地
重点来了	这些文字暗示你，接下来会有一个总结或结论： ▪ 因此　　▪ 最后　　▪ 所以 ▪ 然后

所有这些文字就如同路标，在你阅读的时候指引你。从现在开始，就把它们学会，并留意别人如何使用它们。然后利用它们让你阅读起来更快速、更有效率，也协助你自己写作起来更清晰。

七条略读规则

记住主题句、视觉标记与语言标记的重要性后，你就可以开始略读了，但是在面对成堆的文件或一本厚厚的教科书时，务必遵守下列七条略读规则：

1. 用你**最快的速度**阅读，毕竟这是略读的主要目标之一。你的目的只是掌握一下内容概要，因此你可以快速读过去。如果有需要，你可以稍后再读细节。

2. 遇到有趣的地方，**不要停下来**，因为这样你反而无法专心对整篇内容进行评估。掌握住整篇的内容概要后，要了解这个部分也会更容易。所以，不要停下来，继续看下去！

3. 如果有**标题、目录和总结**，先读这几个部分。如果文件或书中有大小标题，快速略读过去，把全部的标题都看过后，回到最开始的地方，用下面的方法继续略读下去。

4. 阅读文件或篇章的**第一段**。第一段会简介整篇内容所包含的主题，说明其基本假设。如果第一段非常笼统，你可能需要再读第二段，好好运用你的判断力。

5. 阅读接下来每一段的**第一句**，而且只读第一句。每一段的第一句应该会总括该段落的主旨，就其给予基本信息。不要把整段都读完，第一句之后都属于细节，如果有需要，稍后才回来阅读。

6. 这些段落的第一句，应该能够**按照逻辑顺序连贯起来**。如果你遇到哪一句与前面配合不起来，试试该段落的最后一句。如果还是行不通，先不要理会这一段，继续读下一段的第一句。虽然你可能会因此心中留着一些疑惑，但毕竟没有一篇文章会从头到尾都严格遵守写作原则，所以继续读下去，通常还是最好的做法。

7. 在结尾的部分，放慢速度，把最后两三段完整读过去。这部分应该会包含推论、结论、结果等，此外还可能包含整份文件或整章的总结，尽管并没有标题指出来。

"浏览"是一个你应该能够随时视情况而应用的技巧，而"略读"的能力也一样，也能够增加你的阅读速度。视你阅读的目的、文章的性质与难度的不同，你应该要能够随时放慢或加快阅读速度。

> **作业**
>
> 随便翻到本书你还没读过的一章，按照上述的方法略读该章。记住，你的目的只是了解一下整章的结构与大概内容。保持速度，不要停下来去看细节，也不要去做任何"自我检查"或"作业"。

如果你发现自己不时又放慢速度仔细阅读起来，不要灰心，这是需要练习的。你需要自律，逼自己不断前进，并时时提醒自己不要处处流连于细节。现在假设你已经浏览过桌上的文件，或是手上有书或文章需要仔细阅读。我们来看看浏览和略读的技巧可以如何配合其他的技巧，以更有系统、更积极的方式完成阅读任务，让你在最短时间内得到最大的效果，并在阅读之后依然记得需要记住的部分。其中一个结合不少良好阅读习惯的方法称为 **SQ3R 法**。

13.4　SQ3R 阅读法

这个阅读方法包括五个步骤，每个步骤的英文前缀就组成 SQ3R 这个名称。

步骤一　　纵览（Survey）
步骤二　　问题（Question）
步骤三　　阅读（Read）
步骤四　　回忆（Recall）
步骤五　　检查（Review）

步骤一：纵览（Survey）

如果你只想阅读文件中一个特定的章节，那你应该浏览目录的部分，甚至是索引的部分，去找到你想阅读的内容。如果你需要看整份文件，那就用上述略读的方法略读整份文件，在阅读冗长或复杂的内容时，这是必要的第一步。不要把前言或摘要这些部分跳过去，因为这部分通常会包含宝贵的线索，告诉你文件的目的、结构和主旨等。

步骤二：问题（Question）

要积极有效率地阅读，你就必须时时就阅读的内容进行思考，换句话说，就是专心。其中一个让自己专心并思考阅读内容的方法，而不是被动地把全部内容吸收进去，就是对阅读的内容提出问题，就像你在对话时问对方问题一样。但是作者不在你面前，因此你必须自问自答：

1. 这份内容的主题到底是什么？

（1）在前言中，作者说这份资料会涵盖到某某领域，但是在大标题里似乎没提到。作者是不是把它与其他点联系在一起，放在别的标题下了？

（2）作者一开始说他会提出四点理由，我只找到三点。第四点是什么？

（3）我同意这四点理由吗？

（4）这个结论似乎很牵强。作者有没有提出证据支持？

许多这些问题应该在你初步纵览时就浮现了，并成为稍后进行更积极批判的阅读的基础。但是当你开始真正仔细阅读时，你应该继续问自己问题：

2. 作者有没有拿出证据支持他的论点？

（1）作者的意见似乎与我的意见、老师的意见或别的作者的意见互相冲突。这个作者拿出的证据比别人的证据更充分吗？为什么？

（2）这真的是作者的意思吗？还是他只是在讽刺？

（3）作者访问了多少人，最后达到这个结论？

（4）作者的论点似乎太诉诸情绪。他是不是想借此左右我的想法？

这样积极地投入阅读过程，能帮助你理解并记住阅读的内容。因此它是最重要的阅读技巧之一，而且虽然我们在这里将之归为步骤二，你应该在整个阅读过程中都不断地应用它，就跟略读这个技巧一样，虽然它主要用于纵览阶段，但是你应该在需要的时候随时都能够应用它。

步骤三：阅读（Read）

你现在可能会想："终于要开始阅读了！"但是就跟其他的技巧一样，只是心里希望自己是个更有效率的读者还不够，你必须去分析好的读者会怎么做，并在阅读过程中练习这些步骤和技巧，一开始慢慢地，但是等你越来越熟练后，就会习惯成自然。

纵览的时候，你在心里应该就已经产生一些问题，是你想去找到答案的，此外你也对整份文件或整章的结构与内容有个大致的了解。现在你开始仔细阅读时，你会想确认每个段落的主题，并更深入地了解这些主题。比如说，如果你在阅读一篇文章或报道，在略读阶段你就已经找出了每一段的主旨。现在你会仔细阅读，确认这些主旨，并寻找支持的细节，也就是你在纵览阶段刻意忽略过去的例子和说明等。

不过，如果你阅读的是一整本书，之前是纵览整本书，也就是阅读每章每节的标题、每一章的第一段和最后一段，以及前言和最后一章，以对整本书有个了解，那你应该继续用略读的方式，先把第一章纵览一下。之后才开始仔细阅读第一章，寻找支持的细节。

在**第一次**阅读时，不要做笔记，这样只会打断你的思路，而且你最后记下来的大概也都是作者的原文。

如果阅读的内容很复杂，最好快速读过两遍，这胜过慢慢地读一遍。假设你手上的书是你自己的书，在**第二次**阅读时，如果你觉得有需要，可以把每段的主旨和重要的细节画上下划线，但仍旧不要做笔记。

步骤四：回忆（Recall）

现在你可以做笔记了！但是不要把原文抄下来。试着回忆刚刚读过的这一章里，作者提出哪些论点或每段的主旨和支持的细节。你可能会说："我想不起来！"如果你真的怎么也想不起来刚刚读过什么，那么你的阅读还不够有效率。回头再试一次。这次你知道待会要回忆自己读过什么，因此你可能会更专心、更有效率地阅读。没有什么比事后的测验更能使头脑专心了！

如果要记住读过的内容是你最大的问题，那么对你来说，这就是最重要的一个步骤，你绝对不能跳过这一步。但是如果你觉得这个步骤很简单，那你在这一步就不用花太多时间。

步骤五：检查（Review）

这是最后一个步骤，用来确定你没有漏掉什么重要的内容，确定你已经找到心中各种问题的答案，确定你已经把所有的论点和重要的细节回忆并记录下来了。这个步骤就是快速检查前面四个步骤：

纵览　把整章或整篇报告再快速纵览一遍，确定你非常清楚作者如何架构其内容，也没有不明不白的地方。但是也许还有些地方作者自己没解释的。

问题　回想自己在纵览及仔细阅读时心中产生的问题。还是应该把这些问题记下来，去别处找答案？

阅读　你可能需要把整篇内容再读一遍。这时你的略读技巧又可以派上用场。这次你有没有注意到什么重要的内容，是之前没注意到的？

回忆　这是你检查笔记的机会。把遗漏的内容补充上去，确定你的笔记忠实反映出原文的结构。有没有哪一段作者写得很短，你的笔记却很长？也许你有充分的个人理由，但是至少再想一下！

13.5　结语：更有效率地阅读

经过上面这么详细的说明，你可能认为要更有效率地阅读，似乎很费时费力。但是请记住，就跟其他的技巧一样，阅读这个技巧说明起来比做起来更花时间。就像一开始学骑脚踏车的时候往往很痛苦，但是现在你一点也不记得不会骑脚踏车是什么感觉了。有效率地阅读也一样，一开始很难，但是最后结果是值得的。

作 业

A. 做个篇章纵览。找一篇文章或教科书的一章,按下列步骤进行纵览:

(1) 杂志名称或教科书书名:＿＿＿＿＿＿＿＿＿＿＿＿＿＿＿＿＿

(2) 文章或该章的标题:＿＿＿＿＿＿＿＿＿＿＿＿＿＿＿＿＿＿

(3) 看到标题,你心里想到哪些问题?列出至少三个问题:
　　(a)＿＿＿＿＿＿＿＿＿＿＿＿＿＿＿＿＿＿＿＿＿＿＿＿
　　(b)＿＿＿＿＿＿＿＿＿＿＿＿＿＿＿＿＿＿＿＿＿＿＿＿
　　(c)＿＿＿＿＿＿＿＿＿＿＿＿＿＿＿＿＿＿＿＿＿＿＿＿

(4) 进行略读,也就是阅读第一段、大小标题、每一段的主题句,以及最后两段。这篇文章或这一章在讲什么?

(5) 你对这个主题已经有多少了解?

(6) 这篇文章或这一章用到哪些阅读辅助工具?
　　☐ 粗体　　　☐ 标题　　　☐ 总结　　　☐ 前言
　　☐ 参考书目　☐ 图表　　　☐ 问题　　　☐ 明显的主题句
　　☐ 图片　　　☐ 列表　　　☐ 斜体　　　☐ 其他

(7) 这篇文章或这一章的信息对你来说是:
　　☐ 必要的　　☐ 有用的　　☐ 不重要的

(8) 你需要多少时间仔细研读这篇文章或这一章?

(9) 如果你需要把这篇文章或这一章分成几节去研读,你会怎么分?(指出页数)

(10) 列出至少四个你需要找出答案的问题:
　　(a)＿＿＿＿＿＿＿＿＿＿＿＿＿＿＿＿＿＿＿＿＿＿＿＿
　　(b)＿＿＿＿＿＿＿＿＿＿＿＿＿＿＿＿＿＿＿＿＿＿＿＿
　　(c)＿＿＿＿＿＿＿＿＿＿＿＿＿＿＿＿＿＿＿＿＿＿＿＿
　　(d)＿＿＿＿＿＿＿＿＿＿＿＿＿＿＿＿＿＿＿＿＿＿＿＿

B. 做个完整纵览。用这本书,或是找一本教科书或一篇长篇报告,按下列步骤进行纵览:

(1) 标题:＿＿＿＿＿＿＿＿＿＿＿＿＿＿＿＿＿＿＿＿＿＿＿＿

(2) 看到标题,你心里想到哪些问题?列出至少三个问题:

（a）_____
　　　（b）_____
　　　（c）_____
（3）列出至少两点作者在前言中所提出的重点：
　　　（a）_____
　　　（b）_____
（4）从目录中选出至少五个章名或节名，将之转换为问题：
　　　（a）_____
　　　（b）_____
　　　（c）_____
　　　（d）_____
　　　（e）_____
（5）如果有附录，里面是什么内容？
（6）书或报告中有附词汇表或索引吗？如果有，从词汇表或索引中快速找出熟悉的名字、地名或词汇。你觉得自己对整本书的内容应该已经知道多少？
（7）浏览开头前两章，把作者使用到的阅读辅助工具打"√"：
　　　□大标题　　□前言或目的　□脚注　　□小标题　　□斜体
　　　□列表　　　□图片　　　　□图表　　□加框
　　　□粗体　　　□参考书目　　□问题　　□其他

练习13-1

　　如果你本来就有在仔细阅读之前先略读的习惯，那么你在开始阅读本章之前，心中可能就已经产生下列问题。如果你不是本来就知道这些问题的答案，那你在阅读本章时，会想去找出答案。这表示你的阅读过程是积极主动的，而且现在你会觉得这些问题很好回答。

　　但是如果你是直接就开始仔细阅读，这是你第一次遇到这些问题，那么你可能会觉得回答起来不是那么容易，但是你可以趁这个机会测验自己对本章的了解。

1. 依其对你的价值,我们可以把阅读内容分为哪三类?
2. 举出至少一个略读的好处。
3. 撇开文学性的写作不谈,一般你可以在哪里找到一个段落的主旨?
4. 各举一个用以表示"减速""加速"和"重点来了"的用词。
5. 列出阅读的五个步骤。
6. 在哪一个步骤应该开始做笔记?

Chapter 14

撰写英文商务书信

14.1 为什么写好商务书信很重要

除了使用产品与服务,以及阅读广告,大部分的人与公司进行的唯一直接接触就是通过商务书信。为公司撰写商务书信的你,能够趁这个大好机会协助顾客或客户,帮助公司达到目标,同时表达友好善意。

written communication

本章将探讨:

1. 书面沟通与口头沟通的优点和缺点。

2. 如何撰写商务书信,使其确实达到其目的,传达你的信息,同时保持友好的善意。

> **自我检查**
> 哪一个最便宜:写信(邮寄或电子邮件)、传真或打电话?

3. 如何安排书信的结构与版面,使其与你的信息内容相得益彰。

4. 口授的技巧。

根据英国一个郡议会的估计,如果每个需要写商务书信的员工,每星期只犯一个错,使得信要重写或重打,甚至因此必须多写一封更正信,一年下来的花费就多达750,000英镑。

地方政府机关之所以存在,是为了以最低的价格服务大众;而公司则需要获利,用在沟通上的花费也是经营生存或提供服务所需总花费的一部分。那么,一封商务信要花多少钱?一张纸、一个信封和一张邮票?不用钱?因为是电子邮件!那么上面的郡议会是如何算出750,000英镑这个天文数字的?一封信的成本不只包括寄送的费用,同时还包括内部系统处理、归档时间、计算机设备、存盘空间等引起的费用,而最主要的花费就是写信人和处理人的薪水。因此这些人的薪水越高,信的成本就越高。

有些机构估计,一封商务信的花费30英镑,即使是电子邮件也一样。

那么现在你可能会发现，打电话比写信便宜多了，而如果是非常棘手或重要的事情，需要面对面的沟通时，即使是坐飞机上路，亲自去处理可能还更便宜。如果你了解书面沟通的优点与缺点，就会更知道该如何作决定。

> **自我检查**
> 列表比较书面沟通和口头沟通的优点与缺点。

书面沟通与口头沟通比较

书面沟通	口头沟通——
优点	优点
1. 适合沟通事实与意见	1. 适合沟通感觉和情绪
2. 适合传达困难或复杂的信息；可以检查	2. 更直接
3. 有书面记录，方便以后参考	3. 有更多的互动和反馈
4. 可以写，也可以读	4. 可以造成更大的影响
5. 传送出去前先仔细计划和考虑	5. 一般花费不多
6. 可在传送出去前先把错误更正	6. 可以在得到反馈和非语言线索后，立刻进行改正和调整
缺点	缺点
1. 更花时间	1. 说话的时候很难同时思考
2. 没有反馈，或者要过一段时间才有反馈	2. 有些话说了就收不回来
3. 缺乏非语言线索协助阐释	3. 对方可能看起来在听你说话，实际上却没在注意听，听众人多时尤其难确定
4. 有些人无法或不喜欢读信	4. 说过的话常常听过去就忘了
5. 无法确定对方是否读了你的信，甚至有没有收到你的信	
6. 缺乏温暖，不直接	

14.2 配合电话或会议

在打电话之前或之后，常常最好再以书面形式把信息寄给对方，如图解、地图、图表、表格、价目表、规格等。如此一来，双方在电话上就可以专心达成协议，不必再讨论细节。电话打完之后发个传真或电子邮件也很有用，因为这时对方对这件事还印象深刻。你的信当然不必是文学杰作，但是仍旧应该遵守有效沟通的6C原则：

  清晰（clear）
  积极（constructive）
  简洁（concise）
  正确（correct）
  礼貌（courteous）
  完整（complete）

基于法律因素，或是与民众沟通时，仍旧需要以邮寄方式寄信。但是不管你的信是要邮寄、传真或电子邮件，你还是要先把信写出来。而许多人要不就是书面沟通的技巧真的不好，要不就是觉得自己的书面沟通技巧不好。

14.3　商务书信主要种类

能够有效达到目的的商务信，不是"碰巧"产生的。就跟其他形式的有效沟通一样，写信人在事前就已经思考过以下问题：

  原因？   对象？
  内容？   方式？
  时间？   地点？

要妥善计划信的内容，你必须先找出是什么背景造成**需要**写这封信。做法通常就是回顾之前的通信历史，而且你不妨把对方来信中的重点划线，并在边缘做个笔记，这样就不怕回信时遗漏掉什么。

在回顾背景时，你就会发现写信的对象、理由和要解决的问题是什么，然后你就知道应该采用哪一种商务信，以解决该问题。比如说，如果你收到顾客的"索赔信"或"投诉信"，而你按理无法赔偿，你就需要采用"拒绝赔偿信"，有特定的结构；而如果你写信的目的是寄送等值礼券或退款支票，那么就要使用另外一种形式的商务信。大多数的商务信都属于下列标准分类中的一种。

在这些商务信中，你就如同公司的大使，尽量向对方表达友好善意。有些商务信写起来很容易，有些写起来则比较困难，就视**对方可能会有什么反应**。这一点你应该时时谨记在心，因为它决定了你应该如何写这封信。

商务书信主要种类

目的	分类	领域
寻求信息、意见、确认	询问	一般
给予信息、意见、确认	确认、信息	
就缺失或瑕疵寻求赔偿	投诉或索赔	
接受索赔，提供赔偿	赔偿	
订购商品或服务	订单	
确认收到订单	确认订单	订货与估价
估计价格、时间等	估价	
告知最后的价格、时间等（合约性质）	投标	
推销产品或服务	推销	促销与宣传
提醒促销活动	跟催	
为产品或服务做广告	主动推销	
授权信用付款	信用证	财务与信用管理
询问或提供信贷数据或信用评分	信用调查或回复信用调查	
催促缴清拖欠款项	催款（通常分成三个阶段，一个阶段比一个阶段态度更强硬）	

14.4 预期对方的反应

有利的反应 你同意去做某件事：寄送产品、服务、金钱，同意在某个会议上主讲等。这样的信写起来很简单。

中性的反应 中性的信息对你既非有利,也非不利。许多商务书信都属于这个类别,比如说为以前的员工写推荐信,或是提供信用资料。

不利的反应 你必须拒绝去做某件事。这样的信不好写,因为拒绝对方往往会显得缺乏善意。因此你在信中必须使用各种可能的方法去缓和冲击,表达友好善意。

有待说服 必须推销一个想法或产品,让对方从不感兴趣转变为非常感兴趣,去做你希望他去做的事情——接受你的立场或建议,购买你的产品或服务。

分析对方可能的反应和需要撰写的信件种类后,你就知道应该如何着手,如何安排信件的内容。

作 业

上述这四种商务信(有利的、中性的、不利的、有待说服的),哪些你会用演绎法?哪些你会用归纳法?

(见第1章第8节就这些排序方法的说明)

14.5 各类商务书信建议撰写方式

这里显然并没有绝对不变的规则,许多商务书信的主题和目的往往也跨越不同的种类。不过,下表仍旧可以协助你撰写各类商务书信。

对方反应	书信种类	建议方式	结构(部分或段落)
有利的	订单 确认订单 确认 信息 索赔(预期得到肯定的回复) 赔偿 提供或接受信用赊账	演绎法	第一部分:好消息/主题 第二部分:细节或说明 第三部分:总结

（续表）

对方反应	书信种类	建议方式	结构（部分或段落）
中性的	信用调查 个人调查 信用证 估价 投标 辞呈		
不利的	拒绝赔偿 拒绝信用付款 拒绝订单 拒绝协助 拒绝提供信息 律师来信	归纳法	第一部分：客观陈述，引出原因 第二部分：分析事实、说明原因 第三部分：不愉快的信息/主动建议
说服的	各种推销信 索赔（预期得到否定的回复） 催款信 求职 申请贷款 估价 投标		第四部分：提起其他相关的事情，把重点从不愉快的信息转移开/敦促采取行动

作 业

在下列各种状况中，基于对方可能会产生的反应，想想你要写哪一种信。想想你希望对方如何反应。你真正的目的是什么？你希望对方产生什么样的行为、感觉或信念？那么你要如何安排信的内容？你在信里要说些什么？怎么说？

（1）你在佛罗里达航空公司工作，所属部门负责处理顾客投诉。你接到一位女性顾客的信，信中说她在从拿骚到墨西哥的班机上，餐点里有一只活青蛙。她说她知道你现在也无能为力，毕竟事情已经过去了，但是她觉得应该让你知道，避免以后再发生类似的状况。你会怎么回复？

（2）你在一间传统公司的信用管理部门工作。你收到一封例行的信用调查信，对方要调查的是一间小公司，这间小公司跟你的公司在生意往来上从没出过拖欠款项的问题。你会怎么回复？

（3）你的主管受邀去一个公司沟通技巧研讨会上演讲，但是研讨会期间他必须如往年一样，去各地分公司讨论来年的计划，因此无法接受邀请。他今天必须离开办公室，因此请你先拟好回信，回来后给他看。他离开办公室的时候，嘴里喃喃说道："也许我可以让大卫·韦莱特代替我去。"

（4）你的绿卡（英国国民进入非欧盟国家时所需要的保险证明）几个月前就发下来了，但是至今你还欠着25英镑的费用没付。你一直不愿意付款，但是现在保险代理公司来催款了，而你现在只想付15英镑，因为保险公司（代理公司为其代表）当初带给你很多不便。他们非常没有效率，尽管你很早就申请了，仍旧没有及时把卡发下来。你打了好几次电话、亲自去了好几趟之后，最后一分钟他们才把卡发给你。你会写一封什么样的信，连同支票一起寄过去？

14.6　有利的信

现在看下面的例子。这些信全都是真实存在的信，只是人名经过更改。下面的例子中，一个段落刚好就是一个"部分"，但是一个"部分"当然也可以包含好几个段落。

敬爱的林克雷特女士：

本公司负责北美班机餐饮的艾恩·泰勒跟我们报告过，六月十九日从拿骚到墨西哥的班机上，您的餐盘上有一只活青蛙。请接受我们诚挚的道歉，并诚心希望我们没有因此失去一位**宝贵的顾客**。

遇到这样的状况，我们当然立刻跟机场和机场

> 第一部分：以正面的态度响应该投诉，并称"您"及"宝贵的顾客"。

的餐饮承包商进行了严格的检讨。我们会尽全力确保这样的状况不再发生，但是偶尔偶尔，我们严格的品管程序难免还是会有百密一疏之处。 ——第二部分：说明公司采取了什么行动。

我们非常感谢您对此事的大方宽容，希望以后在佛罗里达航空班机上，不需要再如此考验您的友善宽容。谢谢您选择佛罗里达航空。随信附上礼券一张，请笑纳。 ——第三部分：表达友好善意，作为结尾。

敬祝
安好

顾客服务部经理
西蒙·田柏肯

14.7　中性的信

敬启者：

在此回复您七月四日的来信：我们一向把温特道街瑞斯与格林纳达公司视为可靠的合作伙伴。 ——第一部分：迅速进入主题，并立刻就该公司提供一些信息。

该公司购买本公司产品已有多年，其中不少订单价格远超过500英镑，因此允予该公司500英镑的信用赊账，应该没有很大的风险。 ——第二部分：给予进一步的细节（双方合作的时间），并说明能够信任该公司的理由（许多订单价格超过500英镑）。

如果您还需要特定的细节，请不吝与我们联络。

敬颂
商祺

信用管理部经理
M.威斯贝克 ——第三部分：表达友好善意，以希望作为结尾。

14.8 不利的信

雷文顿先生：

我非常高兴听到您计划举办公司沟通研讨会，相信与会的众多企业皆会赞赏此活动。

春季对我来说总是一个特别忙碌的季节，因为每年这个时候，我必须到各地分公司讨论下个会计年度的计划。我相信您也可以想象得到，要把这些日期安排好并不容易，而现在这些日期都安排好了，我很难再更动。而很不巧，您邀请我演讲的这一天，我人正好在苏格兰。

不过，也许我可以推荐我的同事大卫·韦莱特代替我，他会是个理想的替代人选。他在员工沟通这一方面已经有十年的经验，自己也发起过几个非常成功的企划，如果他有时间，我相信他会很乐意接手"说或听？"这个讲题。如果您有兴趣，请告诉我一声，我会请大卫·韦莱特与您联络。

诚心祝福研讨会圆满成功。

敬颂
时祺

理查德·夏普

> 第一部分：用归纳法（详见第1章第8节），先说好话，诚心称赞举办研讨会的想法，坏消息留到后面才说。

> 第二部分：说明为什么自己无法应邀演讲，而不是唐突或直接地就说"不行"。

> 第三部分和第四部分：提供其他的选择，然后以友好的祝福结束。

14.9 说服的信

全保保险抵押代理公司
Sharp Hill
Sheffield SD37 4BS

敬启者：

谢谢您来信通知我于复活节期间拿到的绿卡仍有 25 英镑的费用未付清。我似乎找不到这笔费用的账单，但是我承认至今还未将账单付清。

> 第一部分：先提客观的事实，同意费用还未付清，尽管未收到账单。

您大概还记得，当初我想及时在出境之前从贵公司取到这张绿卡时，遇到不少问题。尽管我及时提出申请，出境前 24 小时我还是没有拿到绿卡。我因此被迫特别跑到市里两趟，但是两次都没领到卡，虽然两次贵公司都说我的绿卡已经准备好。另外，我还特别打了三次电话，两次打给贵公司，一次打给渡船公司，询问没有绿卡否能上船，最后又特别跑到市里一趟，才领到一张特别发下的卡——金钱、时间和不必要的忧虑都是我为此额外付出的代价。

> 第二部分：这个主要的段落导出作者为这张绿卡付出的代价（归纳法）。

开具一张证明，证明我已经有保险，我认为这样的服务索取 25 英镑的费用有过之无不及。而且为了这张卡，我还额外负担了很多的费用，因此在此附上一张 15 英镑的支票。

> 第三部分：进一步说明为什么她认为 25 英镑太昂贵，总结最主要的理由（不便与花费），最后宣布坏消息。

除非您提出异议，否则我便假设贵公司也同意，在这样的情况下，15 英镑已绰绰有余。

敬颂
时祺

海伦娜·斯迈尔（女士）

> 第四部分：提其他相关的事情，把重点从不愉快的信息转移开，假定自己能够成功说服对方，并把对方不同意时采取行动的责任移到对方身上。

前面这封信的目的就是只寄给对方一张15英镑的支票，尽管原有的费用是25英镑，但是作者小心地以归纳法安排段落顺序与句子顺序，到第三段的结尾，几乎就是整封信的结尾，才宣布这个决定。她的做法就是先在第二段说明理由，避免直接就说"我不付25英镑"。

这里每一封信的开头第一段都清楚地**点明主旨**，最后则以**建议下一步**结尾，这样对方就很清楚谁下一步该采取什么行动，或是事情是否已解决。在前言和结论中间，就是细节的部分，**这部分应该按主题分段，一段只包含一个主题**。在这个基本架构内，不管消息是好是坏，可以应用措辞技巧去表现善意。

练习14–1

1. 为什么写信这种沟通方式不便宜？
2. 下列这些信各有什么目的？
    a. 赔偿信　　　　b. 信用调查信　　　　c. 催款信
3. 商务书信的分类方式有很多种，但是大多数的商务书信都可以依收信人的反应分成四大类。是哪四大类？
4. 如果在商务书信里一开头就提起坏消息，对收信人的心理会产生什么影响？写信人如何通过恰当的安排解决这个问题？
5. 信件用问句开头，有什么优点？
6. 你能想到四种有效结束信件内容的方式吗？

作业

收集几封商务书信，包含你以消费者身份从公司或公家机关收到的信。

- 把每封信分类，其各属于：有利的、中性的、不利的或说服的信？
- 写信人有没有正确预估收信人的反应，并把信件内容作相应的组织安排？
- 写信人采用什么样的结构？

- 写信人用什么方法开头和结束？
- 信中还存在哪些后设沟通元素？
- 你对这几封信各有什么反应？你觉得这是写信人期望得到的反应吗？

14.10 版面和风格

> 印刷字体或手写字体必须工整美观。善用空白、分段均匀、妥善安置各部分内容，能够带来赏心悦目的效果。

一封信只要到达收件人手中，就开始发挥其"大使"的角色，而不管信的内容计划得有多好、写得有多好，收信人还是会被信件的整体外观（甚至信封）所影响。

为了传达出恰当的"企业形象"，并从第一刻起就留下良好的印象，大部分的机构都会投入不少心血设计其产品包装与广告，而这一点也反映在公司信纸和文件的版面设计上。因此，你可能会发现自己的公司也有一套特定的专用版型，是公司里每个人都应遵守的。这个"公司专用版型"通常会储存在计算机里，随时可以套用。

就算你觉得这是办公室资源人员的工作，你还是不应该忽略商务书信的这个层面，因为也许有一天你的职责会影响或需要协助设计一套公司专用版式。

也许你需要自己安排信的版面，而版面如果安排得不好，不管信是用计算机打的或用手写的，都会进行这样的后设沟通——"我不在乎这封信会给人留下什么印象""我杂乱无章、粗枝大叶""我不注意细节""我不知道'信息'可以通过很多种方式传达出来"。

> **作　业**
>
> 1. 找出你的公司是否也有一套专用的版型，或是版型指引。
> 2. 你的部门采用这个版型吗？还是有自己一套版型？
> 3. 传真、信、备忘录或电子邮件和信封，各有什么版面安排规则？
> 4. 这样的版型给人什么样的印象？
>   a. 可靠？效率？现代？
>   b. 过时？
>   c. 传统？不在乎？不工整？
> 5. 哪些因素造成这样的印象？
> 6. 你喜欢这样的版面吗？为什么？

格　式

也许你已经见过传统的"全缩行式"版面（见图14-1）。在全缩行式中，双方地址都缩排，而且一行比一行缩得更多。每一段的第一行都缩排；主旨、结尾敬辞和签名则置中。这样的版面现在很少见，你能想到两个原因，为什么这种版面现在没什么人用吗？

拿一把尺，对齐每一个缩排的地方，画一条直线。你画了几条线？我猜应该少说有十几条线。打这封信的人须把主旨、结尾敬辞和签名置中，把各段落对齐并缩排，然后还要想办法把寄件人地址和日期放到右上角，又不超出到边缘的部分。这每一步都很花时间。因此全缩行式现在被舍弃的其中一个原因，就是它缺乏效率；第二个原因就是这些零零落落的直线给人一种杂乱的感觉。因此，现在多采用图14-2、14-3、14-4所示范的版面。

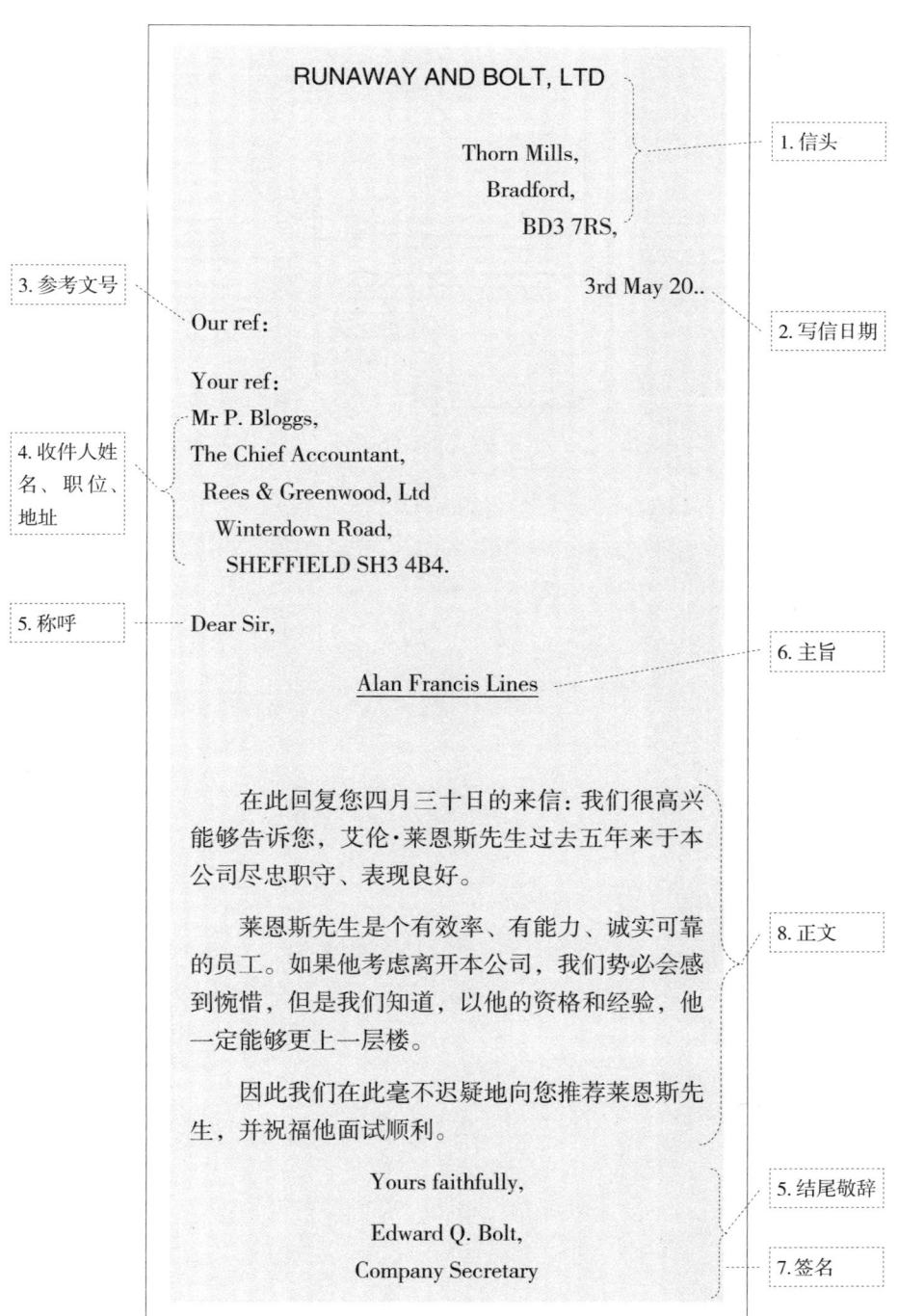

图 14-1 全缩行式版面（现在过时了）

三种书信版面

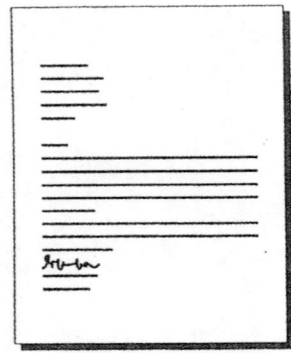

全平头式（图14-2）

半平头式（图14-3）

半缩行式（图14-4）

所有的内容都靠左起头，整个页面上只有一条直线。	日期和签名靠右，主旨置中，其余所有内容靠左起头。段落等靠左对齐。	类似半平头式，但是段落第一行缩排。
优点 效率、现代，是现在最常用的版面。 **缺点** 给人一种不平衡的感觉，特别是如果寄件人地址必须写在左边最上面时。（信头不一定已经印在信纸上）	**优点** 效率，感觉起来更平衡。	**优点** 比起全缩头式，比较不那么杂乱，打起来也比较容易，但是差别不是那么大。

作 业

图14-2、14-3、14-4示范的版面你最喜欢哪一种？如果是手写的信，哪一种版面会最合适？

你可能会看到这三种基本形式的变化形式，至于你要采用哪一种，就视公司的规定，或是你个人的喜好而定。但是不管你采用哪一种，务必前后一致。比如说，不要有些段落没缩排，有些段落又缩排。

省略标点符号

也就是除了正文，信中其他部分所有标点符号都省略（如写 Mr 而不写 Mr.）。这个做法完全说得过去，而且现在几乎人人都采用，这让人写起信来轻松多了。不一定非得是全平头式，才能省略标点符号。不过，谨慎使用，务必前后一致。而且缩写英文人名时，记得在各前缀缩写和姓之间留一格空白，免得写出荒谬可笑或没人看得懂的"字"，例如：

PEAGREEN Esq　　　→ 应该是 P E A GREEN Esq
Mr ITIsis　　　　　→ 应该是 Mr I T Isis

信　纸

信纸　信头要怎么设计，版面要怎么安排，取决于信纸的大小。目前最常使用的信纸大小为：

A4：297 mm × 210 mm
A5：210 mm × 148 mm

一封短信用单倍行距打在 A5 信纸上，看起来会比用双倍行距打在 A4 信纸上好看。

信封　以英国来说，英国邮政总局目前只分两种信封大小：一般信件和大型信件。

一般信件　大小最大可达 240mm × 165mm，重量最重可达 100g，
　　　　　　厚度最厚可达 5mm。
大型信件　大小最大可达 353mm × 250mm，重量最重可达 750g，
　　　　　　厚度 6～25mm。

如果长度超过 353mm，或是宽度超过 250mm，或是厚度超过 25mm，或是重量超过 750g，那就属于**包裹**。

如果采用有透明窗口的信封（开窗信封），收件人地址要打在适当的位置，从窗口正好可以看到。**邮政编码**要写清楚，并放在地址的**最末尾**，要不自己成一行，要不跟郡名写在一行。如果是城市或大都会区，郡名就可以省略。

14.11　信的结构

商务书信通常包含下列八个部分,见图 14-1。

1. 信头　　　　　　　　　　5. 称呼和结尾敬辞
2. 写信日期　　　　　　　　6. 主旨
3. 参考文号　　　　　　　　7. 签名
4. 收件人姓名、职位、地址　　8. 正文

信　　头

在商务信纸上,发件人的名称和地址通常都已事先印好,公司名称通常会采用更显眼的字体。信头通常会横跨整张信纸的宽度,上下高度 5 ~ 8 厘米,或者是安排在右上角。其内容包含公司名称、地址、邮政编码、电话、传真、电子邮件地址和网址之外,还包含某些其他信息:

1. 公司名称
2. 如果是有限公司的话,请注明

印有信头那一页的信纸下端,通常还会印出下面这些信息:

3. 如果是 1916 年 11 月 23 日以后成立的公司,列出公司董事姓名(有时还会写出国籍)
4. 公司注册地址
5. 公司注册编号
6. 注册地点

商标　大多数的机构现在都会在其专用信纸和包装材料上显示其商标。商标就是一个符号,通常与公司及其产品或服务直接相关;或者就只是一个图案设计,长久下来成为公司的代表。商标理应传达出机构的形象,因此有些公司会不时更新其商标,有些则一直保有原有的商标。说到这里,不妨看看本书封面的出版社商标,就是一个很好的例子。

寄件人地址　在非商务书信中,寄件人地址(不写寄件人姓名)通常放在信纸的右上角。

写信日期

写信日期通常放在寄件人地址下面，与寄件人地址最后一行隔个两三行。日期应该靠右对齐，但如果采用全平头式，则靠左对齐。一般英文日期写法是"日、月、年"，其中日期的字尾 –th、–st、–nd 现在多省略，月和年之间的逗号也一样；中文日期写法普遍则是"年、月、日"，中间以左斜线分开。

欧洲写法　　20 February 2014

　　　　　　　20th February 2014（现较少用）

美国写法　　February 20 2014

中文写法　　2014/2/20

参考文号

为了让信件归档和寻找起来更容易，通常会给每一封信一个参考文号。无论如何，回信时一定要附上来信的参考文号。如："Our ref: NL/JM CF2"。如果是回复一封已经有参考文号的来信，则来信和回信的参考文号皆要打上去：

Our ref: NL/JM CF2（本公司参考文号）

Your ref: SB/sjt（贵公司来信参考文号）

参考文号通常打在日期上方，或是与日期打在同一行，但是靠左对齐，其内容包括：

1. 签名人的姓名前缀（大写）
2. 秘书、打信人或写信人的姓名前缀（有时小写）
3. 如有必要：特定档案的参考编号（如上面的"CF2"代表 Conference File 2）

收件人姓名、职位、地址

这部分通常放在参考文号下，与参考文号隔个两三行，靠左对齐（见图 14-2 至 14-4），并省略标点符号：

Mr R A Jones
British Engineering plc
20–27 Wansdyke Road
SHIPLEY
Yorks SY3 1QS

如果有可能，地址尽量不要超过三到四行，避免把正文挤到信纸太下端的部分。商务书信中，收件人的姓名和地址绝对不能省略，否则存档下来的副本一点用处也没有。

自我检查

试着从下面的例子找出规则。如果下面的称呼都正确，你可以找出以下的规则吗？

a. "Mr" 还是 "Esq."？
b. 女性？
c. 有头衔者？
d. 有大学学位、文凭、军事勋章、勋位勋章、属于专业团体者？
e. 公司和合伙企业？

1. Mr. R Smith
2. John Smith
3. John Smith Esq. VC MA MIPD
4. Rev. S. Martin, LLB
5. Miss V. Ryan MSc
6. Mrs S. Taylor BA Dip Ed.
7. Ms Lisa Thompson BEM AMIMech.E
8. Lady Abigail Smythe
9. Lord Chalstead
10. Sir Alex Groves
11. Dame Anna Smailes
12. Messrs Hamlyn and Cook
13. Sir Matthew Dunn & Sons
14. The Company Secretary, Marsdyke Shipping plc
15. Sir Frederick Tinsdale Ltd

受封为骑士的人，你怎么称呼？什么时候该用Mr，什么时候该用Esq.？如果你写信给一家公司，但是不知道收件人的姓名，怎么办？如果收件人是女性，但是你不知道她已婚或未婚，你怎么称呼她？这类问题往往让写信人和秘书最头痛不已。也难怪礼节相关的书籍持续不停地问世，只是要记住其中的规则，依旧不容易。

（A）"Mr"或"Esq."（例子1、2、3）

1. "Esquire"这个词本来只用于称呼没有头衔、但属上层社会的人，后来一度取代"Mr"，用来称呼专业人士，如律师、医师、工程师、建筑师等。
2. "Mr"则用来称呼议会参事、议员、商人等"地位低一等"的人！不过，"Mr"这个称呼现在更为普遍，除了有头衔者，皆可用"Mr"称呼。
3. 如果用"Esq."，姓和名都要完整写出来，如果用"Mr"，名字的部分只须写出前缀。
4. 注意："Mr"和"Esq."不能一起用。如果用"Mr"，就不要再用"Esq."。
5. 目前的趋势：把"Mr"和"Esq."都省略掉。这时名字就要完整写出来，如"John Dunn"。如果你不是很确定，那就用"Mr"。

（B）称呼女性（例子5、6、7、8、11）

1. 最常见的女性称呼有Miss、Mrs、Ms、Lady、Dame。现在女性喜欢用"Ms"（女士），因为女性觉得自己是否已婚，跟工作一点关系都没有。
2. 如果你不知道该用哪一种称呼最恰当，那你就得在"Miss"（小姐，称呼未婚女性）和"Mrs"（太太，称呼已婚女性）之间选择，但是现在许多女性都不喜欢这两个称呼所含有的暗示，所以不管用哪一种，恐怕都不好！
3. 现在你可以跟称呼男性一样，把整个称呼省略掉，如"Faye Brooks"。
4. 如果有贵族头衔，爵士的妻子（Sir Reginald and Lady Abigail Smythe）和女爵士（Dame Anna Smailes）的名字要完整写出来，但勋爵的妻子（Lord and Lady Chalstead）不写名字。

（C）头衔（例子8、9、10）

1. 爵士（Sir Alex Groves）的名字要完整写出来，但勋爵的名字不写出来（Lord Chalstead）。

2. 其他的头衔还有"Dr"，用来称呼医师或取得博士学位（PhD）者。手术顾问和牙医都以"Mr"称呼，"Reverend"（牧师）通常缩写为"Rev."。

（D） 勋章、学位、会员资格 （例子3、4、5、6、7）
1. 许多荣获学术学位、军事勋章和专业团体会员资格的人都为自己的成就感到自豪。因此如果你能在称呼当中纳入这些成分，他们会非常高兴；但如果你忘了这部分，有些人甚至会不高兴。这些字母缩写通常放在姓名后面，而其正确的写法和顺序其实也没有那么难。其正确顺序如下：
（1）勋章（军事勋章和勋位勋章）
（2）大学学位和文凭
（3）专业团体会员资格
2. 如果不确定，也许你可以从别的信或档案找到对方的学位荣誉等。如果还是找不到，打通电话给对方的秘书或其他代表，也许就能找到答案。

（E） 公司和合伙企业 （例子12、13、14、15）
1. 写给机构通常不是很大的问题，因为正式的名称通常会印在对方的信纸上。不过，"Messrs"这个词倒是常常有人用错（也许是因为不知道）。"Messrs"这个词来自法文的"messieurs"（绅士、先生）。现在这个词算过时了，但是写给无限公司或合伙企业，用这个词是正确的，除非名称里已经有其他头衔（如"Sir"），或者是合伙企业有其他的注册名称。但是"Messrs"绝对不能用来称呼有限公司。
2. 写给有限公司的信通常会写给秘书等代表，如：

无限公司或	Messrs Hamlyn and Cook
合伙企业	Messrs John Fielding & Sons
	Sir Robert Dunn & Sons
	'Just Boats' Hire Company
有限公司	Sir Frederick Tinsdale Ltd
	The Secretary, Marsdyke Shipping plc

3. 你是否找出了其中的规则呢？我们在这里只能说明最重要的原则和最常见的问题，如果真遇到不确定的地方，不妨去查阅相关书籍。

称呼和结尾敬辞

这是信件内容正式开头和正式结尾的部分，而其中有些传统是你应该要遵守的。随着商务书信越来越追求亲切随和，这些规则仍旧存在，或许是有些奇怪，但是它们就是存在，而且许多人对这些传统非常坚持，甚至写信给英国《泰晤士报》，举出常犯的错误，尤其是称呼和结尾敬辞的组合错误。

> **自我检查**
>
> 下面这些组合，哪些对，哪些错？
>
> 1. Dear Sir　　　　　　Yours sincerely
> 2. Dear Mr Brown　　　Yours sincerely
> 3. Dear Ms Jones　　　 Yours sincerely
> 4. Dear Madam　　　　 Yours sincerely
> 5. Gentlemen　　　　　Yours sincerely

现在看下面的结尾敬辞与称呼组合之说明。

称呼	结尾敬辞
Dear Sir Dear Sirs Gentlemen Dear Madam Dear Mesdames	Yours faithfully
Dear Mr Smith Dear Ms Jones Dear Mrs Bennett Dear Reverend Cavedish	Yours sincerely
Dear Dr Smythe Dear Sir Lionel Dear Lady Julia Dear Lord Chalstead Dear Lady Chalstead	Yours sincerely
Dear Jane Dear Robert	Sincerely 或 Best Wishes 或 Kind regards 或 Love

注意，如果称呼里没有名字，那么"Yours faithfully"就是唯一正确的结尾敬辞。（"Yours truly"跟"Yours faithfully"用法相当，但是现在除了美国其他地方已不适用，而且"faithfully"和"sincerely"写在"Yours"后面时，都要小写，"Yours"本身则大写）

称呼与结尾敬辞的组合取决于写信人与收信人之间的熟稔程度：

Dear Sir Yours faithfully　　　　（写信人和收信人未见过面，收信人的姓名不详，双方的关系较正式）

Dear Mr Brown Yours sincerely　　（比较亲切随合，知道收信人的名字，在商务场合中常使用，即使双方还未见过面）

除了这两个最主要的规则外，其他的传统规则已越来越松散，而且如果双方是熟识，写信人可以视情况采用各种不同的称呼和结尾敬辞，如：

Dear Charles		Sincerely
Dear Susan		Kind regards
My dear Charles	配合	Best wishes
My dear Susan		Yours affectionately
My dear Brown		Affectionately

主　旨

严格说来，一封商务信应该只处理一件事，因此写信人应该可以用一个简短清晰的标题点出其主旨，让收信人一看就知道这封信的主题，而且这样归档起来也更容易。这一行"主旨"应该放在称呼和正文之间，要不置中（半平头式），要不靠左对齐（全平头式）。

作　业

见第238~241页的几封信（有利的信、中性的信、不利的信、说服的信），各构想一个清晰简短的主旨。

签 名

在"Yours faithfully"下面打上机构名称的做法现在已很少见：

Yours faithfully,

ARNOLD J. BROWN & Co.,

S. Stevens

S. Stevens (Mrs)

Company Secretary

但是最好把寄信人的姓名以小写字母打出来；如果是手写的信，就用大写字母写出来。避免收信人看不懂签名，何况很多人的签名的确是很难解读！名字下面则打出写信人的职位：

Yours faithfully,

S. Stevens

S. Stevens (Mrs)

Company Secretary

正 文

信的正文应以清晰简洁的英语撰写，分段和标点符号要正确。

分段 信中的每一段都应该只表达一个主题，因此有可能整段只有一句话。但是如果短段落太多，会影响整封信的外观。回头看看第13章第3节关于"主题句"的说明，了解一下如何组织段落的内容。

副主旨 如果把信息再划分成几个部分，更有助于对方的理解，不妨再为各部分加上一个副标题（但是不要过度使用）。

列 表 同样地，如果哪个段落的内容用列表方式呈现会更清楚，也不妨使用列表。为各个项目加上编号或项目符号。

标点符号 即使你在地址等部分省略标点符号，信的正文依旧要使用标点符号。使用标点符号的目的是帮助理解。信中随意使用太多逗号，对读信人来说未必是一种帮助，而且通常表示写信人不是很清楚各种标点符号的用法。清晰易懂的信应具有以下特点：

1. 如果之前已有过通信，提到之前的来信
2. 段落首行缩排，或者是段落之间空行（见图14-2至14-4）
3. 善用标点符号，帮助理解
4. 有需要时，加上副主旨和列表
5. 清晰正确的英文

凡是有助于对方轻松迅速理解信息，并有助于改善信的整体外观的做法，一般皆可以采用。

边缘 这里最重要的标准就是整体外观。一般说来，左右两边留个2.5厘米的边缘，看起来就很舒服，但是这也要视信的长度和信头的位置而定。一般机构在其计算机系统中都有现成的样板或事先设计好的版面，方便员工遵守使用。

行距 几乎所有的英文商务书信都采用单倍行距，段落之间则为两倍行距。但是有些机构则规定，很短的信（像是最多十行）要用两倍行距，边缘也加宽。收件人地址和寄件人地址，则永远都用单倍行距。

附件 如果信中有附件，会在信的最底端用"Enc."或"Encs 3"字样表示，或者在正文中提到附件处，在边缘的地方以"/"表示。

接续页 如果信的长度超过一页，就需要换一页接续下去，但是如果接续页上只会出现两行内容，或是只有结尾敬辞和签名的部分，那你就不应该使用接续页，而应该调整版面，让内容维持在一页之内。接续页上不需要信头，但是应该注明收件人姓名、页数和写信日期，如：

G Mainwaring & Co Ltd　　　–2–　　　22 February 2014

副本 如果要把信的副本寄给第三者，要在信的底端以"copy to"、"copies to"或"c.c"等写法表示，后面则列出副本收件人的名字。

警告 如果信的内容属机密或私人内容，通常应该在信中的收件人姓名、地址上面和信封上清楚注明：

CONFIDENTIAL　　或 PRIVATE AND CONFIDENTIAL
PERSONAL　　　　或 PERSONAL AND CONFIDENTIAL

注意：如果信上标示"Personal"，那么只有信封上的收件人可以拆阅该信。要确保某个特定的人才会拆阅你的信，还有一个方法，就是写上：

For the attention of：（然后写上对方的姓名和地址）

14.12 口 授

现在的人在工作岗位上大多都有文字处理软件，因此自己的信也应该自己撰写，但是如果遇到出差，又没有笔记本电脑时，有个录音机就很方便随时做记录，或是充分利用等待的空当。不过，很多人即使有秘书和口授设备，还是会尽量避免用口授的方式。

随着沟通方式越来越先进有效率，我们每个人的工作角色也受到影响，我们需要熟悉这些现代的、越来越普及的电子信息处理设备。在这许多新技巧中，口头沟通的技巧越来越受到重视，因为这是在使用现代设备时不可或缺的，其中以发音吐字清晰、表达精准明确尤为重要。

因此，不管你现在有没有机会跟秘书口授写信，或是录音口授写信，练习口授的技巧仍有助于你在录音机或语音信箱上留下清楚明确的留言，而且当然也有助于你使用语音输入的文字处理系统。

准备工作

> "好的口述"，其实就是把"好的文章"大声念出来；"好的文章"，其实就是把"好的想法"清楚表达出来。

换句话说，只要你给自己准备的时间，事先计划好你要说什么，那么最后的稿子是用手写在纸上、用嘴巴念给录音机听或念给计算机听，应该不会有很大的差别。许多人之所以对口授心存恐惧，可能是因为他们不愿意事先仔细计划信息内容，要不就是因为对不熟悉的事物感到害怕。因此，这也是练习的重点。拿个小录音机自己在家练习，直到掌握了停顿和开始的诀窍。

以下是口授的准备工作：

准备好自己 把其他的事情都忘掉；清理你的脑袋和书桌，也就是"专心";把嘴巴清干净,笔、口香糖、甜食,嘴巴里有任何东西,都会影响你说话。

把资料准备好　就跟你开始写演讲初稿时会准备好资料一样,也就是制作大纲,此一步骤也应该先完成。

决定优先级　如果你有好几封信或好几个信息要口授,按轻重缓急排好顺序,因为你有可能中间会突然有事必须去做。

让文字处理人员准备好(可能就是你自己)　给他完整的信息,也许是面对面的,也许是在录音当中。告诉他:

1. 信是要写给谁的
2. 信是谁写的

如果你需要信件的副本以归档,告诉他:

1. 参考文号
2. 你需要几份副本
3. 这些副本是要给谁的

如果你需要他去从原来的来信上去找地址等,清楚告诉他哪封信是回给哪封来信的。

练习口授

1. **用简单的话说**。用简短的句子,而且一个段落只有一个主题。
2. 口授时**说出标点符号**,如"下一段""句号""逗号""缩排""列表"等。
3. 说话当中自然的停顿,通常表示可以安置标点符号,不过不要做过头。
4. 说话要清楚,并比平常慢一点。说话不要含糊不清,这样打字的人听得辛苦,而且容易听错。但是也不要说得太慢,这样会破坏你自然的流畅度和打字人自然的速度。
5. 如果英语人名、街名、市名和专业用语的拼法不是很普遍,将之拼出来。
6. 如果你突然忘了要继续说什么,就停下来。每个人都会遇到这种状况,所以没什么关系。但是千万不要思路断了,还想办法东扯西扯。
7. 停下来后,把之前录下的内容听一遍,整理好思绪,再继续。
8. 全部录完后,检查一下。你的信息是否清晰、正确、完整、简洁?

9. 不时听听自己以前口述下来的内容。虽然这可能会是一种痛苦的经验，但是唯有如此，你才会进步。

记住：打字的人打出来的是你说过的话，而不是你觉得自己说过的话，也不是他觉得你想说的话。

现在看看下面的例子，这封信是真实的例子。你觉得这封信如何？为什么这么觉得？跟你的信比起来呢？你比较喜欢哪一封？你自己希望收到哪一封？

作 业

按照本章说明的商务书信撰写原则，也就是采用恰当的语气、创造清晰美观的版面，给来你公司应聘人力资源部经理一职的求职者写一封信，告知他你们决定不请他来面试。

记住，除了要传达你的信息，你还希望保持友好善意，也就是让对方在失望之余，仍能够保有自尊，并对你的公司留下良好的印象。

把最后的完稿写出来前，先拿个录音机，把信口授下来。然后把信写出来，跟口授的信作一比较。

Dear Mr Thompson,
HR Manager-HOU 163

本信欲通知您本公司斯温顿分公司征人力资源部经理一职最新进展。

我将与几位背景资历与本公司要求接近的求职者面谈。基于这个原因，我建议您于本阶段暂不接受面试，但是如果情况有变化，我会立刻通知您。

然而，虽然我此次无法给您进一步的好消息，但如果本公司未来的职缺有您感兴趣的，仍希望您不吝告知。

Yours sincerely

G.B. England

Director-Human Resources

14.13 标准范例

标准范例

你的公司可能会有一些标准范例，可以用于各种主要的商务书信种类。但是小心！你还是要动脑思考，尤其是如果你把几个"标准段落"连接在一起，必须确定它们真的前后连贯，而且你没有让不适合的内容留在里面，也没有**遗漏**任何该说的内容。

结语：撰写商务书信

一封商务书信，不管是要进行私人沟通或促销，它就是代表你、你的部门、你的专业领域、你的机构的大使。你不能让它坏了大事。

作 业

选一个你的机构会寄信给别人的典型状况。自己写一封这样的信，然后跟你的机构会寄出的信互相比较。

Chapter 15

求 职

15.1　做好事前准备

你这一生中写过最重要的信之一，就是求职信。但是有时在兴奋或绝望之余，我们很容易不假思索就开始埋头写，忘了写求职信只是整个求职过程中的一环——而这个过程虽然辛苦，其实也可以很有趣，因为这时你要像侦探一样，通过线索找出自己到底想要什么样的工作，以及对方到底想要什么样的人。

本章的目的就是在协助你找出：

1. 什么样的工作适合你？
2. 市场上有哪些职位空缺？
3. 雇主在寻找什么样的人？

此外，本章还会指导你：

1. 如何填写求职应聘表？
2. 如何写求职信？
3. 如何增加得到面试的机会？

面试是求职过程中第一个要达到的大目标。显然如果你现在正在找工作，或是即将开始找，本章对你来说才有用处。因此，如果你已经在工作，目前也不打算换工作，那不妨先跳过这一章，哪天有需要了再来阅读本章。不过，记得及早开始阅读——因为求职的过程是急不得的。

欲速则不达

也许你看到一则招聘广告，想去应聘；也许你想再升一级；也许你今年要毕业了，需要向各公司"毛遂自荐"；或者你已经在工作，但是在考虑重新开始，甚至转换跑道。至少在这四种情况下，都需要妥善地处理。

不管你属于上面哪一种状况，而且就算你很焦急，一开始也绝对不能急。求职的过程经常是冗长辛苦的，因此你应该及早开始，不要信心满满，到了最后一刻才开始。

如果你还在念书，绝对不要等到毕业前一年才开始准备。如果你已经在工作，那么你对自己的事业应该已经作过一些思考。但是如果你从来没有好好思考过这档事，那么现在就是开始的好时机。

就跟其他形式的沟通一样，仔细的思考和计划，能够避免错误、失望和浪费时间。

15.2　你想要什么样的工作？

鉴于目前的失业人口数字，我们不好说你一开始就应该很挑剔，而且通常是雇主才能挑剔，求职者还挑剔不了。但是不管你现在有多焦急，你还是应该**好好思考自己到底想要什么样的工作**。等你真正开始去应聘时，情况可能就没那么悲观，而且不管形势看起来有多差，还是有些领域情况反而完全相反，各家公司反而急着找人。如果你不先仔细思考自己想要什么样的工作、能够做什么样的工作，你很可能会在轻率之下去应聘不适合自己的工作。就算你运气好获聘了，但是随着时间推移，公司会发现你其实不是很擅长这份工作，结果就是整个过程又要从头再来一遍。

所以，**第一个问题就是——你是什么样的人**？为了找出什么样的工作最适合你，你需要想想：

1. 你自己是什么样的人？
2. 你有哪些特别的喜好和厌恶？
3. 什么样的事情让你担心？
4. 你喜欢在哪里工作？
5. 你喜欢什么样的工作方式？

在思考这些问题时，不要被自己现在的工作或专业所影响。首先，有可能这个工作或专业并不真的适合你。再来，我们容易因为自己的工作经历或学历，就认为自己只能找某一类的工作。比如，如果你现在正在念商科，不必觉得自己就因此受限于传统的工商领域，这并非是唯一一个能让你发挥所学的地方。在办公室里工作可以是每天安静地独自完成同样的工作；也可以是身为大型团队的一员，每天的工作内容都不同；还可以是在大公司里担任特定的工作，如薪酬会计或账目会计，也可以是在农场上在或足球队里担任万能博士。

在这个阶段，你应该**发挥想象力**。我们不可能每个人都得到精彩刺激、光鲜亮丽的工作，也许你也无法立刻找到合适的工作，但我们往往很容易无谓地画地自限。当然，有可能你的情况相反，眼前有很多工作机会，反而不知如何选择。不管是哪一种情况，你都需要仔细思考，而首先就是对自己进行思考。

作 业

下面就是几个你可以用来问自己的问题，不过不要把自己限制在这些问题中，不妨自己也构想几个问题。不要回答得太快。想想你过去做过的事情，找出为什么自己喜欢或讨厌这些事。问问其他人喜欢做什么，又为什么喜欢做。记下你的答案，供以后回头参考。

- 你喜欢跟别人一起工作，跟动物一起工作，还是用工具工作？
- 你喜欢在团队里工作，还是喜欢自己一个人工作？
- 你喜欢待在室内还是室外？喜欢待在市区还是郊外？
- 你喜欢担起职责（不管是多小的职责），还是宁愿由别人担起责任？
- 你喜欢解决问题吗？是什么样的问题：实务的、理论的、数字的、机械的、智力的、人际的？
- 你是充满创意，还是讲究实际？
- 你喜欢在压力下工作，还是自己能决定工作进度时工作效果最佳？
- 你喜欢有人严密监督你，还是喜欢主管放手让你自己去做？
- 你很有自律，还是需要有人督促你？
- 你想要一份安静、坐办公桌的工作，还是想要一份充满活力、要你东跑西跑的工作？
- 你喜欢牵涉到组织内容、处理数字、需要常常写东西的工作吗？
- 你喜欢跟别人交谈、推销你的想法、说服他人吗？

- 你在意工作的地点吗？要离你家、朋友和家人够近吗？
- 你愿意为了工作而搬家吗？
- 如果你真的搬家，会对什么人产生不好的影响吗？丈夫、妻子、父母、小孩？他们有什么看法？
- 如果你搬到一个新地方，你很快就能习惯新环境、结交新朋友吗？
- 什么对你来说最重要？薪水、工作环境、工作内容、同事？
- 你愿意接受在职培训吗？

15.3　性格测验与职业导向测验

有些测验可以帮助你找出自己是什么样的人，以及你真正的兴趣、喜好和厌恶为何。你可以跟当地或大学里的就业辅导中心索取。

作　业

现在，根据上页这些问题的答案，想想这些事情对你有多重要，哪些对你来说是在工作上绝对不可或缺的。之后你就可以根据这个标准衡量某份工作是否适合你。以"一定要有""想要""有也不错"三个标题各列一个表，如：

一定要有	想要	有也不错
跟别人一起工作	受训的机会	好的待遇

如果你不喜欢一个人工作；想要接受进一步的培训，但是如果公司不提供受训机会，也愿意自己私下进行在职进修，如去上夜间课程；也愿意在累积资历、培训或经验的同时，先接受较低的薪水，那么你就可以把上表继续列下去。想想上述这些问题，能够：

1. 协助你缩小范围；
2. 协助你去应聘合适的工作，不再盲目尝试、浪费时间；
3. 为你的求职信、求职应聘表和面试阶段准备好现成的资料。

把上页最后两题的答案记下来，供以后参考。

作　业

现在根据这些信息试着分析自己想要什么样的工作。有多少工作符合你的标准？你自己会喜欢其中哪些工作？你有足够的资历吗？还是公司会协助你获得这些资历？

不妨找一份地区性报纸和一份有质量的全国性报纸，看看里面每一篇招聘广告，仔细想想每份工作有多符合你的标准。不符合标准的打个"×"，你愿意考虑的打个"√"，即使你以前从来不觉得有可能应聘这种工作，也先列入考虑。把打"√"的工作全列出来。你列出了多少个？

如果列出来的比你想象的还要多，仔细想想：

1. 你的态度实际吗？
2. 你是不是眼光太高了，对自己的能力太有信心？还是把现在还无法胜任或可能几年之后有经验了才有办法胜任的工作也包含进来了？
3. 就算你把这些目前无法胜任的工作删掉，应该还是有不少工作是你以前从没想过涉足的领域。

另一方面，也许你把眼光放太低了，把资历要求远远低于你的资历的工作也包含进来。有些雇主的确不愿意雇用资历过高者，不过在这个阶段，愿意在有需要时从"底层"做起不是坏事。对某些职业来说，这也许是唯一的途径，而且如果你有天分和热忱，很快就能一步一步升上去。许多总经理一开始都是从最低层的职员做起。不过，如果你的表非常短，仔细想想是什么原因：

1. 你是不是眼光太狭隘了？
2. 你在所选择的领域里是不是资历不够？
3. 你对工作条件是不是太挑剔了？
4. 也许你太谦虚了，因此眼光放得不够高，或是考虑的范围不够大。

所以，**态度要实际**，但不需要过度谦虚。如果你对自己都没信心，别人更不可能对你有信心。清楚自己的目标，准备好去采取必要的行动，以达到目标。

15.4　要去哪里找职缺？

现在你应该清楚自己想找什么种类的工作。我用"种类"这个词，是因为在这个阶段你考虑的范围要大一点，不要把目标定得太确切。现在，你就可以真正开始找工作了。

> **自我检查**
> 哪里可以找到市场上有哪些职位空缺？列出所有你能想到的渠道。

你必须去探索每个可能的信息渠道，睁大眼睛，张大耳朵，随时留意工作机会。至于有哪些信息来源，要视你在寻找的工作种类与层次而定，但下面这些渠道是你应该积极去探索的。除非你有守护天使在保佑你，否则工作不会主动来找你，你必须主动去找工作。

网　络

网络是最大的信息来源，但是也因为信息丰富，可能反而容易把人吓倒。英国的《选择：网上求职》(*Choices: Jobs through the Internet*)一书上可以找到不少企业的网址。不过，不是所有的公司都会利用网络招聘人才，所以你还是要利用其他的渠道，而且是信息丰富的渠道！

报　纸

报纸是最明显的信息来源，但因为大家都懂得利用报纸，而且报纸又容易获得，因此你看到的招聘广告其他无数的读者也会看到，所以大部分的职位都有非常多的人去应聘，因此必须迅速行动，并准备好再利用其他的信息渠道。

如果你想待在某个特定的地区，地方性的报纸就是很有用的信息来源，但是如果你愿意搬家，全国性的报纸上会有更多的选择。大部分有质量的报纸都会不时特别刊登某个领域的工作机会，有些是每星期的某一天固定刊登某个领域的工作机会，因此你要先了解一下你看的报纸。如果某份报纸看起来特别有用，不妨每天都买一份，但是你同时还是要每天去公立图书馆或大学图书馆翻翻其他报纸，否则你可能会错过某些只刊登一天的广告。

如果你想搬到某个特定的地区，那么获得当地的地区性报纸，能够大大增加你的机会。如果你没有认识的人可以把当地的报纸寄给你，那么你可以写信给报社，请他们每天寄一份报纸给你。

最后，选一份适当的专业报纸，阅读里面的招聘广告，如英国有计算机业界的《计算机周报》(*Computer Weekly*)，或是《营销周报》(*Marketing Week*)，还有各种周报。最后也别忘了专业期刊也是一种选择，专业期刊通常是一个月出版一本。问问在专业领域工作的朋友是否能让你借阅这些期刊。或是去看它们的网络版，因为大部分的期刊有些内容可以在网络上免费阅读，尤其是招聘广告的部分。

就业辅导中心

去当地的就业辅导中心咨询，地址可以在电话簿或网络上找到。有些人以为就业辅导中心的存在只是为了协助开始找工作的毕业生，但是就业辅导现在其实是一个正式的专业机构，辅导人员需要受过一定的训练，以协助各式各样的人解决各式各样的问题，从找到第一份工作，到换工作、换跑道；从协助接受被裁员的事实，到指导如何去哪里取得进一步的培训或资格。因此，不管你有什么特定的问题，去就业辅导中心咨询一下绝对没有坏处——毕竟他们拿了薪水，就是要提供协助。

如果你还在大学念书，学校里应该都有一个就业咨询服务处。去了解一下，而且最好是大一时就去了解。如果你已经在工作，但是觉得自己不适合这份工作，想要改变一下，那么不要忘了去找自己公司内的人力资源部。也许你在原公司里就有换工作（但并不一定是晋升）的机会。除非你主动去跟人力资源部讨论你的想法和意向，否则他们不可能知道你想要有所改变。

就业中心和职业介绍所

大部分城镇现在都有就业中心，其功能就如同一个信息交换所，收集了当地的职缺信息，因此能够把适当的求职者介绍给雇主。

然而，现在每个人都晓得利用就业中心，因此你一发现感兴趣的职位空缺，务必赶快行动，因为竞争的人不在少数。除了这些政府设立的就业中心，现在还有很多私人的职业介绍所专门介绍办公室和文书工作，还有各种"猎头公司"专门招募中高层主管。

全面进攻！

最重要的就是，一旦你进入这个阶段，就应该立刻利用所有的机会。不要只去应聘一份工作，然后就等着看会有什么结果。如果对方回绝了，那么你就白白浪费了宝贵的时光，因为这期间你本来可以再去应聘其他的工作。因此，充分利用上面提到的所有渠道，能应聘多少工作就应聘多少工作，而且坚持不懈。大多数人都是要应聘过好几份工作，有时候甚至是上百份工作之后，才找到合适的工作。

15.5 企业在找什么样的人？

很多人常常是在报纸上一看到中意的应聘广告，就拿起笔开始写求职信，因为他们都认为只要这是你在找的工作，其中提到的薪水、上班地点、职位等你也能接受，那为什么不去应聘？嗯，看看下面两则广告。两则广告招聘的是同样的职位，确定吗？

征会计助理

历史悠久的市区公司征会计助理，协助公司会计整理账目至试算阶段。

有意应聘者应具BTEC商科财务或相关科系国家文凭。具有经验者将优先考虑。

公司可能会提供公假完成会计培训。

有意应聘者请来信详细说明资历与工作经验，寄至下述地址本公司会计部。

征会计助理
年薪25,000英镑 + 培训 + 福利

快速成长的地区公司寻找年轻有干劲的学生协助总会计整理账目，及与英国及海外财务部门、内部经理、母公司、外部代理商及专业顾问之联系。

我们希望你：
具有硕士以上学位
具商科 BTEC National/Level 3 NVQ/SVQ
有两三年会计和/或办公室经验。

作为回报，我们会提供你：
优渥的起薪
理想的工作环境
鼓励你继续深造——可能以公假形式

参考文号48991/NAP

如果你有意应聘，请点击这里
或来电索取应聘表格
Tel. 02357–713348

两则广告似乎在找同样的人，要求的资格和经验一样，工作内容也一样。但是如果你仔细阅读，就会发现里面有些线索透露出，两份工作可能其实截然不同，两家公司要找的其实也是不同类型的人。

自我检查

你觉得两则广告中有哪些关键词传达出不同的信息？把这些字划下划线。

在第一则广告中：

1. "old-established city firm"（历史悠久的市区公司）和 "the facility for day-release"（公假培训）等用词都给人一种严肃古板的感觉。

2. 广告本身的版面、风格和内容铺陈直接，没什么特色。

3. 此外，该公司不知道以前的 BTEC（英国商业与技术教育委员会）商科财务国家文凭，现在已被 BTEC 国家文凭/NVQ（英国国家职业资格）第三级取代。

反之，在第二则广告中，我们可以看到以下的信息：

1. 第二则广告传达出一个现代的、积极的形象。

2. 这不只是在广告的风格和版面上，还反映在"rapidly expanding"（快速成长）、"young ambitious"（年轻有干劲）、"competitive"（有竞争力的、优渥的）、"attractive"（吸引人的、理想的）等用语上。

3. 该公司对工作内容提供更多的信息，并邀请求职者在线应聘，也传达出其年轻进取的形象。

此外，看看两家公司提供的培训机会：

1. 第二家公司会给你"encouragement"（鼓励）。

2. 第一家公司则"may"（可能）提供公假接受培训的机会。

两则广告还有一个很重要的区别：

1. 第一则采用第三人称——"candidates should have..."（有意应聘者应）、"the company may be prepared..."（公司可能会）。

2. 第二则广告采用 you（你）和 we（我们），使公司与读者（可能的未来员工）之间的关系更感亲切，并在说明对应聘者的要求之后，说明公司"in return"（作为回报）将提供什么，强调双方的平等地位。

> **检查重点　应聘广告的"隐性议程"**
>
> 务必留意这些细微的线索，不只是因为这些线索能够透露出不少公司本身的特质，也因为它们透露出该公司到底想要什么样的人。
>
> 一开始，我们觉得两则广告似乎在找同样的人。但是现在我们必须调整这个第一印象。
>
> 如果第二家公司传达出一种年轻、现代、进取的形象，那么他们想要找的人，恐怕也须具备这样的特质。同样的道理，第一家公司也在有意识或无意识地寻找稳健、可靠、也许不在乎那么多的人，乐于在一个平静一点、竞争不那么激烈的环境工作。
>
> 我们当然不能臆测过头，因为在缺乏证据的情况下，要怎么臆测都有可能。不过，我们的印象的确是建立在合理的证据之上，不论两家公司是否的确有意传达出这样的形象，在这个阶段我们也只能就此进行分析。当然，也有可能是这两则广告其实只反映出广告公司本身的特质！

什么样的工作适合你？

进行过这样的分析后，你应该将结果与自己的性格分析结果比较一番，看看该工作适不适合你，或者更重要的是看看你适不适合该公司。然后你可能会觉得，这个工作可以去应聘，那个工作就别应聘了。不管你怎么选择，之后写求职信的时候**务必记住你从阅读广告得到的印象**。你如何证明自己适合一间"传统悠久的市区公司"；或是自己"积极进取"，正是一家"快速成长"的公司需要的人？

也许你觉得自己在两家公司工作都没问题，两种环境你都能够很快就适应。如果是这样，你还是要记住两家公司不同的特质，因为你需要写两封非常不同的求职信，而且如果真的受邀去面试，还要为两场面试分别调整你的行为表现。

15.6　求职信和求职应聘表

现在，我们终于进入到求职信的部分。你注意到前面提到的两则广告还有什么不同吗？第一则广告请求职者**写信应聘**，并给予完整的相关细节；但是第二则广告请求职者**在线应聘**，或是**打电话索取求职应聘表**。许多机构仍旧会请求职者用求职信的形式说明其资格和经验，因为除了得到这些必要的信息外，公司还可以看看求职者的文笔，看他如何陈述和组织关于自己的事实，甚至是去看他的笔迹如何。有些公司把这部分看得非常重要，甚至会请笔迹专家去分析求职者的类型。

这样的求职方式对求职者来说显然比较麻烦，因为这时求职者必须自己判断，对方到底想知道什么，该怎么表达最好。因此，我们先来看第二家公司采用的求职方式。现在有越来越多的公司，尤其是大型企业，都要求求职者填写一份求职应聘表，这样他们就一定会得到所有需要的信息，而且表格的版面是统一的，查阅起来也容易。

如果是在网络上填写，那你更不用担心字迹的问题了，下面有些建议你也不必操心。不过，你还是要注意拼写和标点符号的正确性。

1. 如果广告上写"Please apply for an application form to…"（请跟……索取应聘表格），那么你可以用写信或打电话的方式索取求职应聘表。

2. 如果是"Write for an application form to…"（请写信至……索取应聘表格），不需要写一封完整的求职信说明你的资历、经验和求职理由。写封短信，说明你要应聘哪则广告哪个职位即可。

寄件人的地址
寄件日期

收信人姓名和职位 ----- 如果广告上有给名字，写出名字
公司名称与地址

敬启者：

职位头衔和参考文号 ----- 如果广告上有给

恳请寄来《晚报》于2011年5月23日刊登之职位细节，及一份求职应聘表格。

Yours faithfully,

JANET BROWN（Ms or Mrs） ----- 看 Ms 和 Mrs 哪个合适

写这样的信虽然只是例行程序，内容还是应该要工整正确，因为这封信会被归入你的个人档案，成为你个人形象的一部分。

虽然"Please telephone for an application form."（请致电索取应聘表格）似乎是最简单的索取方式，你还是要小心。你打电话去的时候，无法知道对方有多大的影响力，如果你在电话上说话含糊不清、缺乏礼貌、态度粗鲁，甚至冒失鲁莽，对方可能会报告给负责决定的人。

所以，记住打电话的最佳策略是事先做好准备。清楚知道自己要什么，也知道对方可能需要哪些信息（如职缺的名称、参考文号等）；说话要清楚，尤其是留下你的名字和地址时；态度友善有礼，但是不要太过亲密、鲁莽冒失。

15.7 求职应聘表填写诀窍

记住，虽然你应该连同求职应聘表再寄一封求职信，但是对方主要还是会依据求职应聘表的内容决定是否邀请你去面试。所以，在开始填求职应聘表之前，你应该：

1. 把整张表仔细看过一遍，以了解你需要提供什么信息，又要在哪里填写这些信息。
2. 确定你有足够的时间，可以仔细而完整地填完整张表，不要用很短的时间草草了事。
3. 先写好答案的草稿，这样你就能够确定可以把完整的答案写进表格里，而且不会在表格上写错什么。

如果有可能，先把空白的表格复印一份。在复印的表格上打草稿，这样你就可以在真正的表格上把内容安排得工整清晰。

日期（Date） 随着你年纪越来越大，重要的日期会越来越多，而且越来越难记住。因此，现在就开始把重要的日期记在专门的文件里，如毕业日期、考试日期、就职离职日期、课程参加日期，并把相关的证书、证明和介绍信附在里面。

介绍信、推荐信（Testimonial & Reference） 要注意的是，"介绍信"

是不密封的，发给你后，你可以转交给任何人看。因为你本人可以看到里面的内容，因此写信人通常会把内容写得比较笼统，而且都是在说好话。而正因为如此，雇主通常不是很信任介绍信，而宁愿要你列出几位推荐人，然后自己跟这些推荐人索取密封的"**推荐信**"。

外观（Presentation） 这部分必须完美无缺。**用深色的笔写**，因为对方可能需要把该表格复印。避免会晕开的笔，因此圆珠笔应该会比签字笔安全。不过你只要在表格背面的一个小角落小心试写一下，就知道该用哪支笔了。

记住，要遵照指示填写。如果表格上请你用印刷体大写字母填写，就用印刷体大写字母填写；如果表格上请你用圆珠笔填写，那就用圆珠笔填写。该公司之所以有这些规定，一定有其理由。有些表格比较详细，在大标题下还会用另外的小标题和字段询问特定的信息，这样你就知道要在哪一格填写考试日期或工作职务等。不过，有些表格则不那么详细，只有大标题（例如下页的表格）。这时候，你就必须仔细思考要在每个大标题下各填写哪些细节，有需要时甚至自己加上小标题，以使内容更美观清晰。

教育背景（Education） 填写就读过的学校与大学的名称与科系，及就读时间。

检定资格（Qualifications） 写明考试名称、级别和日期——分五次考过15科GCSE（英国中等教育普通证书）比不上一次考过8科GCSE，于工作期间考过一科A level（英国中等教育普通证书进阶级）也比上学期间用两年时间考过两科A level来得令人印象深刻。在这个标题下，不要把短期课程也写进去，除非该短期课程与某种鉴定考试有关，或者是因为表格上没有其他地方可以填写类似的信息。从这一点我们也可以发觉，填写之前，一定要把表格先仔细看过一遍！

工作经验（Experience） 除非表格上另有规定，否则你就应该把做过的工作都写上去。先写最近一份工作，然后是前一份工作，如此依倒序法写下去。并写明工作职位、公司名称与地址、就职与离职日期。如果还有空间，你还应该简短描述工作的主要职责。如果你不知道该怎么筛选该写的工作经验，那就只把跟你现在要应聘的工作有关的信息写上去。但是记住，如果你仔细思考判断，有些看来不重要的工作经历也许还是有其重要性。

无工作经验（No Experience） 如果你刚毕业，或是还在念书，"工作经验"这一栏可能会让你有些头痛，因为你可能觉得自己一点工作经验也没有。但是其实只要你在课余时间或假期打过工，或是在学校里担任过任何职务，而且表格上没有其他地方适合填写这些经验，那就在这一栏里简短描述这些经验。这并不会有坏处，虽然你可能会觉得这些打工经验没什么价值，但是雇主至少能够看到你怎么利用课余时间。

目前薪资（Present Salary） 不要忘了把额外的福利也写上去，如红利或公司用车。

推荐人（Referee） 表格上通常会要求你列出至少两位愿意为你写推荐信的推荐人。如果你还在念书，那么其中一位推荐人必须是老师，另外一位推荐人可以是私底下认识你好几年的人，或者最好是打工时的主管，就算打工时间很短也没关系。如果你已经在工作，那么推荐人必须是你现在或过去的主管。记住，虽然你当然想找会帮你说好话的人为你写推荐信，但是这些推荐人最好是能够写出清晰有效率的推荐信的人，因此在写上推荐人的姓名前，先仔细思考一下。

注意：基于礼貌，在写上推荐人的名字之前，先问问他们是否愿意为你写推荐信。这样他们会有心理准备，也才知道该怎么写这封推荐信，因为他们根本不知道你在申请什么工作。如果你不希望对方在给你这份工作前联络你的推荐人，应该在表格上注明；这是一种合理的要求，通常对方都能接受。典型的求职应聘表格（空间已压缩，以显示各栏标题）如下：

.... plc 公司	APPLICATON FOR：申请职缺 (state position applied for)	
SURNAME（BLOCK CAPITALS） 姓（以印刷体大写字母填写）	FIRST NAMES 名	
ADDRESS 地址	TELEPHONE NUMBER 电话号码 HOME 私人　　WORK 工作	
AGE 年龄	DATE OF BIRTH 出生日期	PLACE OF BIRTH 出生地点	MARITAL STATUS 婚姻状况
NUMBER, AGE AND SEX OF CHILDREN 子女数目、年龄与性别		
EDUCATION AND TRAINING（schools and colleges attended since the age of 11） 教育与受训经历（十一岁以后就读过的学校）		
QUALIFICAITONS（in chronological order）检定资格（请按时间顺序填写）		
EXPERIENCE（All employment and military service in chronological order. Include positions held and reasons for leaving） 工作经验（请按时间顺序填写所有的工作与军事服务经验。说明职位和离职原因） （Use additional sheets if necessary）（若空间不足，请用额外的纸张）		
ADDITIONAL INFORMATION you would like to give about yourself or your experience 补充信息（就你自己或工作经验补充说明） （Use additional sheets if necessary）（若空间不足，请用额外的纸张）		
HEALTH（Give details of any physical disabilities or serious illnesses） 健康状况（若有任何身体障碍或严重疾病，请详细说明）		
PRESENT SALARY 目前薪资		
REFEREES（Give the names and addresses of two people from whom we may seek references） 推荐人（请列出两位推荐人的姓名与地址，方便我们索取推荐信）		
If selected when could you start？ 如果被录取，你什么时候可以开始上班？		
Signed：签名	Date：日期	

补充信息（Supporting Statement） 大部分的求职应聘表都会有一栏"补充说明"或"补充信息"，让你提供额外的信息。这一栏**千万别空白！**因为你除了能够利用这一栏增加被录取的机会，这一栏还常常是雇主眼中最重要的一栏，因为唯有在这一栏，你可以让对方看到你是什么样的人——倒不是通过如"充满干劲""积极进取""认真可靠"等这样的描述，而是通过你处理这一栏的方式，也就是你选择纳入哪些信息，及如何用短文的方式形容你自己。

因此，善用这一栏，但是事先仔细计划好你要写什么。偶尔，这一栏的标题下还有额外的说明，如"请描述你的休闲活动，及其他你认为与本工作有关的休闲兴趣"或"请说明你应聘本职缺的原因"。如果有这样的指引，务必遵守，不要离题。然而，有时候这一栏的标题不是那么明确，后面也没有说明。这时候，最好的做法也许就是写个**简短的自传**。但是不要用散文的形式再重复其他栏给过的信息，正确的做法是就你自己再提供额外的信息，让对方对你个人和性格得到更全面的了解。比如说，你可以说明为什么你至今的工作生涯是如此这般，并说明有哪些事情对你带来很大的影响，你培养出哪些兴趣，你特别记得哪些成就，还有你对未来的想法与计划等。此外，这部分应该以**短文形式写成，不要用条列的方式**，而且英文要正确清晰。这一栏尤其要事先打草稿，这样你才知道该如何安排空间。

作 业

1. 以第277页的求职应聘表为基础，设计一份更详细的求职应聘表，也就是把各大栏再用小标题分成几个小栏，方便公司得到所需的信息，也方便求职者清楚填写。

2. 填写上面的求职应聘表，并假装你在应聘第270页的第二则征人广告。把这份填好的表保存起来，下次你要应聘工作时，就可以参考。而且你在上面记录了自己的资料，在没有求职应聘表、需要写完整的求职信时会非常有用。

3. 重新设计上述的求职应聘表时，你遇到哪些困难？参看第17章的"表格与问卷"。

4. 填写这张求职应聘表时，你遇到哪些困难？简短记下这些问题，下次要填写真的求职应聘表时，拿出来提醒自己。

那么，应该写多少？这一栏有多少空间就写多少，不多不少。虽然表格上可能会写"若空间不足，请用额外的纸张"，但是你应该记住，该公司在这一栏可能已留下他们觉得必要的空间。如果你还需要另外一张纸，那可能是因为你写得不够简洁，把不相关的事情也写进去了。所以，想好你要包含哪些内容，然后润稿、重写，有必要的话，甚至把这个过程重复好几遍，直到你的完稿语言精准、顺畅而简洁。除非你觉得绝对有必要，才在额外的纸上继续写下去。如果你是在网络上填写求职应聘表，也要判断一下该写多少。

如果表格上没有这一栏，或者这一栏要你填写特别的信息，因此你无法额外补充你觉得对求职有利的信息，那么你应该把这部分写到"履历标题页"上，也就是"求职信"，跟求职应聘表一起寄出。

复印副本

求职应聘表填妥后，复印或打印一份，带去面试。因为通常过了几星期后，你常常会忘了自己当初在表格上写了什么。

15.8　完整的求职信

> Please apply in writing to…giving full details of your qualifications and career to date
> 有意应聘者请来信详细说明资历与工作经验

虽然简单的求职应聘表很普遍，但许多公司还是希望求职者寄来完整的求职信，甚至有些在线应聘过程也会说：

> Insert a covering letter or text version of your CV
> 请传来一份履历标题页或文章形式的履历

求职应聘表的格式是固定的，虽然对雇主来说比较方便，但是这样也有坏处，因为每个应聘者都不一样，也许对这个人来说，这一栏有这么多空间就够了，但是对另外一个人来说却不够。因此，求职应聘表可能就得考虑到所有的可能性，但是这样一来表格可能就会太长，而许多应聘者可能会留下许多空白；要不就是像第277页的"典型的求职应聘表格"，太过简单，不够详细。

固定的应聘表格限制了求职者呈现信息的方式，因此雇主无法看到求职者自己选择和组织信息的能力，而这种能力是许多工作的先决条件。反过来，如果不用表格去引导求职者，那么求职者就必须自己判断该提供哪些信息，这时雇主就可以从中看到求职者的能力与性格。

作　业

下面（a）到（n）摘录自几封就"请来信详细说明资历与工作经验"所撰写的英文求职信。如果你是雇主，你对这些应聘者各会有什么印象？

完整的信

Dear Sir,

I am writting about the job in your advertisment. I have ten years experiance in buisiness as well as the qualifications you want, so I would be glad if you would consider me.

Yours Sincerely

敬启者：

本人欲应聘贵公司于广告上招聘的职缺。我在商界有十年的经验，也具备贵公司所要求的资格，恳请予以考虑。

敬祝安好

开头

Please will you consider me for the job of accounts clerk. I am afraid I don't have any formal qualifications but I do have some experience and I need the job very badly as my wife and I are expecting our first baby next month, and at the moment I am unemployed following an accident...

您能不能考虑录取本人担任贵公司会计一职缺呢？我没有正式的检定资格，但是我有一些经验，而且非常需要这份工作，因为我太太和我的第一个孩子下个月要出生了，而且经过上次的意外事故，目前我正处于失业状态……

I noted with interest your advertisement for a Production Assistant in today's Daily Times... 我在今天的《每日时报》看到贵公司征生产助理的广告，非常感兴趣……

Further to your advertisement for a computer operator in last week's 'Dataweek'.

关于贵公司于上周《信息周刊》征计算机操作员的广告。

My name is Jaqueline Matthews and I am 19. I left school last year and since then I have been working for J.G. Telford and Sons. I am very hard-working and quick with numbers so I am sure I would be able to do the job to your satisfaction...

我的名字是杰奎琳·马修斯，今年19岁。去年从学校毕业后，我就一直在泰尔福父子企业工作。我是个认真勤奋的人，对数字反应很快，所以我相信自己能够胜任这份工作……

With reference to your advertisement for a management trainee advertised in yesterday's paper I would like to apply for the position as I have a BTEC NVQ Advanced level in Business and one year's experience as a sales clerk and am now taking a course leading to the HNC in Business which amongst other things includes Accounting, Statistics and Production Methods all of which you have mentioned in your advertisement...

贵公司于昨天报纸上刊登征管理实习生一职，本人欲应聘该职缺，我具有BTEC NVQ商科进阶级，以及担任售货员的一年经验，现在正在继续进修，欲取得商科国家高等教育证书，修习科目包括会计、统计、生产方法等，都是贵公司在广告上提到的必备资格……

正文

I am 32 years of age, and I am currently working as a Production Control Assistant. Before this I worked as a Progress Chaser at Bellings Ltd and then I got a similar job with Selco Fittings. I am responsible for making sure that the right components are being produced at the right time, which means that I have a lot of experience of organising and planning. I have jot go married and I went to Chillingworth Comprehensive which is on the outskirts of Manchester near Bletchton. I enjoyed art and woodwork but I was not very god at games. I have a clean driving licence and I am in good health. If you need more information I shall obviously be happy to provide it. Also I have 5 GCSEs and would be available for interview at any time.

我今年32岁，目前担任生产管理助理。之前我在贝林斯公司担任过进度追踪员，之后在费庭公司做过类似的工作。我的职责是确保正确的部件在进度内制造出来，这表示我在组织和计划方面累积了丰富的经验。我刚结婚，以前在吉陵伍斯综合中学就读，学校在曼彻斯特的郊区，靠近布雷慈顿。我的兴趣是艺术和木工，运动方面较弱。我持有驾照，不曾违规，健康状况良好。如果您需要更多的信息，我非常乐意提供。此外，我考过五科GCSE，任何时候都可面试。

You will see from the attached curriculum vitae that I have five years' experience of various aspects of office work. In particular, my last job gave me the opportunity to gain some valuable practice in interviewing and the chance to discover that I should like to specialise in personnel work.

您从随信附上的履历即可看到，我在各种办公室工作上累积了五年的经验。尤其是最后一份工作让我有机会在实际采访方面得到宝贵的经验，并领悟到自己想专门从事人事方面的工作。

I enjoyed my course very much. It was very good and we studied all the business subjects so I have the qualifications which you are asking for.

我在大学读书读得很快乐。我们系的课很好，所有商科的科目我们都修了，所以我具备贵公司所要求的资格。

I am very ambitious and for a long time now have been looking for the right job which will use my talent to the full. I am not prepared to do a monotonous or routine job and feel that perhaps the job you are advertising is the one for me.

我非常有野心，长久以来一直在寻找适合的工作，让我全力发挥自己的潜力。我不愿意做单调乏味或一成不变的工作，因此觉得贵公司在招聘的职缺可能会很适合我。

I want to work for your company because I have checked up and found you are a very successful company. You produce a wide range of products and have a good export record.

我很想在贵公司工作，因为我查过了，发现贵公司是一间非常成功的企业。你们生产非常多样的产品，出口数量也很大。

结尾

Thanking you in anticipation. Yours faithfully,

在此先谢谢您。敬祝时祺

If you consider that my qualifications are suitable, I could be available for interview at any time.

如果您觉得我的资历合适，我随时都可以去面试。

I would be grateful if you could let me know as soon as possible as I have a lot of applications in progress at the moment.

有任何消息，请您尽早通知我，因为我还同时应聘很多其他工作。

上面这些例子，我们都可以详加分析。

a. 内容太短，而且没有详细说明资历与工作经验。此外拼写错误（writing、advertisement、business、experience）、英语表达粗心大意，对于应聘文书类工作绝对不会有帮助，甚至是应聘劳力工作，恐怕也会吃亏，除非他是唯一去应聘的人。称呼用"Dear Sir"，后面的结尾敬辞就应该用"Yours faithfully"；如果称呼用"Dear Mr Smith"，结尾敬辞才用"Yours sincerely"。而且在"Yours"后面，"faithfully"和"sincerely"都小写。

b. 这封信的语气很不恰当，太卑微、太乞求。求职信不是寻求同情的地方。

c. "Noted with interest"是个不错的说法，可以让求职信里通常平平凡凡的第一句听起来不太一样，因而引起读者的注意。此外，句子里清楚说明要应聘的是什么职缺，又是在哪里看到招聘广告。雇主除了想知道对方要应聘哪个职缺，也许也会想知道是哪里的广告最容易招来应聘者。

d. 这是非常常见的错误：句子不完整。

e. 完全没说明是要应聘什么工作，也没说明是在哪里看到哪则广告。雇主可能从来没听过泰尔福父子企业，就算听过，也无法知道应聘者在该公司担任何种工作。应聘者说自己认真勤奋等，但是没有提出任何具体的证据。光是说你确定自己能胜任这份工作还不够，雇主还需要知道理由。

f. 这个句子太长啦！对方读到句尾的时候，一定早忘了句子一开始说了什么。

g. 这个冗长的段落包含太多主题，而且杂乱无章。求职者说自己善于组织和计划，对方恐怕不会相信。该段落一下讲现在，一下讲过去，在时间上前前后后，而且资历、工作间验和私人信息全混在一起。其中许多信息都是不必要的，而且以"also"开头的句子听起来就像临时想到的想法，在这封信里就是如此。这名求职者显然是想都没想就埋头开始写这封信，根本没把信息分类整理，也没计划句子的结构。

h. 简历可以清楚呈现求职的相关信息。如果寄上简历，应该再附上一份履历标题页。在履历标题页上，不要只是重复简历上的信息，应就其进行说明和阐释，就如同这个例子的做法。这位应聘者的呈现方式应该会让雇主印象深刻，而且反映出其思考方式清楚有组织。求职者还在信中说明为什么自己想应聘这份工作，自己的工作经验又如何使其适合该职缺。

i. 这封信除了暗示该应聘者乐于念书，此外就无法再给雇主任何信息了。"very good"（很好）是什么意思？应聘者又修过哪些科目？雇主如何得知该应聘者是否具备恰当的资格？应聘者自己　空口无凭地强调并不够。

j. 这封信的口气恐怕连最宽宏大量的雇主也受不了。这封信听起来傲慢自负，显示应聘者对自己太有自信。他听起来很挑剔，不想做的事，大概也不会愿意去做。换句话说，他成功地颠倒了雇主与应聘者之间的传统关系，也就是让雇主觉得应聘者在筛选他，而不是他在筛选应聘者。

k. 这封信里的"checked up"（查过）也给人过度自信的感觉。应聘者特别花时间去了解公司，会让大多数的雇主印象深刻，但是你不能用这种说法表达。此外，应聘者似乎没提供任何有意义的信息，仅仅是描述雇主自己早就知道的事实。

l. 人们很容易用陈腔滥调开头（见 [d]），然后写出一个不完整的句子，同样的状况也常发生在结尾。"Thanking you in anticipation"这个句子没有动词，只有词组，不能构成完整的句子。这个词组的语气也不妥，听起来要不就是太过谦虚，要不就是太过自信，彷佛自己一定能录取。

m. 这样的结尾就很简洁巧妙。它提到面试的可能性，但听起来又不会太自负。

> n. 这样的结尾听起来要求太多了。在求职过程中，要耐心等待回复的应该是求职者，因为决定权还是在雇主手中。此外，虽然大多数雇主都知道应聘者通常不会只应聘眼前这份工作，在求职信里还是不应该这样坦然描述自己的焦急，或是这么鲁莽地把事实说出来。

15.9 撰写完整的求职信

当过"雇主"之后，你应该就能了解为什么有些雇主还是要求职者自己写求职信，并知道雇主想从中得到哪些信息。写求职信的时候，你就应该时时记住这些原则。那么，怎么呈现你的信息最好呢？从求职应聘表格中，我们知道下列基本信息是你在求职信中一定要包含的：

- 姓氏
- 名字
- 电话号码（私人电话号码与工作电话号码）
- 婚姻状况（已婚、未婚、离婚、分居）
- 教育背景与受训经验
- 检定资格
- 工作经验
- 个人兴趣

文章形式

你也可以写一封长信，把上述所有信息都包含进去，但是这个方法有缺点：(1) 以文章的形式呈现这些信息，在缺乏标题等的状况下，雇主就不容易一眼找出这些信息。(2) 这个方法还有写作风格上的问题。写信人很难避免流于单调重复，如"我那时候做了……之后我又做了……；之后我又做了……"看看这里有几个"我"！

简历加上简短的履历标题页

采用这种方式时，你把个人资料和资历等列在另外一张纸上（见第

287页的英文范例）。就如同你自己设计一份自己的求职应聘表。这张列出资格和经验的表就是"简历"，在英式英语中称为"curriculum vitae"（缩写成CV），经常就以CURRICULUM VITAE作为标题，确定一下你把这两个词都拼对了。

这样合并简历与标题页的做法，既有求职应聘表的优点，同时还弥补其缺点，而且让你有机会让对方看到，不需要对方主动提供求职应聘表，你也能够以工整清晰的方式把信息呈现出来。

写　法

顺序　简历上各信息的排列顺序，应该跟求职应聘表一样。先是个人资料；然后是教育背景和工作经验；接着是其他兴趣，如休闲活动、参加的社团组织、在学校和小区生活中担任的角色等；最后是推荐人姓名。

呈现方式　每条信息应安排在相应的标题下，有需要时，再细分成几个小标题和小字段；整个外观应工整、清晰、有组织，空间分配恰当，不要让页面太挤。

风格　不用写出完整的句子，但是务必前后一致。

简历的优点

1. 有标题和字段的指引，信息更容易找出。
2. 如果整张表格的分栏清晰工整，会给人做事仔细有效率的印象。
3. 可以避免上述风格单调的问题。

下面是一篇英文简历范例。注意在这个简历中，求职者并没有详细列出中学时期的GCSE和A level成绩。她已经有不少工作经验，因此学校成绩不那么重要了。不过，如果你刚从学校毕业，当然最好还是列出学校成绩。

15.10　履历封面页

简历需配合一封简短的求职信（又称"履历标题页"），其内容应包含：

1. 正式进行应聘（写出职缺名称、参考文号、在哪里看到征人广告，

CURRICULUM VITAE

Sarah Louise Leverton
34 Pike Street
Birmingham BM10 4EW
Tel:　01981-307062 (Home)
　　　01981-234987 (Work)

Age: 32

Date of Birth: 27.02.80
Status: Single

EDUCATION
Fairlawn Comprehensive School, Bristol	Sept. 1990 – July 1995
Brindley Sixth Form College, Bristol	Sept. 1995 – June 1997
Lanchester Polytechnic	Sept. 1997 – June 1999

QUALIFICATIONS
GCSE: English Language, English Literature, Maths, Biology, Chemistry, Economics, French	1995
GEC A Level: Economics, Politics, Maths	1997
BTEC Higher National Diploma in Business and Finance	1999
GCSE Spanish (Evening Class)	2009

EXPERIENCE
Management Trainee	Sealco plc	Coventry	1999 – 2000
Commercial Assistant	Sealco plc	Coventry	2000 – 2003
Finance Supervisor	CD Electronics	London	2003 – 2010
Commercial Manager	Ellwood Services	Birmingham	2010 – present

Experienced in financial accounting, contract negotiation and general administration, including computerised office systems. Several years' experience of management with a special interest in staff development.

OTHER ACTIVITIES
Pianist with a local jazz group.
Plays Squash and Badminton regularly for local team.
Committee member of CMI

REFEREES
<u>Brian J Cameron</u>	<u>Ms Jan McKechnie</u>	<u>Ms Jane Crompton</u>
Managing Director	Finance Director	Personnel Manager
Ellwood Services	CD Electronics	Sealco plc
Triangle Court	14 Ryecroft Street	Psion Business Park
Brigstock Street	London EC3 4LY	London Road
Birmingham BM3 9QA		Coventry CY3 1JZ

如报纸或杂志的名称与日期）

　　2. 你应聘该职缺的原因

　　3. 你为什么觉得自己有资格和能力担任该职务

自我检查

　　接续上面最后一点，你觉得下面哪一种说法更有说服力？

　　I am good at supervising people and feel sure that I would be able to manage the department successfully.

　　我善于监督管理，有自信能够成功地领导此部门。

　　While in my last job, I was promoted to section head in charge of three other staff. This responsibility gave me the opportunity to discover the problems of managing people and to gain some experience of allocating work fairly, motivating people, and dealing quickly with problems.

　　在上一份工作中，我被擢升为小组组长，手下有三名组员。这份职责让我有机会体验到领导所带来的挑战，并在公平分配工作、鼓舞下属和迅速处理问题等方面得到一些经验。

　　第一个例子只是一种声明，完全没有具体的证据让收信人相信写信人会是个称职的主管。在第二个例子中，写信人并不明说，但是巧妙地暗示自己会是个称职的主管，方法就是：

　　1. 提出具体的证据：他被擢升为小组组长，表示主管相信他的能力。

　　2. 表示他至少知道"领导"并不容易，也会遇到困难。

　　3. 显示他知道这份职责带来哪些机会。

　　4. 用"some"（一些）这个词来描述自己累积的经验，既不言过其实，同时显现出谦虚的态度，暗示他知道自己还需要继续学习。

　　5. 显示他知道身为主管要负起哪些责任，这么多的重点，用两句话就囊括了。

　　最后，履历标题页也让你有机会展现你的写作能力，强调跟该职缺特别相关的经历，并展现出对工作职责的理解与热忱。

　　永远要以具体的证据，来支持你的意见和理由。

手写或用计算机打？

如果你是在网络上应聘，那么简历和履历标题页当然都得在计算机上打了，否则的话，最好的方式也许就是合并两种做法。把简历打出来，但是履历标题页用手写。这样一来，你可以用简历展现出专业效率的一面，同时又让雇主看看你的字迹。但是如果你的字真的很不好看，那就把简历和履历标题页两者都打出来。

如果你自己没有文字处理软件，可以请特别的文书服务中心为你打出来。报纸上都有文字处理或履历服务的广告。

15.11 网上求职

求职网站

基于互联网的日新月异，下面这些网站可能在本书印刷时就已经过时或改变不少。不过，这些网站是不错的入门指引，而且如果你不是可以马上用到，可能也可以从上面链接到其他有用的网站。

在下列的网站上，你可以找到就业指导、业界新闻和各种职缺，这些职缺要不是公司自己刊登的，要不就是招聘顾问公司刊登的。此外，大多数的网站都可以让你把简历刊登上去，并以电子邮件通知你合适的职缺。

把简历刊登在求职网站上

这是个人选择的问题，其效用也有争议。其优点是，这样该网站就可以以电子邮件通知你适合的职缺，而雇主则可以从网站上的履历寻找适合的人才。但是这个做法也有缺点。你可能会收到许多不适合的职缺通知，除了把你的信箱塞爆之外就没有任何用处，因此在填写求职条件时，务必小心。你可能还会发现自己的现任主管在寻找新员工时，看到你的简历！仔细确认网站的做法，不过许多网站都会让雇主浏览求职者刊登上去的简历。

如果你决定把简历刊登上去，尽可能把产业与层次相关的关键词都囊括进去。因为所有的搜寻工作都是通过关键词进行，如果你的简历上没有这些关键词，那么数据库在搜寻时就不会找到你的简历，结果你的简历就只会遗失在一片电子丛林中。

招聘公司

近几年来，招聘公司如雨后春笋般纷纷成立，其专业的筛选过程，让雇主们也愿意花钱请他们为自己找到合适的员工。网络上可以找到许多招聘公司，分别专精于各种职业或行业，要找到这些公司最简单的办法，就是去网络上浏览，然后点点看各种链接。

去跟多间招聘公司登记，似乎是不错的点子，但是可能会很花时间。大多数的招聘公司都会要求先跟你面试，之后才把你的资料转给雇主，整个过程很花时间。此外，很多招聘公司常常会跟你保证很多，最后只为你找到不合适的工作。最好的做法就是去看看他们列出的职缺，列出的职缺接近你的求职条件时，才去跟招聘公司登记。

网上应聘

许多大型企业及大多数的大学、慈善机构和公营机构现在都有自己的求才网页，可能是一个专门的网站，要不就是附设在机构网站上。这是了解该机构极佳的途径，而且上面常可以找到现任员工的访谈记录、组织的结构、培训机会等。许多也常有在线的求职应聘表。通常三十分钟到两小时就可以填完，而且问的问题与一般求职应聘表的问题大同小异。要填完这些表可能很累人，但是大多数的企业不愿意看你自己打的简历，而只接受他们自己设计的求职应聘表。

现在要应聘一份工作，速度比以前快多了，因此竞争也更激烈。如果在网络上应聘一份工作只需要几分钟，那么人们可能会不加筛选地去应聘更多份工作。因此，公司就每个职缺收到的应聘信函，都多到不成比例，尤其是该职缺是刊登在网络上或可以在线应聘时。基于这个原因，你更要使你的应聘表突显出来；也因此，任何拼写或语法错误都是完全不可取的。所有的计算机都有拼写与语法检查功能，所以大多数的雇主都认为这类错误不应该出现在你的应聘表上，尽管这些检查功能无法纠正所有的错误——不过这是题外话了。

最后，随时更新你的简历。这样你每次要求职时，你就只需要再撰写一份履历标题页，然后把简历附上去，或是用它进行在线应聘。这样就可以节省不少时间，你也不用每次重复做同样的事。

15.12　总结：求职

把对方需要的信息以对方想要的形式交给对方，也把你想包含进去的个人相关资料写进去。尽可能把信息以最完美的方式呈现出来。最重要的就是，愿意花时间与精力。

> **练习 15–1**
>
> 判断下列句子哪些对，哪些错？
> 1. 求职的第一步，就是去回复很多征人广告，越多越好。
> 2. 应聘报纸和网络的征人广告时，一个关键的因素就是要迅速行动。
> 3. 在看求才广告时，不应该去找"言外之意"。
> 4. 打电话索取求职应聘表时，态度要跟撰写完整求职信时一样小心。
> 5. 如果你实在想不到能在求职应聘表上的"其他相关信息"一栏写些什么，就让它空白。
> 6. 最好不要用两张纸，最好把资格、经历等都写进求职信。这样写起来简单，对方也不用读那么多东西。
> 7. 如果是应聘办公室的工作，你应该把所有跟手工、劳力有关的经验全从简历上去掉，因为这些跟现在要应聘的工作无关。
> 8. 如果简历的传统标题如"教育背景"或"检定资格"无法明确点出你的教育资格等与该职缺的特殊关联，那就想个更恰当的标题。
> 9. 履历标题页让你可以把简历上条列出来的重点，用优美流畅的散文叙述一遍。
> 10. 求职者常犯的错误包括：抄别人的求职信；用现在就职的公司信纸写求职信；批评现在就职的公司。

> **作　业**
>
> 　　就第270页的第一则征人广告进行应聘；再就第二则征人广告写一份简历和履历标题页。比较两封求职信。有什么不同吗？如果有，是哪些不同？你如何在第一封信里让对方觉得你能够适应这间历史悠久的市区公司，在第二封信里让对方相信你是个年轻有干劲的人，急欲加入这间快速成长的公司？

Chapter 16

撰写报告

16.1　人人都害怕写报告？

"写一份报告上来！"

一想到要写报告，许多人心里就充满恐惧。报告似乎是大家最怕写的东西了。如果你也有这种感觉，那你并不孤单。

本章目的：

1. 讨论什么是"报告"，报告有哪些不同的种类，及一篇好的报告具有哪些基本要素。
2. 让你看到不管多长多短、多简单多正式的报告，都具有同样的基本结构。
3. 说明报告中用以引导读者的"标记"系统。
4. 详细说明长篇报告的结构。

让你更清楚了解到报告的本质后，再：

5. 一步一步说明如何计划和撰写报告。
6. 就如何完成最后的成品给你几点提醒。

就算你觉得自己在近期内不可能有需要写报告，你应该还是会觉得本章的内容很有用，因为报告的基本结构就与所有长篇写作的基本结构非常类似，如论文。而且报告有各种形式和长短，我们稍后就会看到。

但是首先，让我们先回到写报告给大家带来的恐惧。

> **自我检查**
>
> 如果主管要你写一篇报告，你第一个反应是什么？写下来。
>
> 你心里有什么感觉？写报告到底是哪一点让你有这种感觉？

也许是因为报告似乎是比较少用到的沟通形式。而写信、开会、与人交谈是大多数人经常进行的活动，所以感觉起来比较不可怕。我们不需要常常写报告，因此一旦需要写报告，不是很熟练的我们就不知道该怎么办。

也许大家不喜欢写报告的另外一个原因是,"报告"似乎总是规模庞大而难以征服。我们总是会想到一个正式严肃的封面,里面是厚厚一叠纸,纸上是密密麻麻的字,而一想到要制作出这样的成品只会使人更恐惧。但是让我们来看看真相。

首先,我们已经学到,就连要让最简单的沟通活动有效率、有效果,我们也需要在事前做好充分的思考与计划。

另外,我们至今学到的沟通原则,特别是写作时该遵守的原则,不只适用于写信,也适用于写报告。只要具备这些原则与技巧,你其实就已经有能力写出一篇好报告了。另外有些特别的技巧是你可能还不知道,而我们在本章才会说明的。

最后,是报告长短的问题。不是所有的报告都是冗长复杂的,我们稍后就会看到。其实你可能每天都在制作"报告",只是自己不知道,因为报告有各种不同的形式和长短。此外,长而复杂的报告的基本元素其实就跟短而简单的报告一样,两者只是规模不同而已,而要完成一份大规模的任务,诀窍就只是要按部就班,一个步骤接一个步骤地去进行,并有"开始"的勇气。

16.2 什么是报告?

报告用来传达信息或建议,就是由一个收集和研究过事实资料的人,传达给因特定目的而要求这份报告的人。报告的最终功能常常是决策和行动的依据。

> **自我检查**
>
> 依据"报告"的定义,列出所有你过去一星期自己制作或帮忙制作过的"报告"。

如果你接受这个广义的定义,那么你会发现自己过去一星期完成过各式各样的"报告"。例如:

- 跟一个不知道该不该看某部电影的友人报告影片内容。
- 跟没出席的同学或同事报告上课或开会经过。
- 跟主管报告你对某件事的了解情况与意见,供主管作为决策或行动的参考。

- 在表格上报告某些数据或信息，表格填好后将转给其他部门，供某人作为决策或行动的参考。
- 以信件、备忘录或电子邮件的形式跟某人报告你对某事的了解或是给予建议。

换句话说，报告的种类也许就跟报告产生的原因一样多，从一场闲聊到五厘米厚的政府报告都属于此类。

16.3 报告的种类

报告的各种形式	报告的分类方式
· 对话	· 长短（长篇/短篇）
· 示范或口头报告	· 语气（非正式/半正式/正式）
· 信	· 主题（工程/财务/营销/意外事故）
· 备忘录	· 时间（每日/每周/每月/期中/进度/最终）
· 电子邮件	· 重要性（例行/特别/紧急）
· 填好的表格	· 风格（叙述/描述/解说/图片/统计）
· 多页的文件	· 使用范围（部门之间/公司/公众/私人）

不管是什么形式的报告，事前都要经过计划，并以适合对方（读者或听者）及符合其目的的方式传达给对方。因此，有些报告只需要很简单的计划，有些报告则需要更仔细的计划；有些报告是口头的，有些则是书面的；有些报告短，有些报告长。

本章的目的是协助你克服那些比较困难的报告，也就是书面报告，因此我们在这里把重点放在书面报告。但是你偶尔也可以想一想，如何把这些原则和技巧应用到其他形式的报告。

16.4 好报告的基本要素

一份好报告有如下特点：

- 报告的内容应统一，也就是只有一个主题。

- 报告的内容应完整，不遗漏读者需要的内容，但也不要包含读者不需要的内容和与主题无关的内容。
- 所有的信息都应正确无误，所有由事实导出的推理都应正当充分。
- 事前要对各资料逻辑地分析与分类，由此建构报告的大纲。
- 报告的整体外观要清晰有组织，让读者随时都知道自己在报告的哪里，又为什么在这里。
- 报告的语言要简单明了，容易阅读，不会造成误解。
- 即使对方不懂得相关的技术细节，报告还是要让对方一看就理解。

16.5 报告的目的是什么？

被要求写一份报告时，一定要弄清楚报告应该涵盖什么内容，以及为什么要涵盖这些内容。这些指示通常称为"职权范围"（terms of reference），目的是为你定义出研究的范围。它应该清晰明了，并在你开始动手写报告之前得到你的认可，因为它告诉你这篇报告的目的，并指引你的调查与报告撰写。在委员会调查报告中，就经常把职权范围直接写在报告的开头。因此如果你得到正式的书面指引，指引的用词表达也合适，就可以把它直接抄进前言里。如果你得到的书面指示虽清楚但是太冗长，那你可能就得先把它浓缩一下才能放进报告里。

如果你不清楚你的"职权范围"，那你就必须去跟要求你写这份报告的人或委员会问清楚：

1. 为什么需要这份报告？
2. 这份报告是写给谁看的？
3. 他们希望这份报告涵盖什么内容？

在本章稍后的部分，等你已经了解报告的不同部分之后，我们会再来看看如何设定报告的目的。

英国审计局审计长（英国国家审计局负责人）在下面这篇报告《国家乐透经营权申请者评估》里就把正式的职权范围写进 Study scope（研究范围）这一部分。注意这部分如何用 to review（审查）、to establish（确定）等动词清楚说明报告的目的。

> **研究范围**
>
> 1.9 国家审计局本报告旨在调查国家乐透经营执照申请者之评估过程，即法案第五节执照申请截止日期（……2月14日）和执照得主宣布日期（5月25日）之间的评估工作。
>
> 1.10 本报告的研究目的为：
> 审查总干事是否为国家乐透经营执照（依法案第五节规定）申请者建立恰当的评估过程，符合法案中明列之目的，并给予所有申请人公平的机会。
> 确定最后执照得主是以理性恰当的方式选出，也就是依照上述的评估过程（包括任何经过妥善记录的调整），同时总干事能够在法案明列的目标内运用其判断力；及确定获总干事发予法案第五节执照者是否履行其义务。

16.6 报告的基本结构

部分	元素
1. 前言	·职权范围或目的 ·程序或方法
2. 主体	·结果
3. 结语	·结论 ·建议（如果有要求） ·附录（如果有需要）

这个结构是所有报告都要具有的，不管是多短的报告。较长的报告除了这些基本元素，可能还会包含其他"配件"，我们稍后就会看到。

> **自我检查**
>
> 你觉得报告的前言部分应该包含哪些内容？列出来。

前言部分

"前言"的功能是让读者为报告本身——也就是主体部分——做好准

备。一般都会按照一个标准的大纲安排前言的结构，因为这样的大纲最能避免让前言陷入语无伦次、比例分配不妥、重点安排不当的情况。下面是前言的重点：

- 清楚说明报告的主题；
- 说明报告的目的，并提供所有想清楚了解此目的所需的背景信息；
- 简短描述调查或研究的方法；
- 以最简短的形式总结报告中提出的结果、结论和建议；
- 说明报告主体部分的结构大纲。

在这个架构内，前言部分应该：

- 尽量简短但清晰；
- 把读者的注意力正确导向你真正的主题和目的；
- 与后面的部分互相协调。也就是不要承诺任何在报告中没包含的内容，与结语部分也不能有任何不一致的地方。

报告的主体

报告的主体部分就是报告本身，也就是前言和结语之间的部分。这部分会写出所有的事实信息，如调查的性质、详细说明使用的方法、采用的程序、得到的结果等，然后就其进行分析，由此非常合乎逻辑地把读者引向结语部分的结论和建议。我们稍后会探讨如何组织这些信息。

结语部分

结语部分的功能是在最后以简短清晰的方式呈现该报告达到的结论、提出的建议，或是任何按逻辑关系产生的结论。好的结语会：

- 引出新的东西；
- 与前言和主体的部分互相协调、前后呼应；
- 给读者留下你想让读者留下的印象。

16.7 格式、版面、标题、编号

我们知道报告可能有各种不同的形式，不过只要你的报告不是填在表格里，或是需要特定的格式，你就可以自己安排报告的格式。

信和备忘录的格式

短篇报告中最简单的一类，大概就是以信或备忘录形式写成的报告。基本元素还是存在，只是不一定有标题标出来（见图16-1）。

概要格式

同样，这篇报告也可以以短篇报告加上标题页的形式呈现。报告中有分节和标题，但是依旧包含所有的基本要素。

你可以看到，同样的信息，可以用不同的格式呈现。概要格式的报告的确能让读者一眼就找到需要的信息。

> **自我检查**
>
> 把下面信件格式的报告（图16-1：信件格式的报告）改写成概要格式的短篇报告，也就是加上分节和标题。然后把你的报告跟图16-2的例子比较。

但是，报告里的标题通常不应该显得比内容还要多，而在这个例子也许就有一点这样的倾向。

混合格式

把两者折中最好的做法，也许就是采用书信的格式，但是在主体的部分加上几个简单的标题，如"Business Park"（商务园区）、"Proposed Site"（建议区块）、"Staff"（人员）等。这种"混合格式"很常用，因为它基本上就是把信的内容安排得更清晰有组织。不过光是把内容安排好还不够，报告的内容往往比其他书面资料更枯燥，因此其组织结构必须让读者一目了然。有三种主要的方式可以让报告的结构更清楚：**分节标题、分段分节和标题编号**。以下分别介绍。

分节标题

标题对眼睛是一种辅助，对理解也是一种辅助。怎么安置标题，没有

The Managing Director,
Bolton and Foster Ltd,
31 Merrydown Lane,
BRISTOL BS17 2BT

9 March 2011

Dear Sir

前言 —— 按照董事会的指示，我去参观了冷港商务园区，以评估公司是否应在该地设立新办公室。以下是我的报告。 —— **职权范围及程序** / **主题**

主体 ——
该商务园区是一个以商务目的设立的园区，距离斯贝茅市约两英里，与该市的道路交通联系极为方便。园区的水、灯光和电力供应充足，价格也比其他类似的商务园区便宜。

提供给本公司的区块排水良好，就位于园区内的主要道路旁，距离M94公路不到半英里。

我与该区几家建筑承包商谈过的结果是，要在当地进行建筑工程似乎不成问题。必要的计划许可应该非常容易获得，因为政府将该区设定为"开发区"。

技术人员和半技术人员的来源非常充足，教育与技术部在该区的分局当然也愿意见到可以雇用600名员工的新办公室能在当地成立。不过公司还是需要自己安置一定数目的技术性操作人员与技师。这些关键技术人员的住宿是最严重的问题，因为当地住房不足的问题依旧非常严重。我们可以在新办公室附近一个区块建造临时的宿舍，或是利用当地的旅馆暂时解决这个问题。 —— **用段落形式说明调查结果**

结语 —— 除了住宿问题，冷港园区的其他条件都符合公司的理想要求，个人认为公司应该接下这个地点，并立刻展开新办公室的建筑工程。 —— **结论** / **建议**

Yours faithfully
J. Longman
Development Manager

图 16-1 信件格式的报告

新办公室设立场地评估报告

1. 职权范围
按照董事会的指示,评估本公司在冷港商务园设立新办公室的可行性,并提出适当的建议。

2. 调查程序
本报告的调查程序包括:参观冷港商务园区,对园区房地产经理、当地建筑公司、教育与技术部该区分局进行访谈。

3. 冷港商务园区

  a 地点与便利性
     该商务园区是一个因商务目的设立的园区,距离斯贝茅市约两英里,与该市的道路交通联系极为方便。园区的水、灯光和电力供应充足,价格也比其他类似的商务园区便宜。

  b 新办公室建筑区块
     提供给本公司的区块排水良好,就位于园区内的主要道路旁,距离M94公路不到半英里。

  c 建筑与计划许可
     i 要在当地进行建筑工程似乎不成问题。
     ii 必要的计划许可应该非常容易获得,因为政府将该区设定为"开发区"。

  d 人员
     i 技术与半技术人员
       技术人员和半技术人员的来源非常充足,教育与技术部在该区的分局也愿意见到可以雇用600名员工的新办公室在当地成立。

     ii 技术性人员/技师
       公司还是需要自己安置一定数量的技术性操作人员与技师。

     iii 住宿
       这些关键技术人员的住宿是最严重的问题,因为当地住房不足的问题依旧非常严重。我们可以在新办公室附近一个区块建造临时的宿舍,或是利用当地的旅馆暂时解决这个问题。

> 4. 结论
> 该场地：
> - 与一般道路及公路联系方便；
> - 具备充足的基本设施；
> - 价格便宜；
> - 在当地即可招募技术人员与半技术人员；
> - 立刻可于当地找到建筑承包商；
> - 没有计划许可上的问题。
>
> 尽管有住宿的问题，冷港园区的其他条件都符合公司理想的要求。
>
> 5. 建议
> 公司应该接下这个地点，并立刻展开新办公室的建筑工程。
>
> Signed： J Longman
> Development Manager
> Date： 9 March 2011

图 16-2 概要格式的报告

唯一正确的方法，但是你可能需要遵守公司或部门内采用的系统。下面是一些基本原则（参看图 16-3）：

- 标题的样式与大小应该反映出其在报告中的层次。
- 不要太花哨：标题的目的是协助读者，不是扰乱读者。
- 内文应与标题互相独立，因为标题不是内文的一部分。
- 标题如果没有做到明确清晰、点明主旨，就等于没用。
- 标题应该以字词或词组表达，绝对不要写成句子。
- 标题应该精确但简洁。

分段分节

所有分段、分节的目的都在于分开不同的元素，但同时也把这些元素连接起来。按照逻辑分段是实现前后连贯最主要的方法，但是在节与节之间，不妨加上连接的词句，并不时前后呼应，使读者阅读起来更流畅。

具有相同功能、但是规模更大一点的，就是"功能性"段落。也就是并不提供额外信息、而是在各节之间用来引介、总结、衔接的短段落。

标题编号

要不要把标题编号，是个人习惯或用法的问题。如果标题的分层够清楚，那么就不需要编号。不过，有些人还是喜欢用编号的方式使标题的分层更清楚醒目。其方法就是依标题的分层变换使用数字或英文字母，如：

A、B、C；(a)、(b)、(c)；1、2、3；(i)、(ii)、(iii)；●◆★（项目符号）

报告标题	MAIN HEADING IN CAPITAL LETTTERS IN BOLD CENTRED	→ 用粗体大写字母，置中
报告标题	CAPITAL LETTERS IN BOLD or Mixed Letters in Bold	→ 粗体大写字母；或粗体小写字母，但是每个词第一个字母大写
中标题	Small letters in bold	→ 粗体小写字母
	标题上面留两倍行距，下面也留两倍行距，或者至少要高过一倍行距，不然就是让下面的内文缩排两个半角字。	
小标题	Small letters in bold and with a full stop.	粗体小写字母，后面接句点。后面内文直接从句点后开始。
内文	有四种主要的方式可以把标题与内文分开来。这些方法也可以用来区别标题的分层：	
	・下划线	Underlined Headings
	・不同的字号大小	8 POINT 10 POINT 12 POINT
	・不同的字体	ARIAL 8 POINT **TIMES 10 POINT BOLD** Gill Sans MT 12 POINT

图 16-3　英文的各种标题格式

文字处理软件中往往有非常多的字体可选用，经验不多的人很容易被"诱惑"，但是请听取专家的建议：**一份文件中不要使用太多不同的字体**。在一般的商务文件中，用两种不同的字体就绰绰有余了。同样的道理，标题的分层也不要太多，否则读者只会更困惑。另外，标号要有"小数"系统：

```
1.
    1.1
    1.2
2.
    2.1
    2.2
        2.2.1
        2.2.2
```

要在会议上讨论报告的内容时，这个系统就特别有用。每一节都有一个数字，因此找起来更容易。比如说，"第3.2.1点"找起来就比"第3节（b）部分第（i）点"找起来容易多了。不过如果你的结构很清楚，标题也醒目，要让内容找起来更容易，也可以把每个段落按照顺序编号，也就是"1、2、3、4、5……"这样下去，不管它是大标题或小标题下的段落。

有些机构就规定，只要是超过两页的文件，都要这样为每个段落编号。

自我检查

一篇报告不管有多短，是什么样的格式，都应包含哪些元素？报告里最少要有几个部分？回头看图16-1，你答对了没？

16.8　正式的长篇报告

长篇、正式的报告典型结构如下所示。不过记住，任何种类、任何长度的报告，你都可以视情况采用并调整此结构：

1. 开端部分（preliminaries）
   - 标题页
   - 授权（职权范围、调查范围、目的）

- 目录
- 表格与图解目录（如果有的话）
- 序言
- 感谢
- 摘要

2. **主要报告（main report）**（所有的报告至少包含下列三个部分）
- 前言
- 结果与讨论
- 结论（有需要时还可加上"建议"）

3. **补充资料（supplements）**
- 引用文献和参考书目
- 附录
- 索引

开端部分

标题页 标题页是读者与报告最先接触的地方，因此这部分要好好花心思设计版面。一个人在一堆报告里要找到特定一份报告时，心里总会有一些问题，标题页就应该回答这些问题：

- 这篇报告在讲什么？（报告的主题）
- 报告是谁写的？（作者）
- 报告是写给谁看的？（收受报告的人名或团体名称）
- 报告是从哪里来的？（机构的完整地址）
- 报告是什么时候写的？（报告完成的日期）

图16–4就是一个标题页的范例。报告的标题应该简短，让人一看就懂，而且还要够明确。标题应该位于标题页的中央。如果标题会超过一行，你应该把关键的词安排在同一行。不要把意义相连的关键词分开，如：

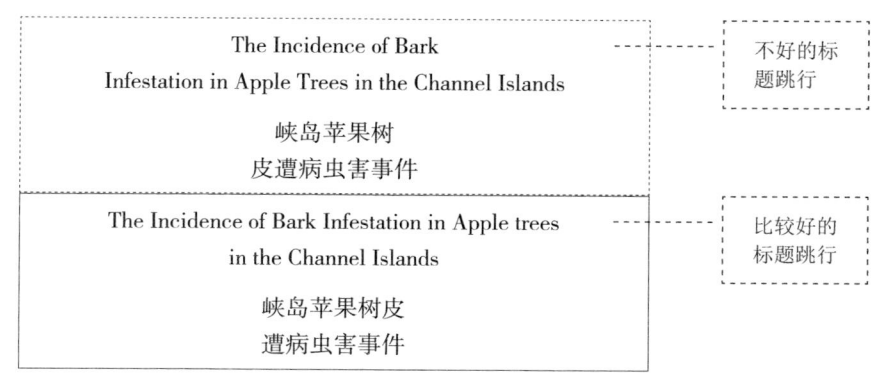

图 16-4　标题页范例

授权　这部分通常会引用委员会的指示，说明进行此调查报告的目的。在商务报告中，授权和指示通常会合并在一起，放在"职权范围"这样的标题下，或"调查范围""报告目的""目标"等，就如同我们之前看过的例子。

目录　目录方便查阅，也方便读者找出特定的部分阅读。目录中列出了报告中的大小标题，等于是把报告的逻辑结构清楚显示出来。只要目录的版面确实清楚反映出报告的结构，所有的大小标题都简洁明确，并与报告里使用的标题一致，读者只要仔细看看目录，就可以立即掌握报告内容。说到这里不妨看看本书的目录。

目录里应该写出页数，因此应该在整篇报告都完成、页数都确定后才制作目录。大部分的文字处理软件都具备制作目录的功能，但是在编辑的时候还是要检查一下。

表格与图解目录　这不但方便读者查阅，也有助于在装订之前检查书页的顺序正确无误。

序言　在性质一般的报告里，例如公布给整个专业领域或一般大众，而非只针对某个团体的报告，有时候会有序言这个部分。这部分会简短说明为什么该机构想进行这个调查或撰写这份报告，以及为什么以这样的形式制作这份报告。

感谢　在调查和完成报告过程中提供过协助的人，不管是机构内机构外，通常要指名道姓表示感谢。不过这不表示你需要把每一个有一点点关系的人都列出来，只要点出特别重要的人即可，如"总经理……先生及其员工"、"我的同事们，特别是安迪·奈尔和格玛·泰勒"。如果有外界的赞助，也要在这里感谢赞助者，但赞助的金额不用明说。也不要忘了感谢秘书或技术人员的帮忙。

摘要　摘要（见图16-5）就像是整篇报告的迷你版，总结了其目的、结论和建议等。它的功能是让忙碌的读者迅速掌握报告的内容，不用等到阅读完冗长的前言。现在几乎所有的报告都会有摘要这个部分，除非是非常短的报告。如果没有摘要，通常会把结论和建议的部分往前挪，替代摘要的功能。两种方法都可以帮助读者在开始阅读细节之前掌握报告的概要。摘要的写法详见第13章第3节。

补充资料

引用文献和参考书目　如果你在报告中引用别人的作品，应该在文中注明，并在报告最后面把引用过的文献都列出来。这一点在学术论文中尤其重要。严守下列五条规则：

- 所有引用自他人的想法或字句，都应该注明是"引用"，才无抄袭之嫌。
- 直接引用的字句要用引号括起来，甚至只有一个字也要注明。
- 文中引用到的字句和图表，都应注明出处，并列在引用文献中。
- 引用文献中列出的文献，每一个都应该在报告中引用过，并注明出处；在文中引用他人的字句或图表时，就应该同时注明资料来源。

· 每张引用自他人的图表和照片，都应在文中注明出处。

各项文献通常按照在报告中出现的顺序编号，并写出作者、书名或期刊名、出版者和出版日期。如：

Gowers, Sir Ernest, *Complete Plain Words*, Harmondsworth：Penguin Books, 2003.

参考书目列出相关的书籍，让有兴趣的读者可延伸阅读，但是可列可不列。

附录　如果有统计数据或引用数据太多太长，放在文中会占去太多空间、影响内文的流畅，就应该放到附录的部分，如几本书中的段落、其他报告、信件等。文中须清楚说明附录中的资料所扮演的角色，不能光是丢下"见附录A"一句，就期望读者看一眼附录就知道其用意。如果文中经常提到某个附录，可以将其做成展开式，方便翻看。照片、地图等平面资料应该放在封底的口袋里。

索引　只有真的非常详细的长篇报告才需要索引。如果是英文报告的话，重要的概念按照英文字母顺序排列，方便忙碌的读者查找。现在不妨看看本书的附录。

国家乐透经营执照申请者评估过程

摘要与结论

背景 ····· 1 在申请截止日 2 月 14 日前，有八位申请者向国家乐透总干事提交国家乐透经营执照（按 1993 年国家乐透法案第五节，此后简称"法案"）申请……在专家顾问的协助下，总干事评估了这些申请者，并于 5 月 25 日宣布由凯麦勒集团获得经营执照。执照于 7 月 29 日正式颁发……至 9 月 30 日有效。

程序／方法和调查目的（在这里以问题形式表达） ····· 2 国家审计局审查总干事达到此决议的过程，之后把调查焦点放在两个最重要的问题上：
- 总干事是否选择了最有可能为国家乐透分配基金（此后简称"分配基金"）带来最高利润的申请者。若否，其选择利润较低者的理由是否充分。
- 执照得主是否履行了在申请过程中承诺的义务。若否，总干事是否在评估过程中就能够且应该预见这一点。

结论 ····· 3 国家审计局的主要结论为：该评估过程乃全面、一贯、合理、受到妥善监控的；在整个评估过程中，总干事遵守其法定职责；经营执照乃发予经总干事评估最有可能为分配基金带来最高利润者；执照得主于申请过程中所承诺之义务的确纳入了第五节执照之内容。

第 4~5 点：调查结果 ····· 4 国家审计部之其他调查结果：
- 邀请民营企业申请国家乐透经营执照的计划获得广泛的宣传，并引起民营企业极大的兴趣；
- 要求申请者主动提出交换条件，保证在销售增加的情况下，乐透收入中有更大一部分将回流给分配基金，因而确保基金能从任何意外的乐透利润中受益；
- 评估过程经过仔细的计划，并在申请过程开始前便已编成手册。手册内容公平合理，在评估过程中受到严格的遵守，并在应用中展现出其稳健性；
- 以确保申请及评估过程保密的安全措施严格缜密，成功达到目的；
- 估计申请者提议之分配基金捐款所具价值为一艰巨任务，不只牵涉到上千个算术，在某些关键领域还须主观判断估计。国家审计部非常高兴所有物质方面的计算都正确，所有的判断估计符合法案之法定目的；

- 此次执照申请竞争激烈，显示在相关法律设定的范围内，其为分配基金带来了最佳的可能结果；
- 执照得主及时开办在线乐透，履行了执照中就销售点数目及其地理分布（大致符合）所提出之承诺，至3月31日达到销售额……比预估多了40%左右（注意：执照得主实际上履行了多少主要的执照承诺，还会在国家审计局另外一份关于乐透监控与管制之报告中深入探讨）；
- 刮刮乐型游戏首次于3月21日开办……立刻即因计算机问题导致乐透零售商于当日大多时候无法提供服务。第二次刮刮乐游戏于5月2日上市……没有遇到类似问题。

5 经过详细的探讨，本报告发现评估过程中的几个阶段，依国家审计局的看法，其信息可以进行不同的阐释。基于评估过程的复杂性，此现象确实情有可原。这些存疑实属次要，而且：
- 在专家眼中属正常的变异范围内。
- 不足以影响评估过程的结果。

附录

6 国家审计局邀请所有申请者就评估过程提出批评指教。其中有些意见（见附录一）就选择方式提出问题，有些提出相关法律的不足之处，因此在国家审计局职权范围外，还有一部分意见着重于评估过程的特定层面。相关的意见已纳入国家审计的审查过程及报告的结果与结论部分，如上总结。

资料来源：英国国家审计局审计长报告《国家乐透经营执照申请者评估过程》（HC569, Session 1994–5），HMSO Publications, 7 July 1995

图 16-5 报告摘要范例

16.9　内部规定的报告格式

前面强调过，报告的版面、分节和标题，取决于报告的性质、目的和读者。因此要如何呈现你的报告，你有很多的自由。不过，不用为这份自由感到不安。我们在上面说明过报告的典型结构，目的就是让你有个选择的范围，而且虽然我们用到了一些奇怪的术语（如"职权范围"），你现在应该也知道可以视情况选用更平常的字词（如"目的"）。

而且许多机构已有现成的版式指引，方便员工为报告（及信件、电子邮件、备忘录等）选择正确的结构和版面。也许你会发现公司甚至都把这些样板储存在文字处理系统里了。

这种"内部规定"当然非常有帮助，机构也可以借此确保所有的员工都按统一的格式呈现书面资料，但是随着你越来越有经验、有自信，也会发现它的缺点。这种内部规定可能反而是一种限制，使你无法以你觉得最恰当的方式制作文件。因此你要有勇气去问问主管是否可以在某些地方作些调整，以符合报告的目的。但是记住，一定要征求主管的许可：毕竟内部规定存在的目的，就是防止大家"自己想怎么做就怎么做"。

16.10　开始写报告

我们在第1章已经探讨过信息的准备和计划阶段，包括信件、论文、报告和演讲。在开始详细探讨报告的撰写过程之前，我们不妨先复习一下创造书面信息所牵涉到的步骤。特别想想你在开始写任何东西前，应该要先做哪些事。

自我检查

继续读下去前，先自己试试在下面这六个标题下列出要问自己的问题：

步骤一：设定目的
步骤二：研究和收集资料
步骤三：整理资料，决定大纲
步骤四：撰写初稿
步骤五：编辑初稿（批评和检查初稿）
步骤六：完成报告

现在，如果你真的要写一篇报告：

- 估计你每个步骤需要花多少时间，然后写一个时间表。
- 想想你的"职权范围"很清楚吗？
- 你真的知道自己在报告里到底要写些什么吗？

16.11　设定报告的目的

警告：以"给我写一篇报告分析……"开头的指示往往太含糊！

这一步做得好不好，决定了整篇报告的成败。许多报告最后没达到预期的目的，就是因为作者自以为很清楚报告的目的，也就是"职权范围"的部分，结果写出来的却是"自己觉得"的报告，而不是主管所要求的报告。因此你必须在一开始就很清楚这篇报告的目的，并在整个撰写过程中不时回头对照。报告一般可分为两种：

例行报告

商务场合中大多数的报告都属这一类：每月、每周例行完成的报告，用以提供绩效相关的信息，如财务、销售、生产等。如果你必须完成一份例行报告，公司可能会直接告诉你去哪里找资料，甚至把信息直接提供给你。你的工作就是把这些信息以规定的格式呈现在报告里。听起来很简单，所以你可能会毫不思考就按照前人的方式完成这份报告。但是，你应该自问这三个基本问题：

- 当初为什么要制作这份报告？
- 如今这样的报告依旧有这样的功能吗？
- 能不能把报告的信息或格式改变一下，使它更充分发挥其功能？

一次性报告

这样的报告是为特定的目的而制作，因此挑战性更大。不过，也许你的机构以前制作过类似的报告，你可以拿来参考。但是切记，不要想都不想就仿照前人的做法！前人的做法有可能是个坏榜样。

每篇报告都有其目的，在开始研究资料前，你一定要很清楚报告欲达到的目的。在不同的目的下，你要自问不同的问题，报告的目的可以分类如下：

1. **提供信息**
   - 应该包含多少细节？

- 谁会收到这份报告？
- 信息应以多浅显的方式表达？
- 这篇报告会保存起来供以后查阅，还是读过一遍就丢掉了？
- 这些信息获得批准可以公布出来吗？
- 是一次性的报告吗？
- 报告里的信息对读者来说有多大价值？

2. 提供记录
- 为什么需要现在把这份信息记录下来？
- 为什么人们以后会想要查阅这份信息？
- 这份报告的措辞用字需要经过某人的认可吗？
- 什么人以后可能会需要查阅这份信息？
- 这份报告有可能会用在任何诉讼程序上吗？

3. 回答问题
- "职权范围"中清楚明确地叙述该问题了吗？
- 报告的读者想怎么使用这份报告？
- 读者觉得自己已经知道问题的答案了吗？
- 如果是，他的答案是什么？
- 读者想要什么样的报告？
- 读者对报告的主题已经有多少了解？

4. 建议行动或决策
- 为什么需要这个行动/决策？
- 谁会参与讨论这个建议？
- 需要哪些证据支持这个建议？
- 报告里应该说明该建议会带来的影响吗？
- 读者想要得到一个明确的建议，还是好几个建议让他选择？
- 读者已经有自己偏好的建议了吗？
- 有没有考虑到执行该建议所带来的影响/效果？

5. 影响看法
- 这篇报告想要影响谁的看法？
- 为什么我们想要改变这些人的看法？
- 报告里应包含哪些信息？要多详细？

- 还可以用哪些方法使报告更有影响力？
- 这些人目前的看法是什么？
- 报告应该如何处理反对的意见？
- 最有力的理由是哪些？如何呈现最有效果？

6. 进行宣传
- 为什么我们想要宣传这个报告的主题？
- 会不会有产生反效果的危险？
- 可能会由什么样的新闻媒体公开这份报告？
- 这样的宣传对机构有什么帮助？
- 报告的内容有新闻价值吗？
- 如何通过风格和格式使报告更有新闻价值？

7. 履行法定义务
- 法律机构的具体要求到底是什么？
- 还可以纳入哪些有用的信息使报告更有吸引力？
- 应该如何呈现信息以符合法律机构的要求？
- 如何把法律要求的信息与其他附加信息区别开来？

在进一步采取行动之前，你一定要非常清楚：

- 为什么要写这篇报告？
- 报告是写给谁看的？
- 他们想要在报告里看到什么？
- 他们希望这些信息以什么方式呈现？
- 他们什么时候需要这份报告？

如果有任何不确定的地方，就去问清楚。

现在，用"主旨句"的形式写下你最主要的目的。"主旨句"就跟"主题句"很类似（见第13章第3节），只是**"主旨句"用一个清楚的句子总结了整份文件的主要想法或论点**，例如：探讨各种可解决某某问题的办法，建议其中最有效率（而非最省钱）的解决办法。

在整个研究和撰写过程中，把这个主旨句摆在你面前。

16.12　研究和收集资料：合成阶段

永远选择最适合该报告的资料来源与研究方法。

下一步就是获得写报告所需的资料。也许你手上已经有一些资料：如果是例行报告，也许你已经得到现成的资料；但是如果是一次性的报告，那你可能就需要做些仔细的调查研究。仔细做笔记，不要依赖你的记忆力。（图16-6"思维导图"就是其中一种笔记形式。）

资料来源

1. **第一手资料来源**
   - 人（访谈/问卷/电话）
   - 人际网络（朋友、同事、其他公司）
2. **第二手资料来源**
   - 图书馆（公立的、公司内部的）
   - 数据库（除了数字数据，越来越多的文件也储存在数据库里）
   - 顾客和供货商
   - 贸易协会
   - 专业协会
   - 研讨会和展览会

研究方法

1. **桌上研究**（不要因为懒惰而只用网络）
   - 事实性的资料最适合这种方法，如书、杂志、报纸、期刊、计算机数据库，这些全都有可能在CD-ROM或网络上找到。
   - 请图书馆员协助你。
   - 应用第13章说明过的略读和浏览技巧。
   - 通过手上的资料找到更多资料，也就是利用书或文章所引用的文献去找到更多的资料。如果某个人帮不了你，也可以请他推荐其他的人或资料来源。
2. **问卷和调查**（访谈可用来调查态度、感觉、情绪）
   - 面对面。

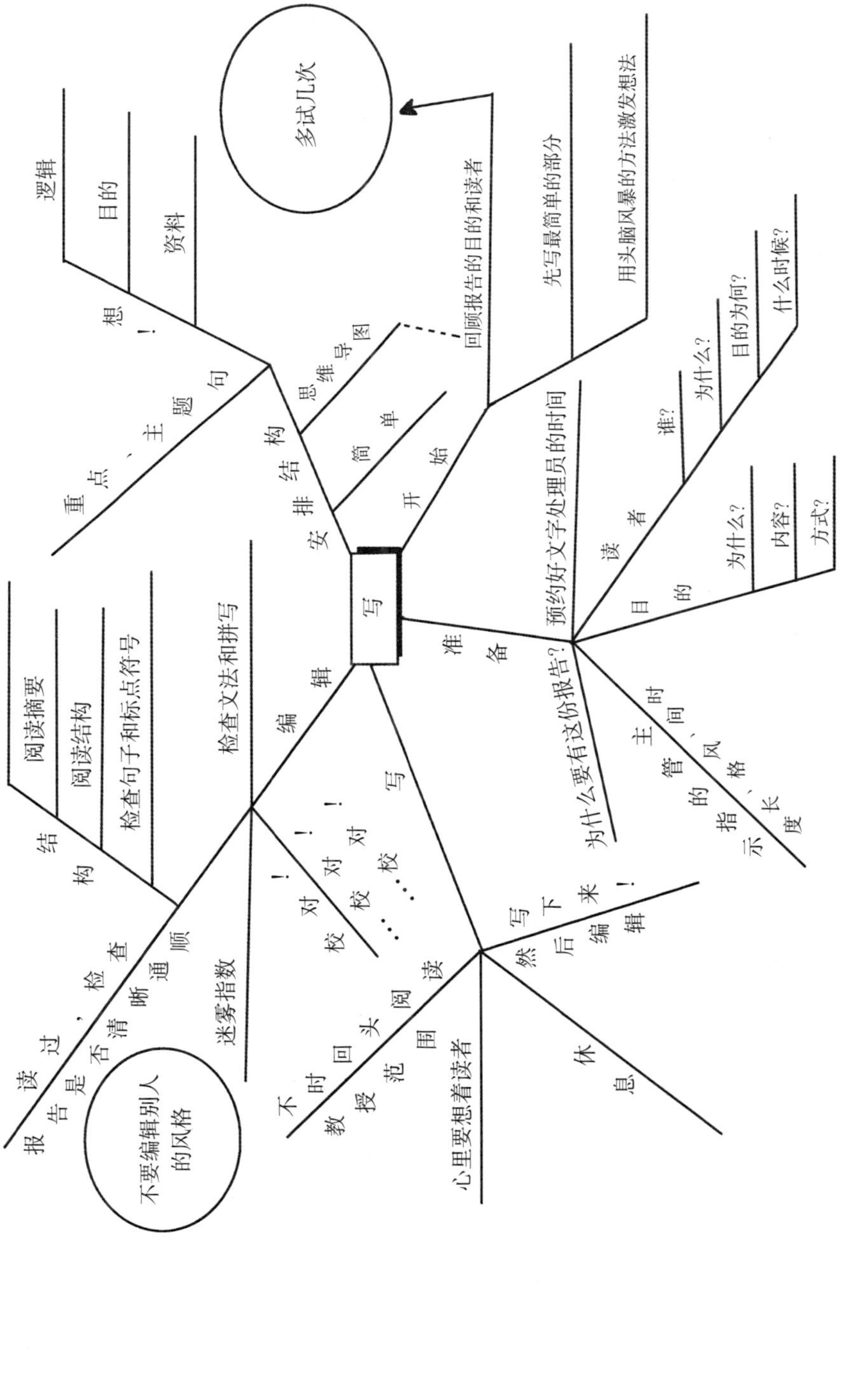

第 16 章 撰写报告 317

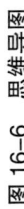

图 16-6 思维导图

- 电话访谈：适用于你认识对方，且访谈不超过30分钟。
- 考虑以一个结构式的访谈流程或问卷作为基础。（面谈的部分详见第6章，问卷的制作详见第17章。）

3. 观察与记录
- 复杂者可以是科学实验，简单者可以是单一来源的数目（如马路交叉口的车辆数目）。
- 花费有可能很昂贵。
- 需要的信息有没有可能已经存在。

现在，把你得到的所有信息与报告的目的作比较：
- 决定每个细节的相对价值
- 舍弃明显无关的信息
- 补足缺失的细节

16.13　整理资料及决定大纲：分析和分类

- 你可以把从研究过程中得到的主题列在卡片上或纸上，一张卡片或一张纸写一个主题。或者用"思维导图"的方式把各个主题写上去。（见图16-6的思维导图范例）
- 利用文字处理软件的"制作大纲"功能列出和移动各主题。
- 把这些主题与你的目的和"主旨句"互相对照，尤其注意报告的目标和范围。
- 找出整个报告可以自然分成哪些部分，或是看看如何归类各主题，然后把所有的主题分到这些主要的大分类下。如果你是用卡片的方式，就很适合在地板上进行这个步骤。而这些主要的大分类就会成为报告里主要的分节。
- 把每个类别"取个标题"，这些标题之后可能就会成为报告里的标题。
- 把各个大类别下的信息按照逻辑再"分类"，甚至进一步分到第三层。（见图16-7）
- 将这些主分类和次分类按照最恰当的"逻辑"和"心理"顺序排序。（见第1章第8节的"步骤四：决定顺序"）

第16章 撰写报告　319

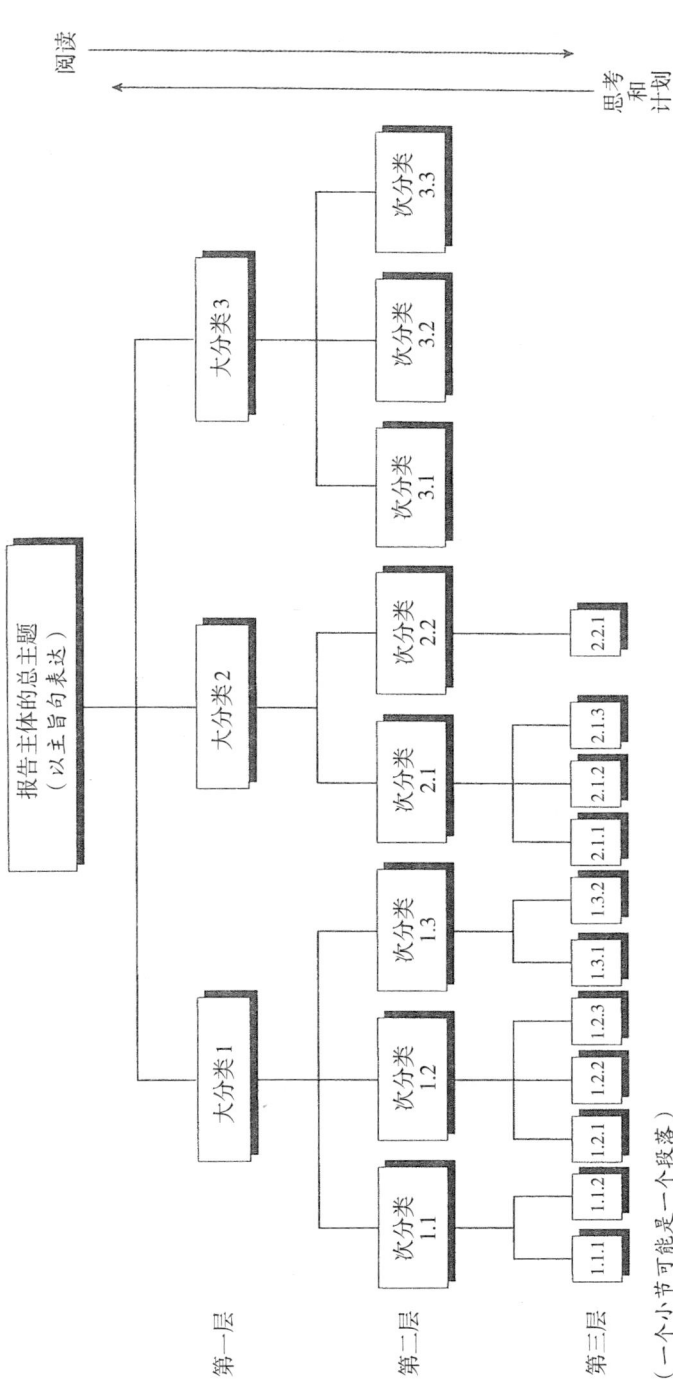

图16-7 作者的大纲：想法金字塔

在思考和计划的阶段，你应该把相关的内容归类在一起，为每个类别取个标题，沿着金字塔从下到上，从小分类进行到大分类。在撰写报告的时候，你应该从金字塔的上方开始，因为读者会希望你先提供一个纵览，然后从上到下，慢慢深入到细节。这也是为什么通常建议在报告一开始就提供一个摘要，或是把结论和建议的部分移到最前面。

- "制作大纲"：如果你是用卡片的方式，把大纲写在另外一张纸上，这个大纲就会成为目录的基础。利用不同的字体和空间区分出大标题、中标题、小标题等。
- 决定在报告的哪些部分可能需要"视觉辅助"（关于视觉辅助工具的用法详见第11章与第18章）。

16.14 撰写初稿

这是打草稿的阶段。忘了眼前那张白纸，开始写就是了！如果你真的不知道怎么开始，逼自己随便写点什么，什么都好。在这个阶段，写得好不好不重要，只要你开始了，自然就会越写越多。

尽快把初稿写出来，最好是一次就把整篇初稿写好，或者至少一次把一个部分写好。不要担心措辞或风格的问题，也不用担心结构的问题。把这些问题留到之后的编辑阶段。

这份初稿，不管是手写还是打出来的，最好用两倍行距，而且只写或打在纸的一面，不要用双面。留下足够的空间，方便之后进行补充和编辑。

1. 撰写前言部分
- 说明报告的主题，强调其价值或其他重要的特点，以引起读者的兴趣。
- 说明报告的目的，有必要的话加上背景信息。
- 如果你不打算另外写一篇"摘要"，就简短地总结调查的结果、结论和建议。
- 描述调查的渠道和方法。
- 说明报告的结构，但如果是短篇报告就不需要了。

注意：有些人喜欢等到把报告主体和结语部分都写完之后才写前言部分。虽然前言部分会放在报告的最前面，但是等你知道报告里写了什么，再来写前言，往往更容易。不过这样有一个危险，也就是让报告偏离最初的目标，使你必须修改报告的目的。修改目的也许情有可原，但是这要视你的职权范围而定，因此你至少要知道可能有这个危险。

2. 撰写主体部分
- 说明你采用的调查程序。
- 分析和阐释调查的结果，暗示可从中得到的推论。

3. 撰写结语部分
- 进行总结性的讨论，点出报告的重点，并就此进行思考与评断。只提出主体部分的证据与事实所支持的结论。
- 依据你的讨论和结论提出建议。
- 不要引进新的资料或论点。
- 最后就你希望读者留下的最后印象进行强调。
- 如果你的报告是篇详细的长篇报告，准备"配件"的部分。

4. 撰写摘要
- 用一个（或两个）详细的段落总结整篇报告。
- 将之与你的"主旨句"相对照，确定你严格遵守了当初的构想与意图。
- 将之与前言部分相比较。

5. 制作目录、附录等
- 最后把报告摆个一两天，然后拿出来进行客观严格的批评。

16.15 编辑初稿

1. 纵观整篇初稿
- 报告的结构明显吗？
- 标题系统与你的目标相符合吗？
- 有没有任何会造成困惑的地方？
- 事实信息的比例安排恰当吗？

2. 报告题目、目录、前言部分和结论
- 这几个部分是不是互相协调一致？
- 报告中的标题与目录上的标题一致吗？
- 你遵守当初设定的大纲吗？
- 你有没有把正确的重点强调出来？

- 你有没有说明报告的主题、目标和结构？

3. 检查内文
   - 各主题/各节之间有没有清楚地衔接？
   - 段落有没有太长或太短？
   - 每个句子的结构都清楚明了、合乎语法吗？
   - 句子的平均长度恰当（18~22个单词）吗？
   - 遣词用字精简有效吗？有没有使用太多太长的单词或是没必要的专业术语？
   - 有没有拼写或标点符号上的错误？

4. 把报告大声念给自己听，最好是念给别人听
   - 念起来轻松流畅吗？
   - 对方听得懂吗？
   - 有没有哪个地方重复了同样的字词或想法？
   - 有没有遗漏掉什么？或是哪个部分应该提早说明，读者才能理解？

5. 检查视觉辅助工具
   - 每个图片都清楚传达出其信息吗？
   - 图片跟内文的关系有没有清楚写出来？
   - 你有没有善用视觉图像替代冗长的解释？
   - 每个图片都有标题或说明文字吗？
   - 标题或说明文字精确详细吗？
   - 关于视觉沟通和视觉辅助工具的使用，详见第11章和第18章。

6. 最后的批评
   - 如果有可能的话，请一个有足够资格的人看看整篇报告，并给予建设性的批评。
   - 把需要改掉的地方都改掉，你的名声就靠此了！

16.16　完成报告

不管你是已经把报告打在计算机里了还是要请别人帮你打，在完成最后的完稿与呈交报告的日期之间，你都应该留下充裕的时间，以进行

打字、校对、改正、复印和装订等工作，尤其要尽量留时间给打字、编辑和校对！

整体的空间安排和外观

在最后的修改润色阶段，要特别注意报告页面的整体外观和版面。

四四方方、没有变化的版面会让眼睛疲倦。善用"空白"就跟选择字体一样重要。通常内文的部分会采用单倍行距，段落之间是两倍行距，标题与下面的内文之间则是1.5倍行距。但是在列表、图表、图解、表格周围则应留下足够的空白。

现在的文字处理软件功能都很多样，你可以用不同的字体、项目符号、框格、阴影变化版面，可以多试试各种可能性，但是不要做过头。

如果你不是自己把报告打出来，在完稿之前，先跟文字处理人员沟通一下，这样你就知道在标题和版面的设计上有哪些可能性。文字处理人员也会告诉你如何在报告中表达你的编辑指示。

用简单的文字处理软件还是排版软件？

假设你的报告现在保存在一个文字处理软件上，那么你可以就这样把报告直接印出来，也可以利用排版软件给报告一个更精美复杂的版式。现在许多软件都可以制作出达到出版水平的书面资料。不过，有排版软件是一回事，要使用它又是一回事。这些软件需要娴熟的技巧，通常要好一段时间才能掌握，而且最重要的是，不管这些软件有多先进，它都无法为你承担起设计的责任。而设计的能力虽然有时是天生的，但通常还是需要后天学习，而且就算学会了，还要能够应用。

另外一个办法就是请公司里的专家或现在常见的排版公司为你把报告制作出来。不过不要只是把稿子丢给他们就算了，你必须花时间跟他们讨论你希望最后印出来的报告是什么样子，哪种和多大的字体最好看，你想要什么样的插图等。

校对打出来的完稿

如果你的报告是别人帮你打出来的，跟对方确定一下你该使用什么样的校对符号。

这些符号通常写在页面边缘靠近文中修改处。把符号画清楚。

印制报告

最简单的情况下你只需要印制两份报告，一份给你自己，一份给要求看这份报告的人。但是如果需要印制更多份，那你就要考虑用哪种方式印制最理想。你的决定取决于下列三个因素：

- 报告的大小
- 需要印制的份数
- 报告里是否有图片

装订方式	优点	缺点	费用
把计算机上的文档用打印机打印出来。	印制快速，质量一致。适合印制小份量的小型报告。	如果报告超过50页，印起来就很花时间。质量完全取决于打印机的质量。	取决于打印机的种类。激光打印机最理想，但是比较昂贵。喷墨打印机便宜多了，而且好的喷墨打印机现在也能印出高质量的黑白和彩色内容。
把文字处理软件或排版软件的文档打印出一份，然后拿去复印。	印制量大时，方便快速，尤其是在使用高速复印功能时。有些复印店可以直接把计算机上的文档复印出来。	质量不如打印好。	通常比打印便宜。
把排版软件的文档打印出一份，然后以专业方式印刷。	印刷质量非常好。适合有照片、图解或印制量大时。	整个印制时间很长。	最昂贵，但是印制量大时（不管报告大小）也许是最经济的办法。

装订方式	优点	缺点	费用
钉书钉	适合小份量的小型报告。大多数的内用报告用钉书钉装订即可。有些复印机可在复印过程中同时装订。	不适合大型报告：订书钉无法钉住整份报告。	便宜方便。
文件绳	可以固定多达200页的报告。	翻阅起来不是很方便：书页很容易滑脱撕破。比用钉书钉装订花时间。	便宜。
现成的活页夹	适合小份量的小型报告。有各种大小和规格。	夹式活页夹不是很方便，因为把报告大角度翻开时，书页容易掉出来。	一个活页夹要1英镑以上。
热熔装订	适合小型报告和小量印制，最多100页。	过程很花时间。把报告大角度翻开时，书脊的胶容易撕裂。	快速印刷店通常有热熔装订的服务。
线圈装订	适合20~500页的报告。报告翻开来很方便。	过程花时间。线圈有各种大小，要选择合适的大小。大型报告重量重，书页容易从线圈上脱落。	机器有手动或电子的。线圈很便宜。快速印刷店通常有线圈装订的服务。
骑马订（书脊以钉书钉或线扣紧固定）	高质量的装订，适用80页以下的报告。		昂贵。
胶装（书页在书脊部分以胶粘或线装分册固定）	非常高质量的装订，适合35页以上的报告。	35页以下的报告不适用。	比骑马订更昂贵。

16.17　总结：撰写报告

在本章最后讨论报告的装订方式，也许并不能使撰写报告感觉起来更容易。不过你应该能够从中了解到，报告的外观就跟报告的内容一样重要，两者应该相辅相成。如果你还是觉得写报告是个可怕的任务，那么请记得，把一件任务划分成几个步骤，一次专心完成一个步骤，那么不管是多庞大的任务，完成起来都不是难事。

作业

1. 如果有人要你写一篇报告，在开始动手之前，你需要先知道哪些问题的答案？列出至少20个问题。

2. 为了庆祝公司成立五周年，董事会想举办一个特别的公司出游（全公司有30名员工，年龄不一，但是健康状况都很好），因此请你写一篇报告上来，建议三个出游地点，并建议你觉得哪一个最好。写出这篇报告，包括一个简短的摘要。

3. 你要就一个自己非常不熟悉的主题写一篇报告。你怎么找出自己是否遗漏掉任何重要的议题？列出所有你能想到的方法。

写给内部读者（董事会、主管、其他高层主管，或是大学校长和高层管理团队）的报告主题：建议设立托儿所。

写给外部读者的报告主题：建议对方让你们公司接手目前由竞争对手所提供的餐饮/保安/窗户清洁服务。

4. 简短说明你如何说服对方接受下列的建议：

（1）建议一家电器零售商卖你们最新系列的电风扇。

（2）建议营销经理/当地大学校长展开一场独具创意的宣传活动。

（3）建议当地一家小公司聘请你担任他们的计算机顾问，或是在家为他们完成文字处理工作。

练习 16-1

1. "职权范围"是什么意思？为什么职权范围很重要？
2. 所有的报告都应含有哪些基本元素？
3. 一篇报告至少应该包含几个部分？
4. 什么是摘要？摘要具有什么功能？
5. 报告里的"功能性"段落是什么？
6. 撰写报告有哪几个主要的步骤？

Chapter

17

其他文书任务

17.1 办公室里的文书任务

"杰夫今天不在。写封电子邮件告诉他明天的会不开了,但是我们明天一早还是需要他的数据……"

"你能不能写个备忘录给采购部门,确认一下我们订的三个公文柜?我已经打过电话,所以他知道。"

"写份通知寄给我们目前所有的顾客,告诉他们我们有新的产品目录。噢,里面再附上一张免付回邮的回复卡,这样他们就可以直接回信索取。"

"我们得传一份传真,不然就是扫描下来寄过去。"

"你能不能试试看设计一份问卷……"

"苏生病回家了。你能不能替她做会议记录……"

大多数讲商务沟通的书籍都会花很大篇幅说明如何写信和写报告。说明如何写信,是因为不管在工作场合还是工作场合外,我们都常常需要写信;说明如何写报告,则是因为大多数人都觉得写报告很困难。然而,上面这些状况却也是你在工作场合上常会碰到的。你知道备忘录和信有什么差别吗?你只发电子邮件吗?你能不能设计出一份成功有效,并且能够表达友好善意的问卷?

在本章,我们就来探讨如何设计这些文书:

1. 精简有效的备忘录
2. 传真和电子邮件
3. 回复卡
4. 表格和问卷

至于会议记录的写法,请见第9章。

17.2 备忘录

备忘录的英文写法"memorandum",简称"memo",来自于拉丁文"memorare"(记住),意思就是"要记住的事"。虽然有点过时,但我们直到今天还是不停地在写,只是我们现在通常以电子邮件的形式写备忘录,并称之为电子邮件。不过在今天,备忘录在商务场合中的功能并不只限于提醒,因为它就跟电话一样,已经成为**内部沟通的主要途径**。备忘录还是保有**提醒**的作用,因为它有书面沟通的优点,也就是能够提供一个**书面记录**。备忘录用来传达信息、指示和询问,而较长的备忘录还可以充当**报告**(见第16章第2节)。顺带一提,在某些国家的官方机构中,备忘录称为"minute"。

备忘录就是内部使用的信件,可以是电子邮件、打印或手写的。由于备忘录是内部使用的信件,因此跟一般商务信件有几点不同。以下是备忘录的特点:

- 称呼和结尾敬辞可以省略,因为一般都可假定对方怀着礼貌的态度。手写或打出来的备忘录不用签名,不过较长的备忘录通常还是会签名。
- 如果是电子邮件,通常要在最后打上自己的名字,并在名字之前加个"Regards"等类似的敬辞。
- 备忘录上的信息越简短越好,而且只讲一件事情。
- 大多数的机构都提供现成的、印好字段的备忘录便条纸,或者是在计算机里存好现成的版式,不过不管是否已经有字段让你填,备忘录/电子邮件的标题通常都包含四个部分:"To"(收件者名字)、"From"(发件人名字)、"Date"(日期,有时候还加上时间)和"Subject"(主旨)。
- 有时候还会写上寄件人的办公室号码或部门、传真号码、电话号码和电子邮件地址。
- 如果是以电子邮件发送,须在签名下方写上职位及公司、电话号码等。

> **备忘录**
>
> 收件人：   尼克·布朗赫（人事部主任）
> 抄送：   艾恩·布瑞斯顿（入门课程讲师）
> 发件人：   丹尼丝·泰勒（培训经理）
> 日期：   20××年1月17日
> 主旨：   入门培训课程
>
> 我附上了你要的培训课程初步课表。
>
> 你在课表上可以看到，我把总经理致辞安排在星期三下午。我星期五之前要把课表确定下来，所以请你跟她确认一下星期三是否可以，你觉得有什么要改善的地方也请在星期五之前告诉我。

图17-1　发给同事的备忘录示例

> **自我检查**
>
> 你觉得这则信息的语言风格如何？
> 你能从中看出发件人和收件人之间的关系吗？

文字风格

内部信息该用什么样的文字风格没有绝对的规则，而是取决于几个因素：

信息的性质　是信息、询问、要求、训斥、道贺，还是……

信息产生的背景　收件人可能会有的反应、之前发生过什么事、收件人已经知道多少、情况有多紧急、后续行动的优先程度，如例行的、紧急的、危机的、给所有员工下达后续指示等。

收件人的地位与个性　收件人在机构中的职位、对文字风格与工作方法的偏好与态度、技术或实务背景、教育程度等。

发件人与收件人的关系　友好、疏远、随和、正式等。如果收件人有好几个人，语气最好客气礼貌。

作 业

假设你必须写个备忘录给总经理，因为她说要看看入门培训课程的初步课表。根据上页的信息，写一份备忘录。

备忘录的文字风格显然并不固定。如果是高层主管下达命令或指示给所有员工，通常会采用非常正式的语言；而如果是匆忙之下留个信息给同事，你可能会采用非常口语的语言，甚至还用到笑话和俚语。写给上层主管时，你在文字风格上会比写给下属时小心。**你必须留意别人喜欢什么、不喜欢什么，留意他们对地位、职位等的态度，留意你自己的职位及你与对方的关系。**留意各种线索，但是阐释这些线索时要小心。高层主管可能会用亲切随和的口吻留条信息给你，但是如果你也用这样的口吻写回去，他们可能反而会不高兴！如果你在公司里的职位跟总经理比起来还很低，也没跟她见过面，或者只在非常正式的场合见过面，那你的备忘录也许就应像下面这个样子。

内用备忘录

收件人：　　总经理
发件人：　　丹尼丝·泰勒（培训经理）
主旨：　　　入门培训课程
日期：　　　20××年1月17日
抄送：　　　艾恩·布瑞斯顿（入门课程讲师）

遵照您的秘书的来电指示，我附上了我们计划于4月15日至4月20日举办的入门培训课程初步课表。

您可以看到，在您同意跟新进员工致辞的前提下，我暂时将您的时间安排在4月17日星期三下午两点开始。

我希望能够尽快将此课表确定下来，因此如果您能够在本周五之前跟我确定周三的时间没问题，并告知我课表上需要改善之处，我将非常感激。

图 17-2　写给较疏远的同事的典型备忘录

这条备忘录的语气就比较客气谨慎，既不过于自负，也不过于谦卑。作者写出确切的日期，避免总经理不清楚"这个培训课程"到底是什么时候举办，并方便她确定自己到底有没有空。

也许你会想，既然我的职层比总经理低，就不能要求总经理"在……之前"跟我回复。但是因为这则信息是以归纳法组织的，也就是先说明为什么事情有些紧急，然后再要求对方采取行动，因此让总经理知道你何时需要得到答复并不为过。而且"if possible"（如果有可能）这个词也缓和了要求的口气。这暗示你知道总经理还有很多其他工作要处理，但又不能让事情无限期地拖下去。

17.3　电子邮件与网络礼仪

电子邮件的优缺点

严格来说，电子邮件就跟传真一样，只是一种传送信息的方式，几乎所有的信息都可以通过电子邮件传送，如备忘录、信、报告，还有那些成天在发电子邮件的人发来的"让人看不懂的留言"。通过电子邮件传送的信息，依旧应该按照有效沟通的原则去撰拟。但是电子邮件在今天的商务场合上使用得如此频繁，因此它已经发展出自己的特色，有好的，也有坏的。

优点

- 非常便宜，通常只需要市内电话的费用，即使是发到国外。
- 你可以一次把信息发给好几个人，费用还是跟发一则信息一样。
- 只要对方在线，立刻就可以收到信息。
- 通常以纯文本形式传送，不必担心版面、字体等后设沟通因素，只需专心注意措辞。
- 由于简单方便，不受时间和时差的限制，因此现在比电话更常用。
- 内容可以很简单，也可以附带复杂的文件，例如信件、报告、照片和图片等以前以传真传送的信息。

缺点

- 由于电子邮件具有上述的优点，因此它在今天几乎已达到使用过度的地步：有些人一天可以收到上百封电子邮件！

- 不少人太享受电子邮件的非正式性，邮件里有不少拼错和遗漏的字，不仅使对方看不懂，还留下不好的印象！
- 无法显示你的语调等，因此容易产生误解，使对方觉得你唐突冒失或蛮横，即使你并无此意。因此，礼貌还是很重要，就跟面对面沟通时一样。
- 电子邮件虽然属于书面沟通，但人们往往随兴所至、不加思考就把邮件发出去，结果发出令人后悔或尴尬的内容！
- 它的简单方便意味着留言、备忘录和信件的复兴，打电话和面对面的沟通则将日趋式微。不爱成天发电子邮件的人应该不高兴见到这种情况。

电子邮件刚兴起的时候，美国企业顾问 Tom Peters 引用美国联合电信（United Telecom）及 US Sprint 公司老板 William Esrey 的话说："电子邮件可以为公司各角落各阶层的员工开启一个'对话'的渠道。他们会觉得能够直接跟我对话，因此比起把话一级一级往上传，他们说起话来会完全不同。"Esrey 甚至鼓励大家不要花时间纠正拼写或其他错误："我们的想法就是让你轻轻松松地进行沟通。"但是今天想必有不少人会反对他对"正确"所抱持的态度！

网络礼仪

电子邮件就跟明信片一样不安全！任何一封电子邮件都有可能被任何人看到，最常见的状况就是人不在，又让计算机屏幕开着。因此，即使你只会把邮件发给特定的人，你还是必须把每封电子邮件都当做公开的文件来撰写。同样的道理，一封电子邮件也可以在写信人未表示许可或完全不知情的情况下，在转瞬之间再转发给任何人，甚至是一大群人；可能会让好几个人丢掉饭碗！你可能可以通过 Lotus Notes 等系统的"机密"键防止这样的状况出现，但是不要太倚赖这个功能。以下是一些基本的网络规矩：

- 绰号、有失检点的语言、个人攻击和抄袭等可能会惹来诽谤、猥亵、盗用版权、欺诈、歧视等控告罪名。
- 你也应该知道，通过计算机储存和传送的个人资料，有可能触犯个人信息保护法。
- 不要不加筛选地把电子邮件发给一大群人，你的"仅供参考"邮件可能反而是别人的垃圾邮件。
- 为了应付信箱里的大量邮件，许多人会只挑从"主题"看来重要的邮件阅读；甚至利用垃圾信件过滤系统，依据邮件的主旨来挑出重要的邮件。所以发邮件时要有选择，写邮件时要有技巧。因此传送电子邮件的关键技巧就是**总结的能力**——先是在主题这一行，然后是在内文里。
- 不要让大家看到别人的电子邮件地址。
- 如果你经常需要发邮件给一群人，那就把这些人编成一个群组，不要每次让大家在邮件上方看到一大串的地址。
- 幽默和讽刺要谨慎使用。图释（如 ☺ ☹ :–D）虽然可以生动地表示你现在很高兴、难过，或是在大笑等，也有可能使你显得很幼稚，并引起对方的反感，所以这些符号还是少用。
- 如同图释，太多缩写，例如BTW（by the way，顺便一提）、TIA（thanks in advance，先谢谢了）、IIRC（if I remember correctly，如果我记得没错），会使对方阅读起来很吃力，甚至看不懂。
- 回信时附上原来的来信，并把内容编辑一下，删掉无关的内容。
- 签名的部分应该限制在四行内，太长、图案太多的签名会使整个画面太杂乱。
- 除非你确定对方能够打开附件，否则不要发附件。
- 照片和小型文件尽量放到邮件里面，不要以附件传送。这样对方比较容易处理。
- 不要发文件太大的附件，如果附件的文件大，在主旨行就先警告对方。如果纯文本无法让你设计想要的格式，那就用RTF格式。
- 确定地址没有打错或选错。检查再检查，打错或选错地址非常容易发生。
- 确认你的回复设定：我们很容易就选到"回复给所有人"的选项。结果可能会很尴尬，收到信的人也觉得被骚扰。
- 绝对不要立刻就按"发送"键，尤其是回复一封令你生气的邮件时，不然你可能会后悔。先等一天，想一想！

- 定期清理信箱：如果信箱满了，会收不到邮件。
- 了解和遵守公司的网络规矩与安全守则。

不要把面对面的沟通给忘了！

总结：电子邮件与网络礼仪

电子邮件即时、迅速，通常不用那么正式，其首要原则就是简洁。虽然它要求的基本技术就是能够迅速写出信息，但"正确"依旧很重要。拼写和语法错误也许不如正式信件中那么严重，但仍可能造成误解和困扰。此外，对方还会认为你不懂网络规矩！虽然我们很难定义电子邮件，但是我们应该记住它其实就是一份通过网际网络传送的书面文件。

记住，所有用计算机打出来的内容，如备忘录、信件、报告、表格和问卷等，都可以通过电子邮件传送。电子邮件只是一种快速的传递方式，被我们拿来快速发送留言和备忘录。虽然电子邮件已经产生自己的特色，但是使用时还是要谨慎！

作　业

选一个你和同事正在从事的项目企划。两人一组，一个当组长，一个当企划管理，想象如果企划管理手下有10个小组组长，每个组长每天会发给他10封电子邮件，那么他每天就要阅读100封相关的邮件！因此现在有垃圾信件过滤系统，依据邮件主题为你挑出重要的邮件。

企划组长：写5封电子邮件，每封信的英文主题不要超过四个词，中文主题不要超过10个字，目标是使邮件不会被归为垃圾邮件，能够通过垃圾信件过滤系统，被对方阅读到。

企划管理：根据这些主题决定你要阅读哪些邮件，按照什么顺序阅读。

如果你们是在团体内进行这个练习，让大家看看邮件的全文，判断企划管理决定的顺序是否恰当？可以怎么改善这些主题？头脑风暴一下，想想可以用哪些不寻常却意义明确的关键词？试着把每个英文主题缩减到一个词，中文主题缩减到五个字。

> **作 业**
>
> 从报纸或杂志上找一篇文章。把内容用六个（或三个，或一个）项目符号总结出来。再看看文章的标题，把标题改成邮件主题，长度最多四个英文单词。

17.4 传 真

在电子邮件出现之前，传真机恐怕是上个世纪商务用品中最伟大的发明，因为它比邮寄更快速、更便宜、更有效率。就如"传真"字面上的意义，传真依旧是一个快速传送文件原件的方式，如图表、地图、商务文件等。而对许多人来说，比起把文件扫描出来，再以电子邮件传送出去，传真还是方便多了。唯一的限制就是寄件人与收件人的传真机功能（纸张大小等），以及需要在文件上或第一页上加上某种形式的"信头"，见图17-3所示：

```
                                              ABC COMPANY PLC
Fax
收件人    Annie Singleton          寄件人    Tony MacKay
传真号码  08671 345167             电话号码  03521 738991
电话号码  08671 345166             副本
回复      Directions to ABC Company plc    页数    2

□紧急    □供确认用    □请指教    □请回复    □请回收

–Comments:

星期五见。
快到的时候打电话给我，
我会请下面开门让你进来。

Regards
T.
```

图17-3 典型的传真信头

- 寄件人的姓名、机构和传真号码；
- 收件人的姓名、机构和传真号码；
- 寄件人的电话号码，这样有问题时可以打电话；
- 传真的页数（包括信头页），这样对方就知道会收到多少页；
- 最好加上一行主题，就跟其他形式的商务沟通一样。

一则简单的、手写的留言附上一个传真信头，就可以立刻以传真传送，许多文字处理软件也附有传真信头样板，你只需要把内容打上去或写上去，或是把它加到另外一份文件上。

此外，传真的信息本身就只需要按照信件、备忘录或报告的原则撰写即可，视你要传真的内容是什么。但是请记住，文件从对方的传真机印出来时，什么人都可以看到，所以如果是敏感或机密的信息，就不适合以传真传送。

尽管传真在今天多被电子邮件所取代，但传真还是很有用，而且对不是整天坐在计算机前的人来说，它的速度与便利仍然无可取代。

17.5　明信片与回复卡

明信片和回复卡可以快速便宜地把商务信息传送给大众，因此在今天依旧有其价值。它省下了撰写长信、折叠信纸、封信封、贴邮票等的费用与时间。

这些明信片通常都是因应常见的商务沟通需求事先印好的，如确认收到信件、订单等，回复卡则是为了方便对方答复（见图17–4和17–5）。回复卡的邮资通常由收件人支付，使对方更有意愿回复。

主旨、称呼和信息都写在卡片的同一面。寄件人的地址在这里不写出，因为盖邮戳的那一面就已经有寄件人地址。有各式各样的人会收到这张卡片，因此信息的语气要中庸一点，但是同时要亲切有礼，才不会给人"冷冰冰、机械化"的感觉。然而，在今天我们总是收到太多太多的广告传单和垃圾邮件，因此如果你要采取这种做法，先确定这真的是最好的沟通方式。

亲爱的路提女士：

我对来信所附的产品信息非常有兴趣，请您与我联络。我知道我没有购买的义务。

姓名：．．．

地址：．．．

．．．

住家电话：．．．．．．．．．．．．．．．．．．．．．．　　公司电话：．．．．．．．．．．．．．．．．．．．．．．

Sun Rise solar systemr

今天就寄出去

图17-4　邮资已付的回复卡

Homebuy　16 The Boulevard, Milton Keynes, MK6 2BR.

尊敬的顾客：

订购确认

谢谢您订购本公司产品，目前我们正在处理您的订单，您将于十天内收到订购的产品。

如果您对订购的产品有任何问题，请直接与我们联络，并附上本卡片背面左下角的订单号码。有订单号码我们才能及时协助您。

Yours faithfully,
HomeBuy, Ltd.

图17-5　事先印好的明信片

17.6 短　信

短信的广泛使用

传短信（SMS，Short Message Service），也就是通过手机传送书面信息，再也不是青少年、学生和舞厅里因为音乐太大声而无法讲电话的人的特权了！2007年底，英国境内一个月传送的短信量是50亿，在中国则是5,000亿！下面是一些使用短信的情况：

↳ 房地产经纪人现在会发短信给顾客，通知顾客现在有新的房地产上市；房地产经纪公司会发短信给房东，通知他房租已经汇入他的账户；并发短信给卖主，随时通知他产业买卖的最新进展。

↳ 人力资源公司会发短信给客户，询问他是否对新出现的职位空缺有兴趣。

↳ CD店会发短信给登记过的顾客，通知最新出版的CD。之后顾客可以打电话到店里，听听最新专辑的节录，如果喜欢，就可以直接在电话上订购。

↳ 考试委员会会把考试成绩用短信发考生。

↳ 运营商用短信方式把体育比赛结果、天气预报、新闻、减重诀窍……发给手机用户。

公司则可以通过短信跟员工进行沟通。公司可以把短信功能与电子邮件系统结合在一起，这样就可以随时随地联络到员工。而且有些人根本不觉得这样有什么不好！短信已经存在有好几年了：日本（手机的精神祖国）、北欧和芬兰在这方面都比其他国家先进。美国则因移动平台竞争激烈，短信没有那么普及。而日本很快就以手机电子邮件取代短信。

短信的急剧增长，不像当初推出WAP移动上网时，还得经过大肆的宣传推广，原因也许就是因为简单好用。在这个科技日新月异的世界，你写短信、你收短，就是这么简单，永远不必在不恰当的时间地点对着手机大声讲话，而且你不想打扰对方的时候，这是很好的沟通方式。另外一个好处就是你可以控制你的花费：用一则短信你就可以把信息传送给对方，不像打电话可能讲一讲就讲太久，让账单超过预算。

另外，公司如果想以短信的方式进行宣传促销，必需谨慎行事。不加选择地给所有的顾客发送广告短信，可能反而会造成反效果。如果顾客同意收到此类信息，那他们会很高兴收到这类信息；但是如果他没有登记接受这样的服务，这样发短信会显得非常唐突冒昧，因为人们往往把手机视为私人的用品。换句话说，在未经对方许可的状况下，通过短信或手机电子邮件传送"广告信息"（spam），是非常不可取的，而且这种做法往往只会引起对方的反感。

火星文

> Do u spk txt? The chncs r, if u dnt, u wll b4 lng. 2 jdge by ads 4 mob fns, txt msging hs ct pples imagntn, cos thyre all pshng it lk crzy. 1 sys u can snd pix, anthr sys u cn snd msgs to 15m pple in UK alne. Bt lts gt smthg str8. Ths is jst the strt ;-

上面这个奇怪的语言，看起来就像速记法与某个从东欧语言发明出来的混合体，但是每天有上百万的人在读它写它。这是因为一则短信通常只能容下固定的字符数，因此这样缩写再方便不过了。虽然青少年和学生往往是最先掌握这种语言的人，但是如果要比赛把信息浓缩成其最必要的基本内涵，并去掉多余的字母，许多成长于电报年代的年长朋友说不定还能够击败这些新世代。

就如同其他的沟通形式一样，其中的关键就是"了解你的读者"。对方会不会觉得你只是不会拼写或打字？他们能够立刻看懂你的信息吗？如果不能，还是采用正常的拼写，但要和写电子邮件一样，尽量简洁，并使用标点符号，以帮助理解。上面这段火星文的翻译如下：

> Do you speak text? The chances are, if you don't you will before long. To judge by adverts for mobile phones, text messaging has caught the people's imagination, because they are all pushing it like crazy. One says you can send pictures, another says you can send messages to 15 million people in the UK alone. But let's get something straight. This is just the start.
> 你发短信吗？如果你没习惯发短信，很有可能很快就会开始传短信了。从手机广告去判断，发短信已经激起大众的想象力，因为每家都在疯狂地打广告。这家说你可以传照片，那家说你光是在英国境内就可以发短信给1500万人。不过我们把话说清，这还只是开始呢。

谁知道手机的研发部门和市场拓展部门又会想到什么新点子？GPRS和3G（第三代移动通信技术）利用更高的宽带传送信息，已把手机转变成"微型浏览器"，能够拍摄和传送照片、上网、听收音机、看电视、接收和传送电子邮件，简直就是个人数字助理。目前，4G已成为更全面的网络通信设备，能够"随时随地"把语音、信息和串流影音多媒体内容传送给顾客。

换句话说，你可以坐在海滩上上网，随时随地处理你的业务，全都通过一部小小的手机。不过，科技再怎么进步，我们都不能舍弃这一步：想想你要沟通的内容，审慎地判断怎么做最适合你的目的、情况和对方。而发短信这个做法势必还会流行一阵子！

作　业

试试根据不同的目的采用不同的沟通媒体。比如用电子邮件、电话、短信和信件邀请朋友参加聚会，比较各种沟通媒体所得到的反应！你可以适时地使用符号、缩写和图释，但是不要全用大写符号，否则对方会觉得你在对他大吼，甚至"反击"回来。

17.7　表格与问卷

也许你就跟许多人一样，觉得我们的生活中有太多表格。几乎所有的状况都必须要我们先把某份表格填好才能得到我们需要的东西，或是做我们想做的事，或者是协助别人完成他们的工作。你的抱怨不无道理，但是表格的确有其用处，而往往令我们恼怒的原因反倒不是填写表格的必要性，而是表格本身之设计。

> **自我检查**
>
> 你能不能为利用表格获取信息想到四个好理由？

- 它让你从不同的人那里得到相同的信息。
- 它让你以相同的方式得到信息。
- 因此，要比较这些信息也更容易。
- 要取得和查看特定的信息也更容易。

通过表格，你就可以只得到你需要的信息，而排除不需要的信息。但是如果表格设计得不好，对每个人都会造成困扰。

> **作 业**
>
> 想想你最近填过的表格，比如用来申请工作、金钱、服务等的表格，或是你填过的问卷，或者是你在工作上需要用到的表格。这些表格有哪些问题？列出来。

表格的问题

表格太长，询问太多信息 （结果）填表人开始感到厌烦，因此给予的答案不完整，甚至有些问题根本没回答。

表格试图涵盖太多可能性 （结果）表格难以看懂，难以正确填写。表格的目的不清，或者是目的太多，结果什么目的都达不到。

表格设计不好 （结果）语言和表格本身太复杂，意义含糊不清。填表说明令人更加困惑，表格内容有互相矛盾的地方，如：

□你有孩子吗？　　□你想要有孩子吗？

第一个问题想必是预期得到"没有"的答案，否则第二个问题就没有了意义。但是如果填表人回答"有"呢？这个例子也许看来有些夸张，但在设计不好的表格或问卷中，这就是典型会出现的自我矛盾。

表格版面安排不佳 （结果）有些答案栏太大，有些又太小。

表格问错问题 （结果）即使得到了信息，也是错误或没用的信息。

设计表格

设计表格需要一定的技巧，不能掉以轻心。随着信息处理的日益计算机化，表格设计可能还需要特别的训练。主管可能会要你"试试设计一份表格"，也或许你觉得工作上用到的表格不是很理想，你想设计一个更好的表格。记住下列的基本原则。此外，下一节将说明的问卷设计原则也适用于表格设计。

1. **版面**
   - 让版面尽量美观顺眼。
   - 表格尽量简短。
   - 确定它的确具备该有的功能：
     （a）能够提供你确实需要的信息；
     （b）为每个问题提供了足够的空间；
     （c）填写起来简单方便。

2. **组织**
   - 按照逻辑安排问题和说明的顺序。
   - 避免需要前后参照和附注解说的状况。
   - 避免自我矛盾。

3. **语言风格**
   - 直接的问题和指示一般都比标题好。
   - 采用简单、清楚、直接的语言。

4. **测试**
   - 定稿之前，表格一定要被测试过。
   - 找与将来会填表的人类似的群体做测试。

作 业

1. 为你的机构或大学的"好建议奖励计划"设计一个表格，方便员工和学生提交建议。在填表说明的部分说明哪一类的建议容易被接受，如何提交他们的建议，以及提交建议之后会有什么结果。

2. 开始收集各种表格。尝试填写，把遇到的问题或困难记下来。

把这些表格保存起来，说不定哪天你可能就可以参考它们的版面、问题设计、说明等。

问 卷

问卷调查是一种获得第一手信息的正式方式。在科学研究中经常用到问卷调查，但是这种做法也受到很多的批评，主要就是因为它很麻烦对方，不只占用对方时间，甚至还问些难以回答的问题。问卷调查另外一个受批评的原因，就是问卷的问题经常含糊不清，或者是要求对方就难以决定立场的问题采取其中一个立场，或是要求他们把此刻的答案默认为永久的态度。

当然若先不谈这些，问卷仍旧是一种获取信息非常有用的方式，但是如果业余研究人员不善于使用，往往会使这种研究方法无法令人信服，调查结果也会令人质疑。因此，如果你想设计一份问卷，最好寻求专家的协助，设计时一定要非常细心周全。以下是设计问卷时应注意的事项：

- 先确定采用问卷是获得信息的最好方式。
- 问题的问法要不偏不倚，才不会左右对方的答案。
- 问题要简短，避免太长、太复杂的问题。
- 问题要直接，不要模棱两可。
- 确定你想得到什么信息，想想你要如何收集、分析和呈现这些信息。
- 尽量把问题设计成是非题，只需要勾选"是/不是"就可以让你得到信息，想办法让你得到的答案容易处理。
- 按照逻辑顺序安排问题。
- 依据专家的问卷采样技巧谨慎选择你的样本，也就是填卷人。
- 找一个"先驱团体"，也就是一小群与将来真正的填表人类似、但是不会参加研究过程的人来测试你的问卷。这是表格设计和问卷设计中不可或缺的一步。因为不管你作了多周全的思考，还是经常会遗漏掉什么，而对你来说再清楚不过的内容，对他人来说还是有可能不好懂。
- 版面要清晰美观，使问卷阅读、作答和回收都很方便。

17.8 总结：其他文书任务

许多人被问到在工作上常需要写些什么东西时，会说他们从来没写过信，从来没写过报告，但是得经常写些该机构及其业务特有的文书形式。在本书里我们很难涵盖所有的商务文书形式。因此，再提醒一次，以最基本的问题作为指导原则：原因？内容？对象？方式？地点？时间？

作 业

假设主管要你进行一项研究，并写份报告。研究过程中你必须将问卷寄给当地几间机构，请他们提供某些信息。你跟这几间机构没有接触过，因此他们对你的来信完全没有心理准备，而且你其实是在要求对方在忙碌中抽空免费帮你一个忙，提供你需要的信息。

因此你必须谨慎地选择信中的语气和风格，以留下好印象，并使对方乐意提供你需要的信息。你的问卷要让对方容易回答，要能够激起对方的兴趣，因而乐意填写你的问卷。

1. 仔细思考这个状况，列一个"不要做的事情"表，用来在计划和撰写信件时提醒自己。

2. 自己构想一个实际的研究计划，如果你目前手上正好有一个研究计划，那就更好。决定好你要写信给哪些机构，然后拟定信的内容，记住第 14 章说明过的写信技巧，以及你为"写信索取信息"列出的"不要"表。

信件写好之后，按照下面的列表进行检查。

写信索取信息时，不要——

· 索取可能是机密的信息；

· 让你的信难以理解；

· 把信寄给错误的人（比如说，寄给无法或不愿协助你的人）；

· 问太多问题；

· 问太复杂的问题；

· 要对方为你去进行"研究"工作（比如说，索取对方无法马上给你的信息）；

- 期望对方丢下手上所有的工作，就为了回答你的问卷；
- 奢望太多（得到多少信息，都要心怀感激，如果有可能，甚至再回个信表示感谢，也表达友好善意）；
- 又写信去请对方解释他的回答，让对方烦不胜烦，自己想办法找出对方的意思；
- 想一网打尽很多内容，缩小问题的范围。

练习17-1

下面这个问题出自一份员工态度调查问卷，它的问法有什么问题？

这家公司的薪水够好吗？　　□好　　　□不好

把这个问题重写。

Chapter

18

视觉沟通

18.1 什么时候该用图表?

没错,有时候光是有图片就够了,但是我们最好还是把视觉沟通当做语言沟通的辅助。在本章,我们就来探讨如何利用图片——
加强我们的信息!
使信息更容易吸收理解!
提供变化,使对方接收信息起来更轻松!

看看下面的报告摘录:

布里斯托地区的 10 家报刊文具店,被选出测试两种展示架售出贺卡的效果。10 家商店分别以英文字母 A 到 J 表示。

从 3 月 15 日到 3 月 20 日之间,三种贺卡的总售出量有记录。在此期间,由两种不同的展示架展示这三种贺卡,其中五家店的展示架是传统的阶梯型展示架,1.5 米宽,有塑料贴面及透明塑料分隔。另外五家店的展示架是金属旋转型展示架,直径 0.75 米。商店 A、C、D、G、I 使用传统的展示架,商店 B、E、F、H、J 使用旋转型展示架。

在六天测试期(周一到周六),三种贺卡的总售出量为:商店 A、B、C、D 分别售出 174、410、220、187 份,商店 E、F、G、H 分别售出 435、475、286、575 份,商店 I 售出 275 份,商店 J 售出 525 份。贺卡售出量与展示架的类型显示出明显的关联,在曼彻斯特与阿伯丁进行的类似研究也显示出同样的关联……

上面的内容摘录自一份研究报告。里面的信息你吸收了多少?贺卡售出量与产示架类型的关联真的很"明显"吗?

> **作 业**
>
> 继续读下去之前,用最有效率的图表呈现上面的信息。

统计资料

大部分的商务沟通都牵涉到呈现事实，以协助决策过程。这些事实常常是数字或统计数据，但是如同我们在上面的例子中看到的，这些统计资料呈现方式往往使事实更混乱，而不是使事实更清楚。统计数据的功能可能是：

- 历史性质的：显示过去发生的事
- 比较性质的：用以比较不同的事物或不同的时期
- 预测性质的：用来预测未来可能会发生的事

换句话说，统计数据是要使用的，但是要能够使用它，我们必须能够先理解它，而呈现数据的人有义务把数据清楚呈现出来，让需要这份信息的人能够立刻掌握住其中最重要的想法和概念。要达到这个目的，不管是口头或书面的报告，都应该把信息快速、清楚、完整地传达给对方。有人曾经估计：

1. 为员工准备自发性阅读资料，每花 10 英镑，有 3 英镑是浪费掉的。
2. 为顾客和大众印制书面资料，每花 10 英镑，有 4 英镑是浪费掉的。
3. 写信给股东，每花 10 英镑，有 4 英镑是浪费掉的。
4. 为主管准备必要的阅读资料，每花 10 英镑，有 8 英镑是浪费掉的。

虽然这个估计也许有些夸张，但是很多数据，尤其是书面数据，的确没有按照其该使用的方式被使用，而完成这些数据所花的费用远超过数据本身的价值。尤其是随着更先进的信息处理设备出现，机构往往更容易生产各式各样的信息，使得读者见树不见林。因此，信息的生产者（报告的撰写人或演讲人）有义务为读者指出各种信息之间的重要关联，并从所有的信息中挑出对读者有用的部分。在本章，我们会讨论：

- 各种呈现统计数据和信息的方式，这样就知道如何从中选择最恰当的做法。
- 所传达的信息可能会如何被其呈现方式所扭曲，这样就知道如何避免误导读者，也知道别人有可能会误导你。

图 表

图表用来呈现信息。图表使用有方，就可以简化和加快沟通或指示的过程。用于呈现统计数据时，图表通常无法取代文字，但是可以大大减少需要的字数。图表加上简短的文字说明，能够有效协助你的沟通，尽管严格说来，"一图胜千言"的说法并不正确。

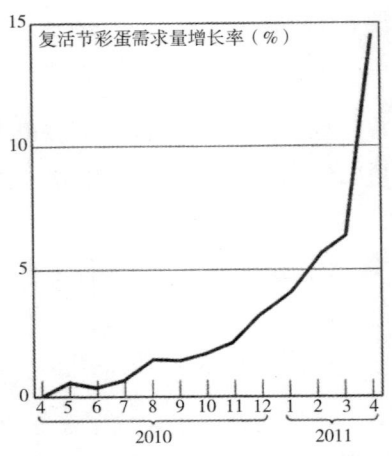

图 18-1　简单的图表

图表是书面或口头文字极佳的辅助。读到"2010年4~8月，复活节彩蛋的需求量增长了2%，之后七个月（2010年8月至2011年3月）增长了4%，但是2011年3~4月之间就增长了9%"这样的句子时，读者很难立刻把这些数字之间的关系吸收进去，如果是听的话就更困难了。但是如果同样的信息用图表呈现出来，读者马上就能清楚看到这些数字的关系（看上面的图18-1）。

把信息测量出来后以图表呈现，你就能够加强文字的意义。图表、表格都是这样的工具，能让你把数量信息更清晰地呈现出来，方便你的读者比较和对照。图解、图片还能够把抽象的概念具体呈现出来，读者或听众会很高兴你使他们的理解过程变得更轻松，并避免误解。

图 示

不管采用哪种视觉辅助，有几点原则是你一定要记住的。视觉图像可以大大辅助文字信息的传达，因此你应该时刻记得考虑采用图示的做法，但是也有些人会做过头，在说明不是特别科技、数量或复杂的主题时，为每一点内容都制作一个视觉图像。唯有当视觉辅助具有清楚的目标，也就是有具体的需要时，或者唯有当视觉辅助能够带来上述优点时，才应该使用视觉辅助。你不应该只为了让听众或读者刮目相看，或是为了让你的报告看起来更"专业"或更"漂亮"，而使用视觉辅助。至于该用哪一种图示方法，你可以问自己：*哪一种图示方法，最能够传达出我想传达的信息？*

我们很容易就习惯为某一种呈现方式采用某一种表格，为另外一种呈现方式采用某一种图表，然后只是视情况作些调整。这样的习惯很可能让你忘了去看看有没有其他更好的呈现信息的方式。

什么才是最恰当的呈现方式，取决于读者、信息的类型（统计或非统计的）及你的目的（对照数字、显示趋势、说明程序等）。你不只要选择最好的图示方式，还要决定这个图示要有多复杂或多简单。这个读者可能在一个图表上看五条不同的曲线就能了解你的意思，另外一个读者可能需要看五个不同的图表才能看懂，因为他没有足够的能力、兴趣或动力去分析一个复杂的图示。图示有以下的优点：

- 如果做得美观顺眼，能抓住对方的注意力。
- 迅速把最大量的信息传达出来。
- 如果不过于复杂，能够加速理解。
- 在文字之外增加一些变化。
- 简单迅速地呈现出整体趋势。
- 方便读者挑出特定的数据。
- 方便读者看出关联。
- 加强文字信息。
- 明显展示出差异。

让读者或听众看到图示前，一定要先让他做好心理准备。视觉图像迫使你的读者停顿下来，以弄清图示的目的，而这个停顿会降低阅读的流畅性。因此，事先告诉读者，接下来有图示了。不需要有多长的提醒，简单提一下就可以了，例如："在下表中（图6）可看到，薪水增加了10%，而销售量只增长了5%。"

永远不要假定你的读者会自动研读你的图示，就算他看了，你也无法保证他会以你预期的方式阐释你的图示。因此，光是写"表6在第9页"或"请看这个图表"并不够，你还要解释你企图用这个图或表传达出什么信息。

记住，视觉辅助只是辅助。也就是说，它应该辅助文字，而非取代文字。

18.2 统计信息

文字说明

大多数的人都无法立刻吸收文字中的一连串数字，因此也无法看出该信息的意义，或是挑出特别重要或具有特别意义的数字。但是即使是在这样的呈现方式中，你仍旧可以突出强调特定的数字，并点出重要的比较结果。如：

> 根据 MSL 国际主管招募顾问的调查显示，比起通过口耳相传或职业介绍所，人事部经理直接回复招聘广告更容易找到工作。26% 的人事部经理是直接向招聘广告应聘，16% 则是通过职业介绍所。只有 4% 是通过口耳相传找到工作，而没有一个人是被猎头公司网罗。总经理则较容易通过校友网络或猎头公司找到工作。42% 的总经理即通过这种方式找到工作。猎头公司和校友网络也是年薪超过 3 万英镑的经理最常找到工作的渠道。在年薪不到 3 万英镑的经理中，直接向招聘广告应聘是最常见的做法。

上面这段文字至少点出了重要的数字和比较结果，但是这些信息不是很好消化，听起来也很难吸收。但如果当做图表的说明，这段文字就能够为读者强调出重要的数字和比较结果。除了像这样用文字说明，最常用的图表方式就是表格、曲线图和直方图，而这几个基本的种类还有很多变化和合并的方式。

表 格

严格说来，表格不算图表，但讨论视觉辅助工具时通常也会一起讨论表格，因为跟文字说明比较起来，表格还是具有不同的视觉效果。表格是最简单的视觉辅助形式，以竖排和横排把数字整齐地呈现出来，让读者迅速掌握这些数字的意义，同时把不是那么重要的数字从考虑中排除掉。表格有以下优点：

- 可以用很小的空间呈现大量的数据。
- 方便查找：要进行比较和对照很容易，要找出特定的数字也很容易。

- 每列应该有个醒目简洁的标题。
- 要互相比较的数字应该由左至右放在同一行。
- 尽量用小数,不要用分数。
- 表格的空间安排要经过仔细的设计,包含足够的空白。

把上页文字说明中的信息以表格方式呈现出来(见图18-2),我们就能够把所有其他的数字也囊括进来,同时要进行比较也更容易。

经理级主管获职渠道

年薪/渠道	2万英镑以下(%)	2万至3万英镑(%)	3万至4万英镑(%)	4万英镑以上(%)	总和(%)
内部	34	37	31	47	36
猎头	2	3	13	8	5
顾问公司广告	3	10	11	5	7
公司招聘广告	34	24	13	13	24
口耳相传	10	10	22	19	13

图18-2　用表格呈现统计数据

曲线图和直方图

是"连续型"还是"分散型"的信息?在决定是要采用曲线图还是直方图时,这是最重要的判断依据。

是"连续型"的信息吗?也就是曲线上的每一点都是一个数字。比如速度、加速度、人口增长、资源使用、销售量等,对应到时间的横轴;或者是换算图表,如摄氏温度对华氏温度、英镑对美元。还是"分散型"的信息?也就是每项信息没有直接的关联,是各自独立的。比如每个家庭的孩子数目、不同国家在同一时期的人口数目。比较图18-3、18-4、18-5,找出差别。

一般说来,"连续型"信息最适合以曲线图呈现,"分散型"信息则最好以直方图表示。不过,有时候曲线图也可以画上垂直的长条,成为"直方图",但是**不要把这种"直方图"与传统的"直方图"混淆了。**

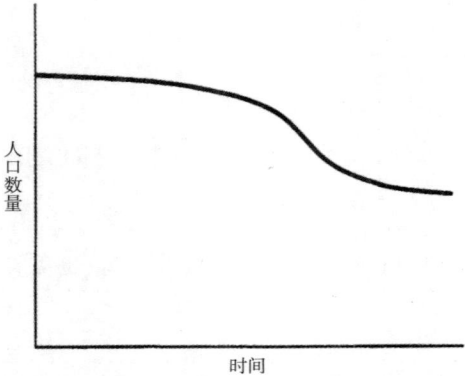

图 18-3　以单一曲线图呈现连续型信息

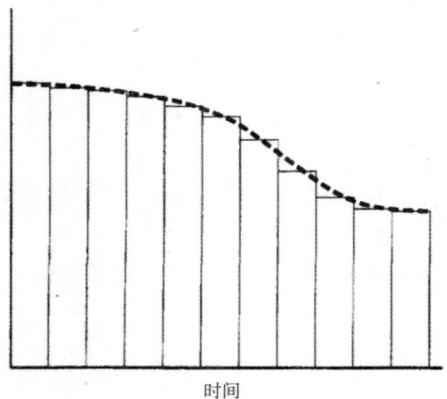

图 18-4　以直方图呈现连续型信息

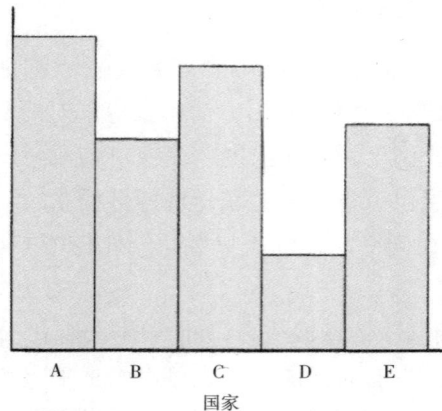

图 18-5　以直方图呈现分散型信息

第 18 章 视觉沟通 357

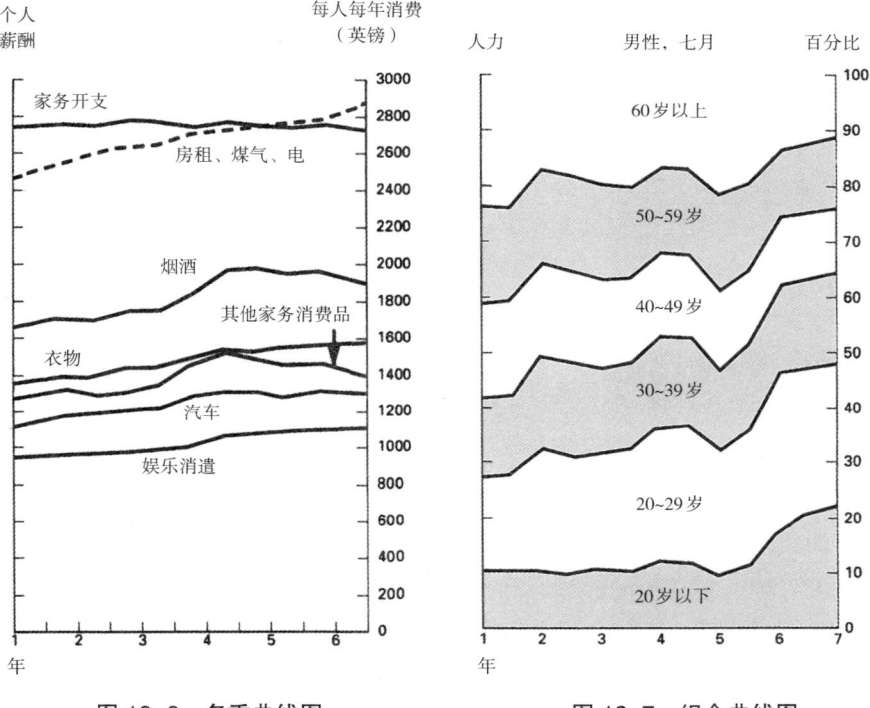

图 18-6　多重曲线图

图 18-7　组合曲线图

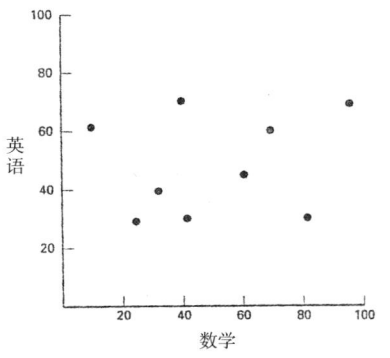

图 18-8　散布图

（显示英语考试和数学考试结果：
每一小点代表一个学生）

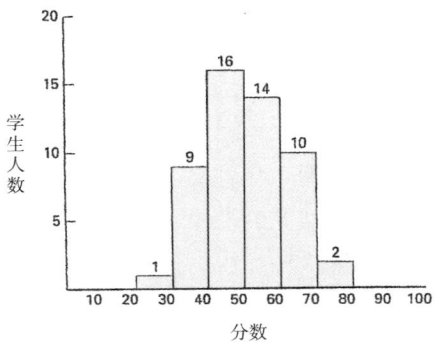

图 18-9　直方图

（显示 52 名学生的考试成绩分布，间隔为 10 分）

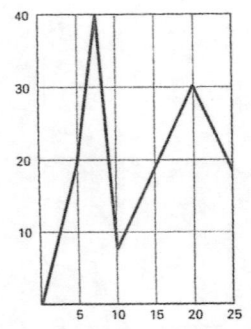

图 18-10　高而窄的曲线图

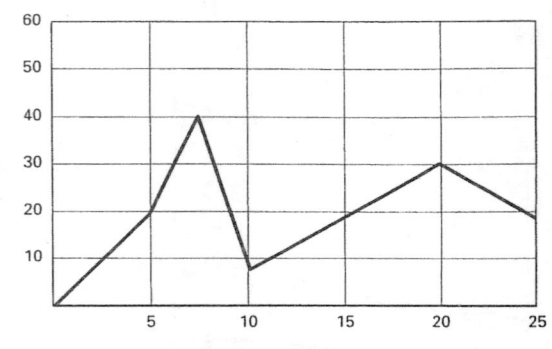

图 18-11　扁而宽的曲线图

18.3　连续型信息

曲线图用来呈现连续型信息随时间变化的趋势。曲线图画起来不难，而且大多数人在学校的数学课和理化课上就学过曲线图。

单一曲线图　在曲线图上，我们把坐标上的各点连接起来画成一条线，以显示这些数值是在上升或下降。曲线的斜率则具体地表现出某段时间内的变化强度。（见图18-3的单一曲线图和图18-4的直方图）

多重曲线图　有时候，在一个曲线图上同时显示多个事物的变化趋势更方便比较。用不同的实线和虚线代表不同的事物，就不会在曲线交汇时引起误解（见图18-6）。

组合曲线图　这样的曲线图上有多条曲线，以显示总值和各部分的值。为了与多重曲线图区别，每条曲线之间应该加上不同的底色或阴影，并有说明或标示（见图18-7）。

散布图　在垂直坐标上用一个点表示一个数值，坐标的纵轴和横轴可以是互相独立的变量。各点并不连接起来，因此图上只见散布的小点，由此去解读。比如说，散布的状态如果把所有的点大致圈起来，可能会显示出某种趋势（见图18-8）。散布图常用于找出统计数字之间的相关性。

直方图　直方图用来展示大量数据所呈现的模式。比如大量员工的薪水。信息被分成好几个"间隔"，而垂直的数据就表示"频率"。每个直条的宽度不需要相等，因为宽度就代表间隔，而间隔是可以变化的（见图18-9）。不过，如果让间隔一致，就可以把每个直条的顶端连接起来，形成一条曲线。曲线下方可加上底色,这样一段曲线就代表该间隔的"频率"。注意!直方图看起来像条形图,但是直方图上的长条不是互相分离的,而且其宽度和高度都很重要。

检查重点　　曲线图绘制原则(研读曲线图时也要特别注意!)

- 纵轴上一定要有零线。
- "零线"要比其他的线粗,以突显出来。留意"假零线",也就是如果每个数值都很大,彼此之间变化又不大,那么在曲线与零线之间,就会有很大的空白。有时候为了节省空间,人们会把图的下半部省略掉,使得纵轴不再从"零"开始。有些人为了想把数值之间的微小变化突显出来,不只是把图的下半部省略掉,而且会让横轴尽量接近曲线上的最低点。这称为"假零线",很容易因其错误的视觉效果误导读者。这是因为曲线上各点的高度与其代表的数值不成比例。在某些状况下,要同时把曲线和零线都画出来似乎实在不可能。这时候,可以在零线和曲线之间画条锯齿线,横跨整个图,表示省略掉一部分的高度。
- 坐标必须清楚标示并小心选择。一个扭曲信息的做法就是利用坐标把数值之间的微小差异放大,比如利用"假零线"误导不知情的读者,或是把横轴上的间隔放大或缩小。看图18-10和18-11,两者呈现的是同样的统计数据,但是视觉效果极为不同。不管是绘制还是研读曲线图,你都应该留意这一点。
- 信息的性质和两个轴上使用的单位都须清楚标示出来。
- 所有的文字,例如坐标标示、数值、说明、曲线标示,及所有其他的文字和数字等,都应该水平写出,除非空间实在有限。

18.4　分散型或非连续型信息

条形图

　　条形图用来呈现不同事物的分散型或非连续型信息(如汽车或洗衣机的拥有数,不同地区的死亡率等),有时候甚至是不同时间内的信息。

　　要快速比较数量(如不同地区生产的油量)或金额(如不同国家的

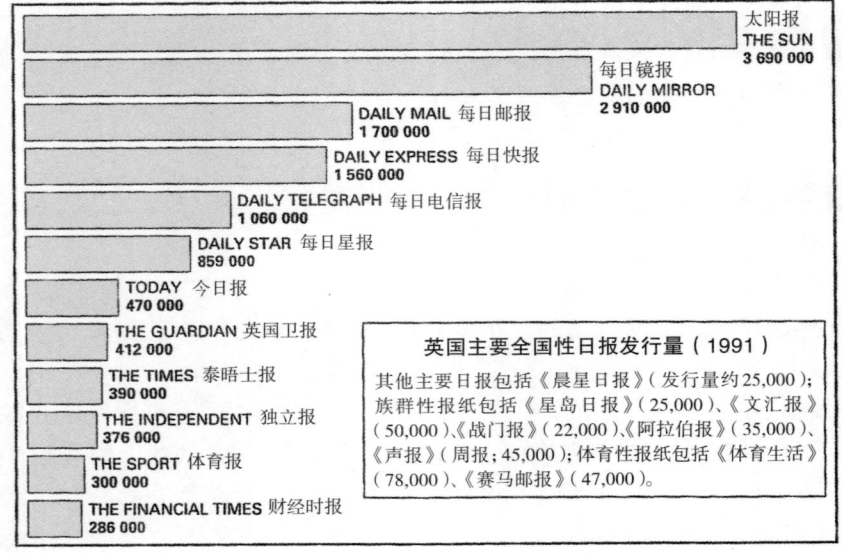

图 18-12　单一条形图

资料来源：《吉尼斯英国记录大全》（*The Guinness UK Date Book*）。感谢吉尼斯世界记录公司授权引用。

国民生产总额），实际的数字不是那么重要时，条形图就特别有用。不过，如果用来比较不同时间的信息，条形图也能够显示变化的趋势。但是每个数值并不以线连接起来，而是以垂直或水平的长条表示。垂直的条形图通常用于按时间或其他数量分类的信息，水平的条形图多用于按性质或地理分类的信息（见图18-12的单一条形图）。每个长条是各自独立的，以显示这些信息是分散的，而非如直方图上是连续的信息。长条的顶端绝对不能连接起来画成曲线。

作　业

过去二十年来，报纸的发行量因网络的普及而急剧下降。参考图18-12，找出去年一整年的报纸总发行量，将之与1991年的数量以恰当的条形图呈现出来。

| 检查重点 | 条形图绘制原则 |

1. 一定要包含零线，这方面的原则与曲线图相同。
2. 每个长条的宽度要一致。（与后面的"图案条形图绘制原则"相比较）
3. 长条不要太短太宽或太长太窄。
4. 长条之间要以空白隔开，空白的宽度最好超过长条宽度的一半，但是小于长条的宽度。

组合条形图　每个长条可以再依其组成进行划分，这样除了可以比较总值，还可以比较各部分（如把人口划分成不同的年龄层或百分比）。每个部分都加上不同的底色，并要标示清楚。（图18-13）

但是组合条形图有时候可能有欠清晰，因为它也可以用来比较两组以上的数据，如图18-14所示。因此在看组合条形图时，应该要知道组合条形图有这两种不同的使用方式。图18-14的信息若以多重条形图表示，就会清晰多了。

多重条形图　多重条形图可用来比较多组资料，每个数值用一个长条表示，并按照组别排列。（见图18-15）

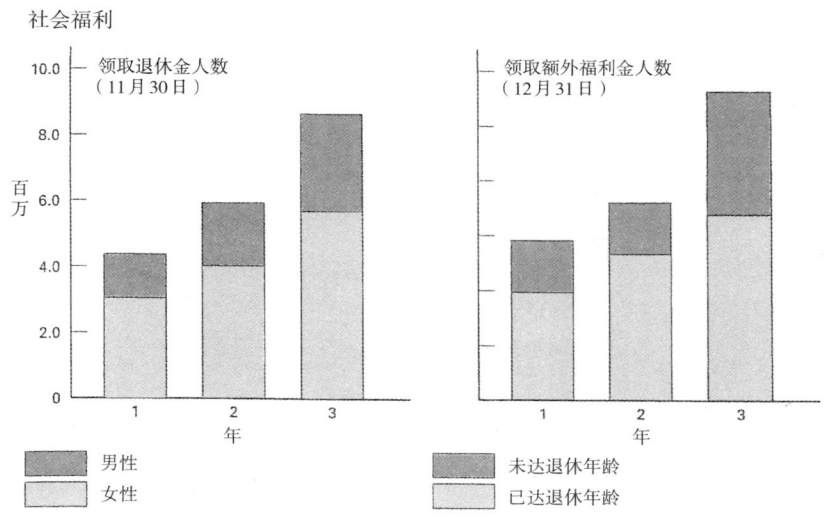

图18-13　组合条形图

362　沟通圣经

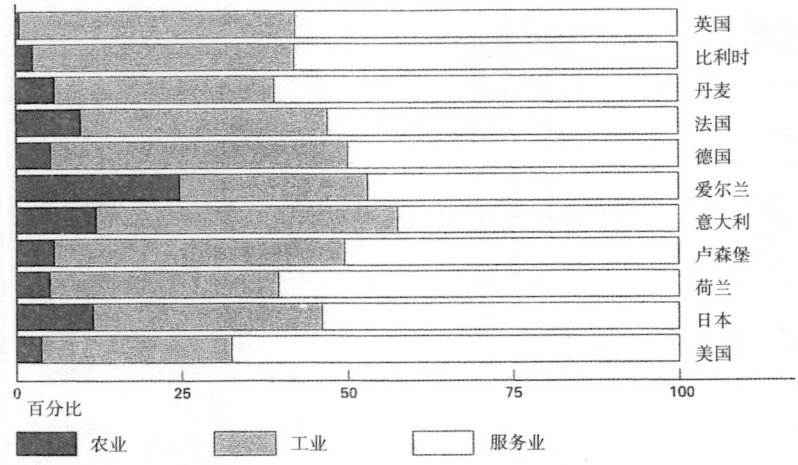

图 18-14　组合条形图

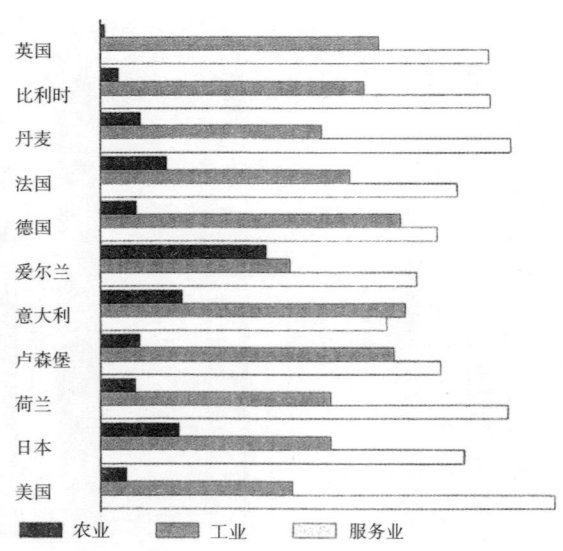

图 18-15　多重条形图（显示各产业所占比例）

人口金字塔　人口金字塔可同时显示人口的年龄组成与性别组成，每个年龄层的人口用一个长条表示，并依男女分成左右两边。年龄层的划分可以是1年、5年、10年。研读人口金字塔时，除了可以比较各长条的长度外，还可以比较不同金字塔的形状。（图18-16）

浮动条形图　长条在一条零线上下"浮动"，也就是说数值可以是正的，也可以是负的，比如数量的变化。（见图18-17）

饼形图

饼形图是最常使用的图示方法之一。饼形图在大多数的计算机上绘制起来都不难，而且能够以简单明了的方式传达出其基本信息，阐释起来也很容易。每个部分都代表一个百分比的数据，全部加起来就是100%，各部分的面积大小也与其百分比成比例。如以饼形图显示生产力在不同产业间的分配状况。（图18-18）

象形图

饼形图的"饼形"可以用各种图形取代。有些公司会用其产品图案当做"饼形"，然后将其划分成几个部分，分别代表原料、薪水、贬值等成本。但是如果各部分的面积大小与其百分比不成比例，则会造成扭曲的效果（见

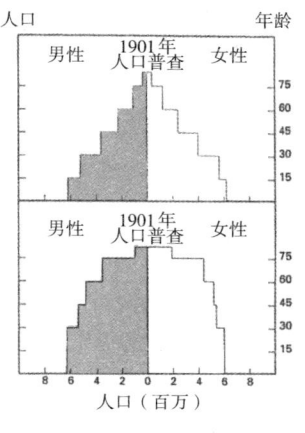

图18-16　人口金字塔

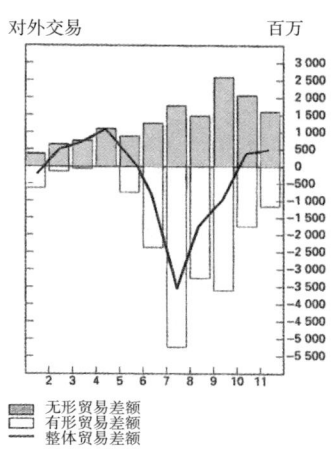

图18-17　浮动条形图

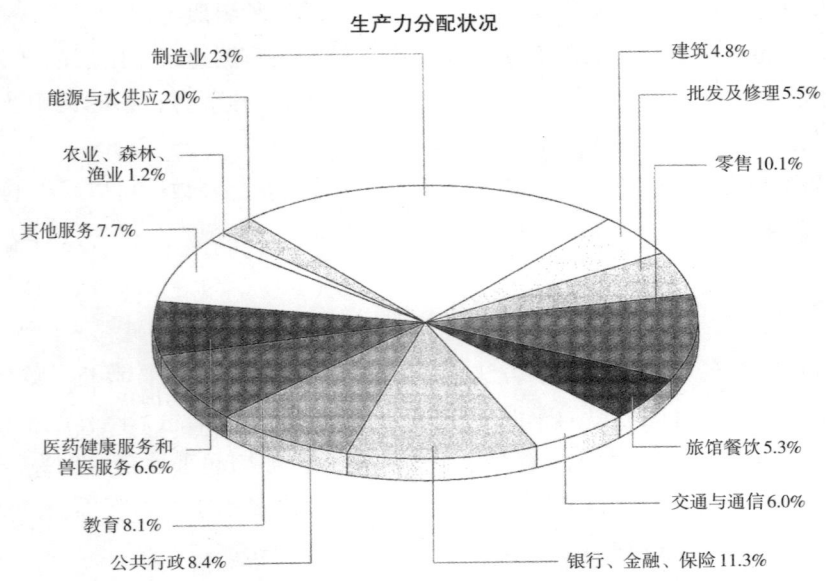

图 18-18　饼形图

出处：《吉尼斯英国纪录大全》感谢吉尼斯世界纪录公司授权引用

图18-19）。如果饼形图上各部分只有文字说明，却没有百分比，你也要小心。饼形图或象形饼形图上的各部分都应该有文字说明，并标示其百分比。

图案条形图

　　图案条形图类似条形图，但是以图案取代单调的长条，使整个图表更生动具体。对不喜欢阐释传统条形图的读者来说，图案条形图的呈现方式再理想不过了。比如说，可以立刻看到生活费用上涨了，因为图上购物篮的数目越来越多；或是今年建造的房屋比去年还多，因为图上多了五个房子。（见图18-20）

　　这些图案，不管是人、房子、飞机或英镑符号 £，样子和大小都须一致，每个图案都代表同样的数量和单位，必须在旁边说明清楚。因此，对经验少的人来说，要绘制准确并不是那么容易。选用的图案应该要简单好认，不会让不同的读者产生不同的阐释。图案条形图只能呈现有限的信息，所以如果是内容较复杂、需要小心阐释的信息，应该使用其他的图示方法。

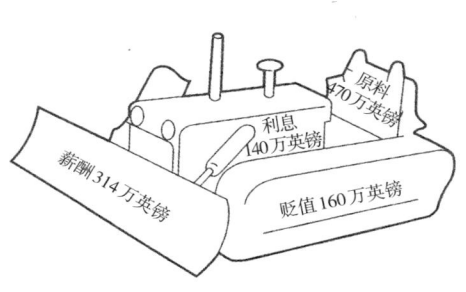

图 18-19　象形图
（容易造成误解，因为各部分的面积大小与其百分比不成比例）

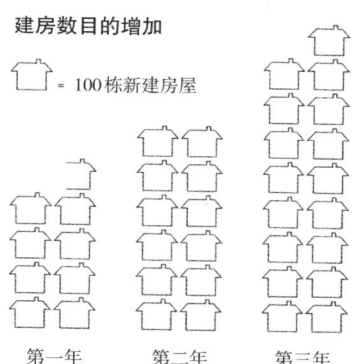

图 18-20　图案条形图

检查重点	图案条形图

1. 选用的图案要让人一看就知道代表什么。
2. 图案条形图应用来展现整体概况，而非细节。
3. 图案条形图的功能是比较，不是描述。
4. 数目的变化以图案的增减来表示，而非图案的大小。

作　业

看图 18-21，B 先生赚的钱是 A 先生的两倍吗？

图 18-21 选自达莱尔·哈夫（Darrell Huff）的《统计数字会撒谎》（*How to Lie With Statistics*）一书。这本书很好看，我强烈建议你去读这本书，它会帮助你了解人们可能会如何误导你，以及你自己可能会如何在无意之中误导了他人。作者在书中说明，我们很容易就被如图 18-21 的图案条

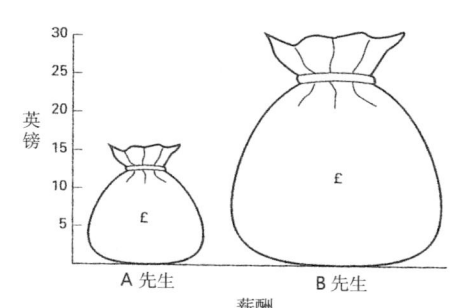

图 18-21　会误导人的圆表

形图（违反原则4）所误导。

其中的陷阱就在于：因为第二个袋子的高度是第一个袋子的两倍，因此宽度也是第一个袋子的两倍。整个袋子在纸上所占的面积是第一个袋子的四倍，而非两倍。数字说二比一，但是视觉效果却给人四比一的感觉，而视觉效果留下的印象往往比数字更深刻。或者更糟糕的是，由于这些图案所代表的物品在实际上是立体的，因此第二个袋子在厚度上势必也是第一个袋子的两倍。我们在学校的几何学就学过，相同物体的边长改变时，体积成立方改变。二乘二乘二等于八。如果第一个袋子装了15英镑，那么体积是八倍的第二个袋子，应该装了120英镑，而非30英镑。顺便一提，哈夫的书不只告诉你用统计数字骗人有多容易，还会教你不少统计知识。

统计地图

统计地图用来依地理位置显示数量信息（见图18-22）。每个地理分区以不同的阴影或底色区分。统计地图有时候也用小点的密度来表示各区统计数字的相对大小。有时也用点的大小反映出数值的变化。

> **作 业**
>
> 现在回头去看你在本章第一份"作业"为贺卡售出量所绘制的图表。熟悉了各种不同图表的优缺点后，你觉得应该用另外一种方式呈现这些资料吗？看图18-23的例1到例8。这些图表全包含同样的信息，但是其中有些图示方法显然比其他的更理想。

我们来看看可以用哪些图表有效地呈现这份数据。首先，我们必须先决定是要呈现特定的销售数字，还是要呈现销售量的变化趋势，还是两者都呈现；还有要不要使用图案（图案条形图）。这些信息是分散型的，因为每间店的售出量是互相独立的；此外，数据中没有各时间点的售出量，因此也没有变化趋势可以呈现，所以曲线图并不适用；另外，画出许多小小的展示架显然也没有多少用处。我们要知道这份数据的意义在于比较两种展示架对售出量的影响，而不是找出哪间店的贺卡售出量最高。由此我们可以得出结论：表格或条形图是最好的图示方法，因为它们能把数字显示出来，而如果信息整理得好，还能够进行比较。

看下面的图18-23的八个图例。例2、3、4、7、8把数字显示出来，两个条形图以视觉方式突出比较的结果。例1、5、6则很不理想，因为没有清晰呈现出两种展示架的比较结果，而其实只要将数字依展示架分类排列，就会有很大的差别。例4（表格）和例8（条形图）以最有效率的方式把信息呈现出来。这两个图例，你比较喜欢哪一个？这是否要取决于你的目的或你的读者呢？

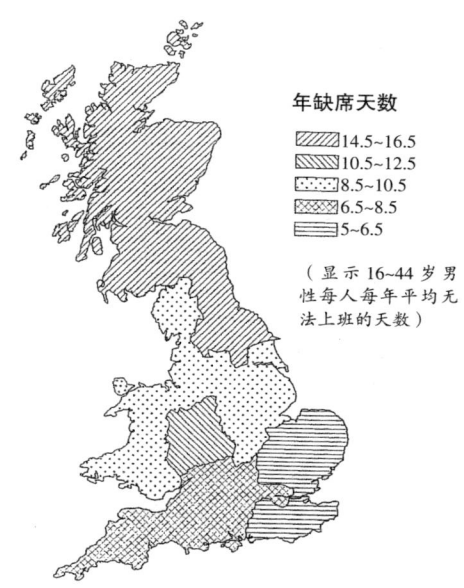

图 18-22　统计地图

例1　显示出数值，但是组织得不好	
文具店	贺卡售出量
A	175
B	410
C	220
D	187
E	435
F	475
G	286
H	575
I	275
J	525

例2		
文具店	传统展示架	旋转展示架
A	175	
B		410
C	220	
D	187	
E		435
F		475
G	286	
H		575
I	275	
J		525

图 18-23　呈现同一份信息的不同方式

例3	文具店	传统展示架	旋转展示架
	A	175	
	C	220	
	D	187	
	G	286	
	I	275	
	B		410
	E		435
	F		475
	H		575
	J		525

例4 显示出数值，而且组织得很好

传统展示架		旋转展示架	
文具店	传统展示架	文具店	旋转展示架
A	175	B	410
C	220	E	435
D	187	F	475
G	286	H	575
I	275	J	525

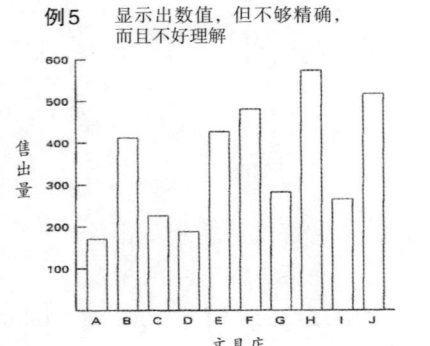

例5 显示出数值，但不够精确，而且不好理解

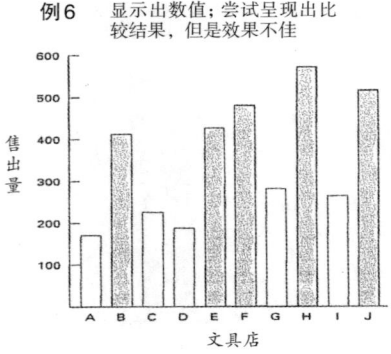

例6 显示出数值；尝试呈现出比较结果，但是效果不佳

图18-23 呈现同一份信息的不同方式（续）

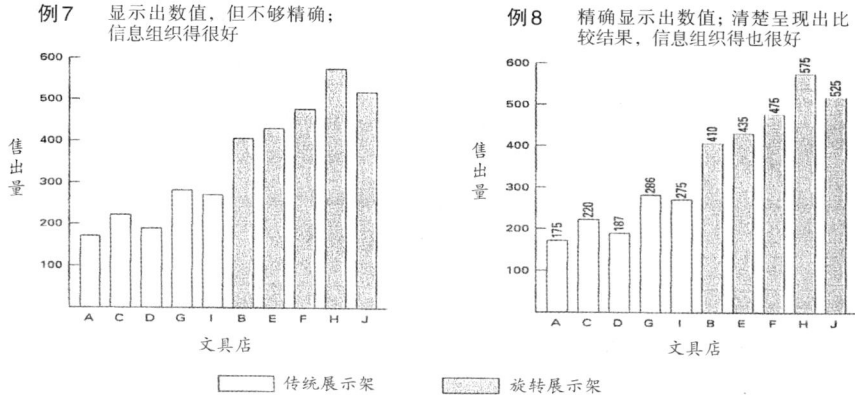

图 18-23　呈现同一份信息的不同方式（续）

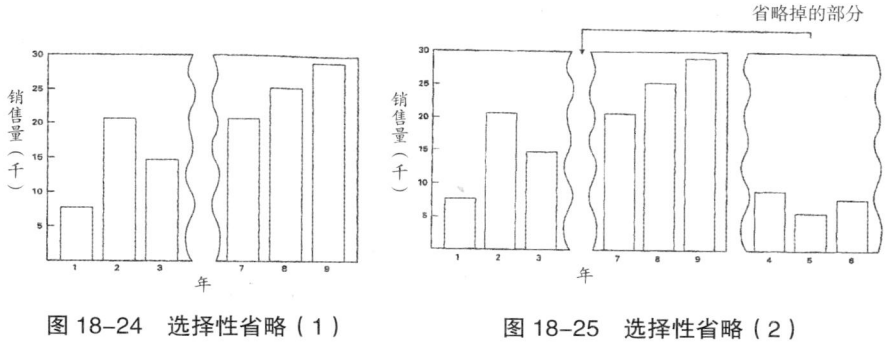

图 18-24　选择性省略（1）　　　　图 18-25　选择性省略（2）

省略部分信息而造成扭曲

英国首相迪斯雷利（Disraeli）曾说："谎言有三种：撒谎、弥天大谎、统计数字。"统计数字落入无知、没经验或居心不良的人手上，的确有可能误导读者。绘制图表或表格时，我们往往需要选出某些数值，而省略其他数值。我们呈现的数值也许是正确的，但是这些数值所造成的印象却可能是错误的。看看图 18-24，读者一眼看去，可能会认为销售量从第一年到第九年稳步成长。但是如果我们看看图表中那些表面上为了节省空间而被省略掉的部分（图 18-25），就会发现事实并非如此——销售量并没有稳步成长。省略掉第四、五、六年的条形图在理论上没有错，但是会误导人。

因此，当我们研读图表和图解时，或是阐释说明文字中的统计数字时，一定要抱着批判的态度：这里提出的想法是正确、完整的吗？而当我们自己要通过图表或统计数据传达信息时，我们必须不停地自问，自己提供的信息是否完整、目的是否正当。

练习 18–1

1. 举出"图示"五个优点。
2. 在选择图示的方式时要考虑哪些因素？列出来。
3. 表格具有哪些优点，可使其特别适合呈现大量的统计资料？
4. 如果你想呈现"连续型"信息，你会用曲线图还是条形图？
5. 在呈现统计数据时，可以如何故意误导读者？举出至少五种方式。

作　业

去看哈夫的《统计数字会撒谎》，读到"精心挑选的平均数"一章（我手上的版本是第二章）。找出"平均"这个常用的词有多容易误导人。以下是六位主管的年薪，如果下面的数字以（a）平均数、（b）众数、（c）中间数表示时，你会给读者哪些警告？

塞蒙德女士	£15 000
克罗先生	£70 000
朗翰先生	£16 000
格林先生	£13 000
萧女士	£14 000
贝格先生	£60 000

18.5　非统计信息

不是只有统计数据能够以图表更有效率地呈现出来。用流程图显示流程中的各步骤，或是用图解显示机器中的各部件，都可以省下不少文字说明，并减少误解。有时候，减少文字的数量不只是节省时间，甚至是跟大众沟通的唯一方式，因为每个人都来自不同的背景，具备不同程度的能力，使得文字不再是最恰当的"语言",甚至对许多人来说难以理解,如不识字的人。

公共信息、路标

降落伞降落区?　　　　　危险:有人打开雨伞?

图 18-26　具有多种解读方式的标志?

地图大概是这类视觉辅助中最常见的一种了,不过在办公室、商店、公共场合和工作场合,也用到越来越多的符号和漫画,为访客、大众和员工提供指示和信息。在西方社会里,符号的使用很普及,因此社会大众必须具备一定程度的"识图能力",亦即"阅读图片"的能力。图18-26中的交通标志常被人们开玩笑地冠上其他解释,但如果真有人看不懂它的意思,后果恐怕会很严重。

你知道这两个交通标志的意思吗?第一个表示"危险",第二个表示"道路施工"。有些交通标志的确很难让人一看就懂。

但如果用文字描述会占去更多空间,需要更多时间读完,而且可能不够明确,甚至无法理解。比如,英文的"heavy plant crossing"(重型机械穿越;plant也有"植物"的意思,因此也可解释为"重型植物穿越"),这个英文词组可能就会使人联想到恐怖片。

语言障碍可能会阻碍书面或口头文字的阐释,例如在同一团队中具有不同种族背景的工人之间,使用稍带幽默的符号则能够非常有效地传达信息。虽然视觉沟通非常有效,人们一般也习惯通过视觉接收信息,而且有83%的信息是通过视觉接收,但有些人是"图盲"!对他们来说,阐释视觉信息要比阅读文字来得难,因此可能的话,最好还是文字与视觉媒介并用。

指示性信息或决策用信息

流程图　"流程图"画出了过程中的每一个步骤。它从整个过程的起头开始，带领读者一个个步骤地前进，到最后完成整个操作过程。也许过程中牵涉到的是收集材料或成分，将之加工处理后分发给各使用群体。也许只是一个非常简单的操作过程。流程图不需要特别的符号，只要将每个步骤按照顺序写出来，然后用箭头连接起来即可。不过，方法研究专家、系统分析师和训练人员在分析工作流程时，通常会用几个简单的符号表示各个步骤的性质，如图18-27所示。

○	操作	把物品进行改变、安排，或为之后的操作做好准备。
⇨	运输	物品或个人从一处移动到另一处，除非该移动过程是操作或检验步骤中的一环。
□	检验	鉴定型号，或是检查质量或数量。
▽	储存	将物品保留在某一特定的状态或地点，如果要移开此状态或地点，通常需要得到某种授权。
⊙	耽搁	在某一操作、检验或运输步骤之后，客观环境不容许立刻进行下一步骤。

图18-27 流程图符号

作业

利用图18-27的符号，或是你自己构想一套更简单的符号，画一个流程图，显示某人冲泡一杯速溶咖啡的过程。从"坐在书桌前"这个步骤开始，以"坐在椅子上，手里拿着咖啡"这个步骤结束。假设用的是电水壶，这个过程约可以分成25个步骤。画完之后，跟图18-28建议的版本比较一下。

像这样把一份工作或一个过程分解成一个一个的步骤，非常有帮助。这样跟新人解说起来更容易，而且便于找出浪费时间或精力之处，比如说，不必要的移动过程，或是哪里有无谓的耽搁等，使整份工作完成起来更迅速、简单、有效率。

⊙ 坐在书桌前	○ 从工作台的橱柜里拿出速溶咖啡和糖
○ 站起来	○ 把咖啡粉和糖倒进杯子
⇨ 走到厨房的工作台前	○ 把咖啡和糖放回橱柜
○ 拿起电水壶	⇨ 把杯子和茶托带到电水壶边
⇨ 走到洗手台	⊙ 等水烧开
○ 接水到电水壶里	○ 关上电水壶,拔掉插头,把水倒进杯子
⇨ 走到工作台	⇨ 把杯子和茶托带到冰箱旁
○ 把电水壶放下,插上插头,开启开关	○ 从冰箱里拿出牛奶
⇨ 走到橱柜	○ 加牛奶到咖啡里
○ 拿出杯子和茶托	○ 把牛奶放回冰箱
⇨ 走到工作台	⇨ 拿着咖啡走回书桌
○ 把杯子和茶托放下	○ 在椅子上坐下来
○ 从抽屉里拿出茶匙	⊙ 坐在椅子上,手里拿着咖啡

图18-28 用流程图显示冲泡速溶咖啡的步骤(由上至下,由左至右)

决策图 决策图画出一连串的指示和决定,以及其所产生的结果。决策图的功能与流程图很类似,但是决策图中还分解出决策的步骤。每次遇到需要作出决策的地方,图上就会画出所有可选择的做法,而每个做法之后都有自己的路径。因此决策图有时候也称为"判定树",整张图看起来就像一棵树,用层层的分支表示所有可能的路径。

绘制决策图时,通常只需要简单的方框和箭头就足够了,但是使用一套标准的符号能够使整张图更明了,如图18-29所示。图18-30是一张用来找出机器毛病所在的决策图。更复杂或更详细的决策图可能还会采用其

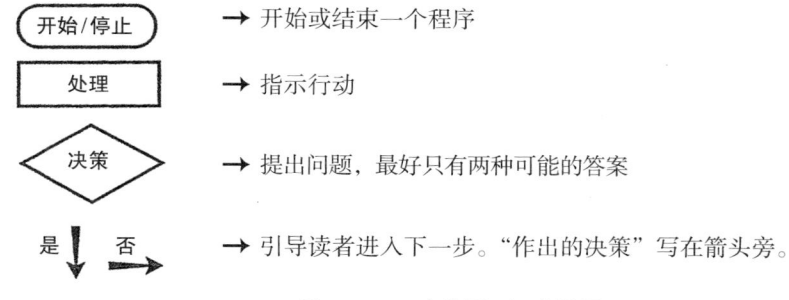

图18-29 决策图:标准符号

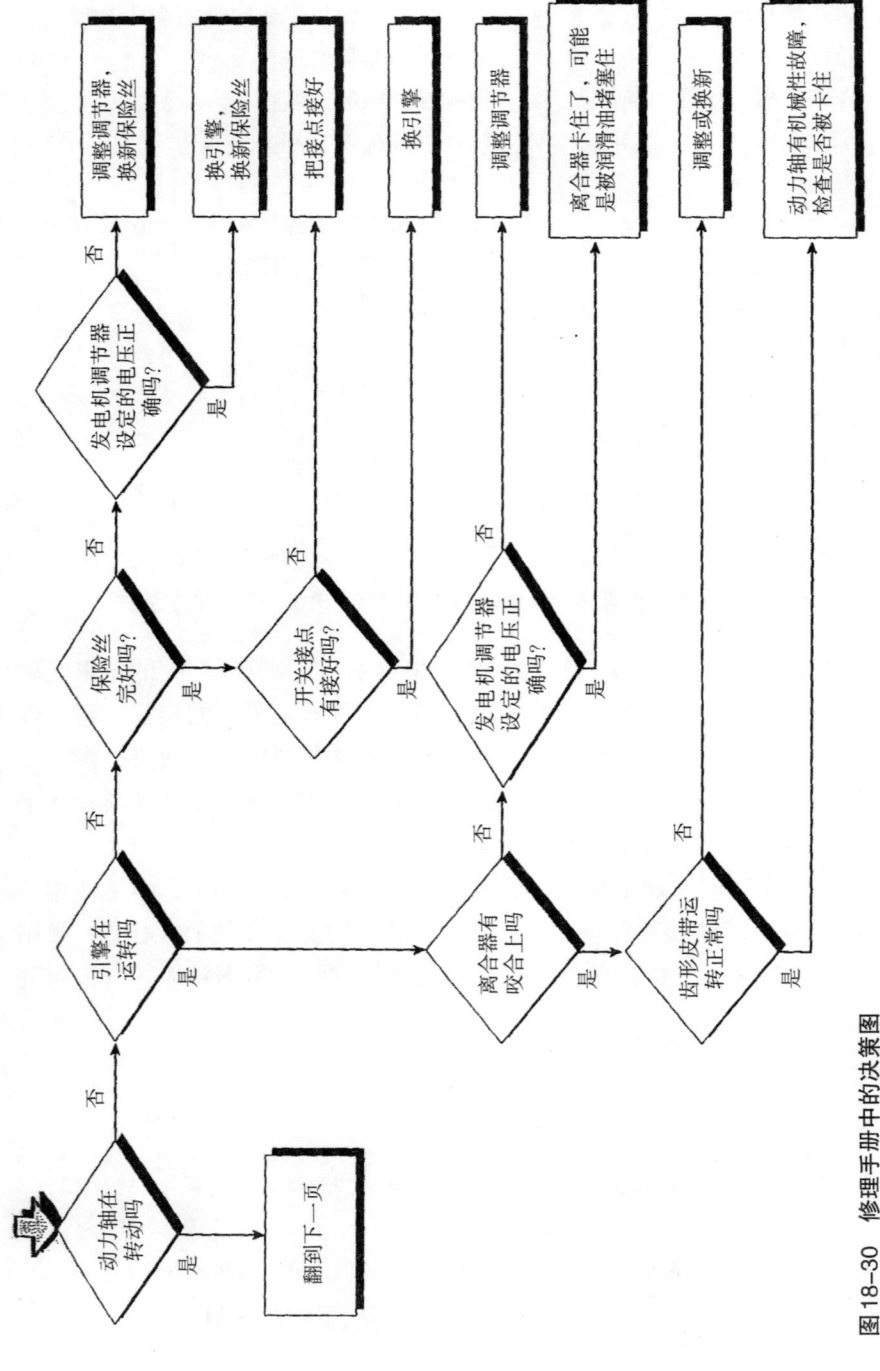

图 18-30 修理手册中的决策图

资料来源：Wheatley, D. M. and Unwin, A. W.（1972）*The Algorithm Writer's Guide*, Longman。

他的符号。

这样的图表可以编为计算机程序,而且非常适用于诊断性质的测试和找出错误。它也非常有助于表格的填写,因此在公共行政上经常采用,比如用来快速找出某人是否有资格获得社会福利,或是确定其法律地位等。

显示关系

如果要显示机器设备或机构的组成,并显示这些组成元素之间的关系,就可以使用图解和"家庭树"一类的图示方法。

线条图 这可能是最简单的图示方法了。不过由于缺乏立体感,有时候并不容易看出各部分之间的关系。

剖视图和分解图 剖视图、分解图最适合用来显示机器设备的组成部分及内部结构了。剖视图能够清楚显示出复杂机械的内部结构,效果胜过五千字的文字说明(见图18-31)。分解图(见图18-32)显示出机械设备的组成部分。每个部分又特别以一个小图画出来,显示其与相邻部分如何衔接起来。比如说,如果是个饼形图,那么每个部分都会再分解出来。有时候会再用虚线表示这整个零件如何嵌合到整个机器上。剖视图和分解图最常用于科技报告或训练手册。要绘制剖视图或分解图,通常需要细心又有想象力的绘图师,但是如果你有一点绘画天分也可以自己试试看,毕竟

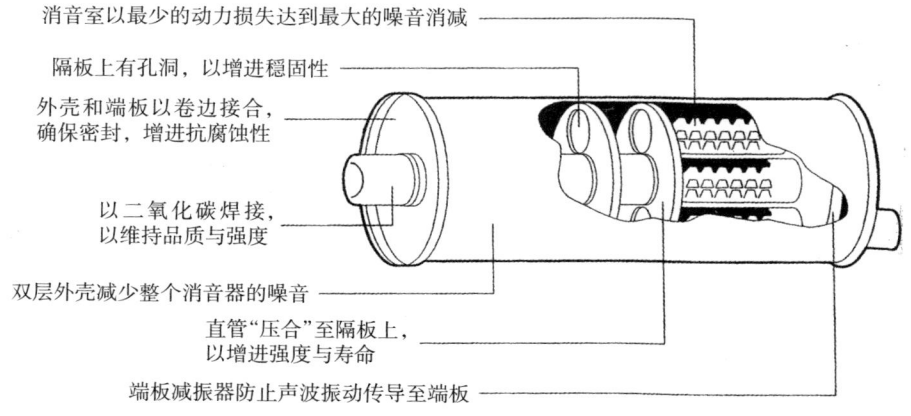

图18-31 用剖视图显示汽车排气消音器的内部结构

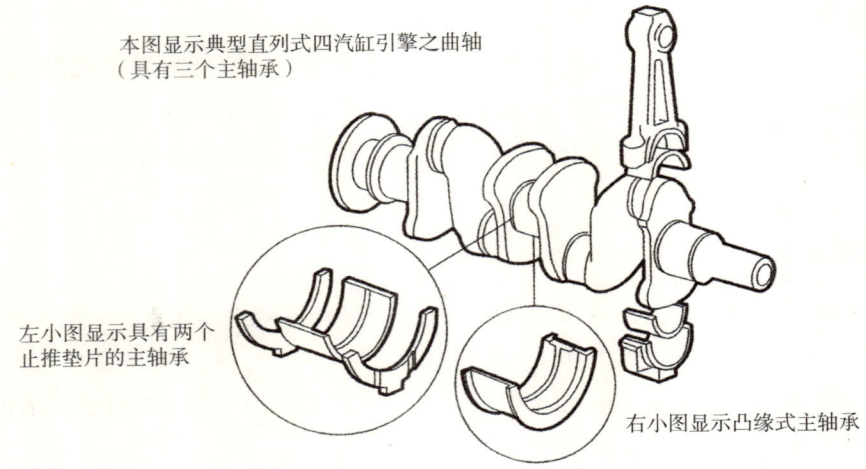

图 18-32　汽车引擎曲轴分解图

现在的计算机绘图软件能让每个人都成为艺术家。

信息树

　　机构结构图　现代机构的结构是如此复杂，常让人搞不清到底谁该向谁汇报，自己的位置到底又在哪里。如果员工清楚知道自己在公司里的位置、自己的直属主管是谁、主管上头的主管又是谁等，通常会觉得更自在。

　　机构结构图有好几种，但是最常用的应该就是垂直的结构图，依层级从上往下排列，如图18-33所示；此外也有水平的结构图，从左排到右；还有圆形的结构图，把最高层的主管放在最中央。在大部分的机构结构图中，会用实线表示直属关系，用虚线表示间接关系，如咨询性质的往来。

　　虽然纸上画出来的"指挥链"常常与实际情况有些差异，但机构结构图还是有其功能。我们想要了解公司的结构，而没有一种做法能比机构结构图更简单迅速地做到这一点。但是同时我们也要记住，实际的权力中心通常与图上不同，而且实际的沟通渠道也并不一定总是与图上相同。

　　信息树　如果你想要呈现的信息可以分成几个类别，就可以用类似信息树的方式把它整理出来。只是这样的图示方式并没有决策或指示的功能，因此与决策图不同。它只是把所有的"问题"都列出来，至于要如何阐释其中的关系和得出结论，则由读者自己决定。这个图示法也是做笔记的好

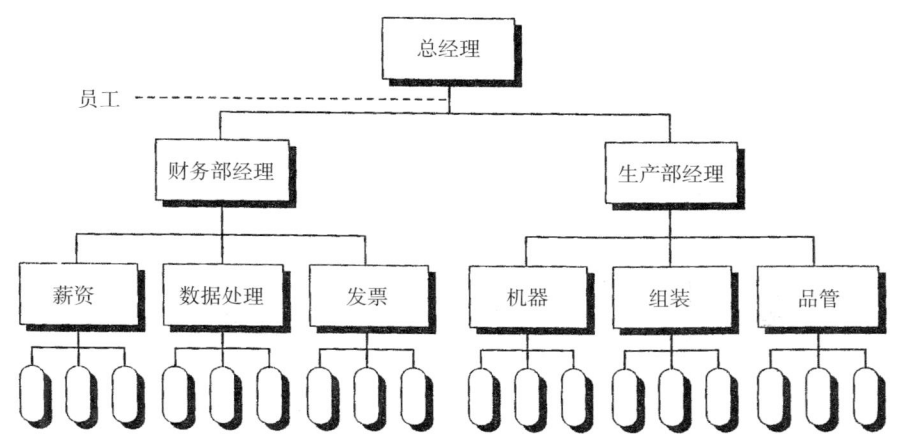

图 18-33　垂直型机构结构图

方法。(见图18-34)

信息图　类似信息树,让你在一张纸、一张图或一张投影片上列出主题中所有的信息。只是这些信息不一定要分门别类或彼此关联,而你还是可以一眼就看到主题中所有的信息,而且一旦在纸上把这些信息用方框随意地写出来,你可能马上就会发现各方框之间的关系。然后你可以用箭头或连线等标示出这些关系,如图18-35所示范的商务沟通信息图。

采用"叠加"或"飞入"的方式

如果是在口头报告中使用到图示,那不妨用"叠加"或"飞入"的方式呈现统计数据。所有的图表都可以采用这种做法。先显示出图表的坐标、网格线、标题等,然后用不同的颜色,逐步把每项信息以"叠加"或"飞入"的方式加上来;曲线图、直方图,甚至统计地图都适用。

基本原则显然是一样的,但是这个做法还有一个好处,就是能够把显示出来的信息再从图上移除。换句话说,在一张已经画好的图表上,读者就无法把不想看到的信息移除。但是如果用叠加的方式,我们就可以只留下读者特别有兴趣的部分。另外一个好处就是,报告人可以显示出数据累积起来的效果。

非统计数据的复杂图解或图表当然同样也能够受益于这种做法。

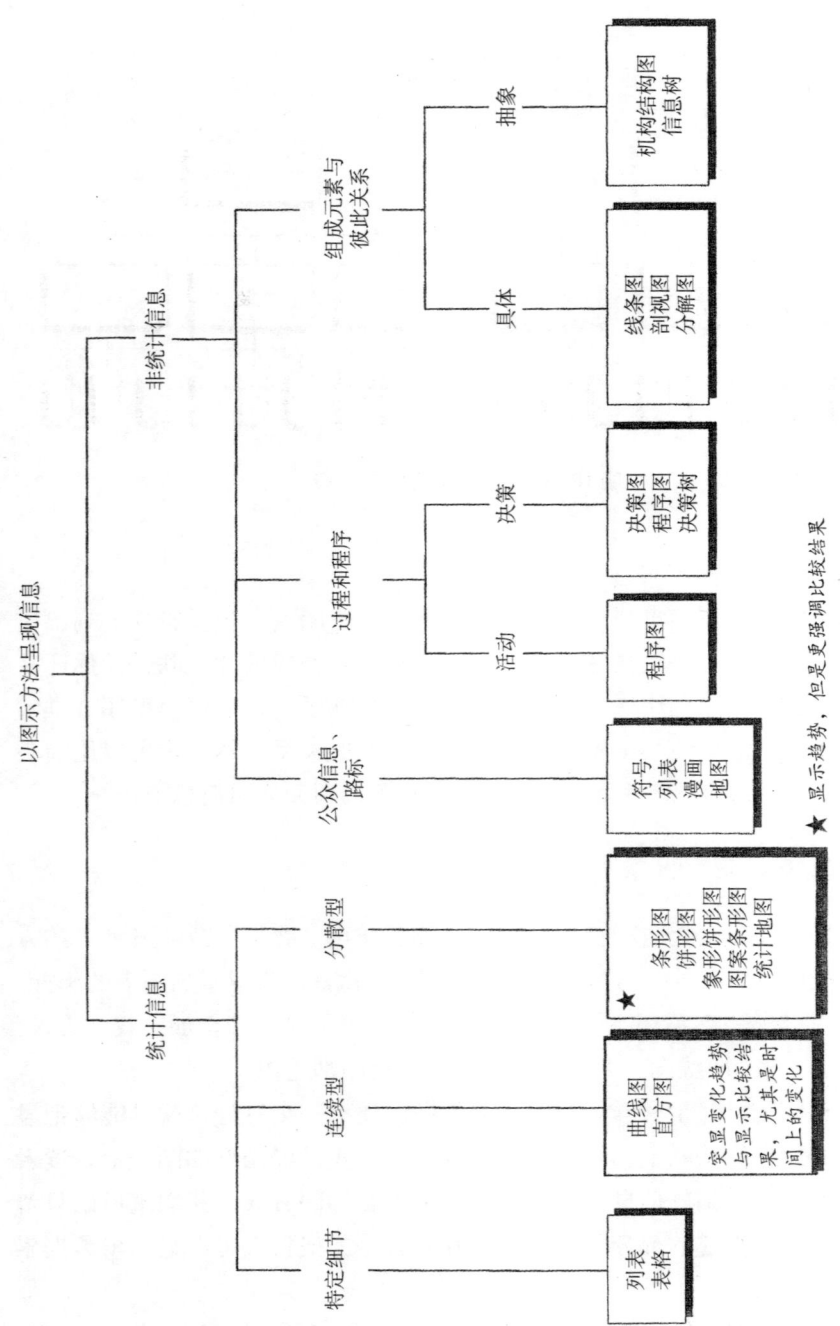

图 18-34　依本章内容画成的信息树

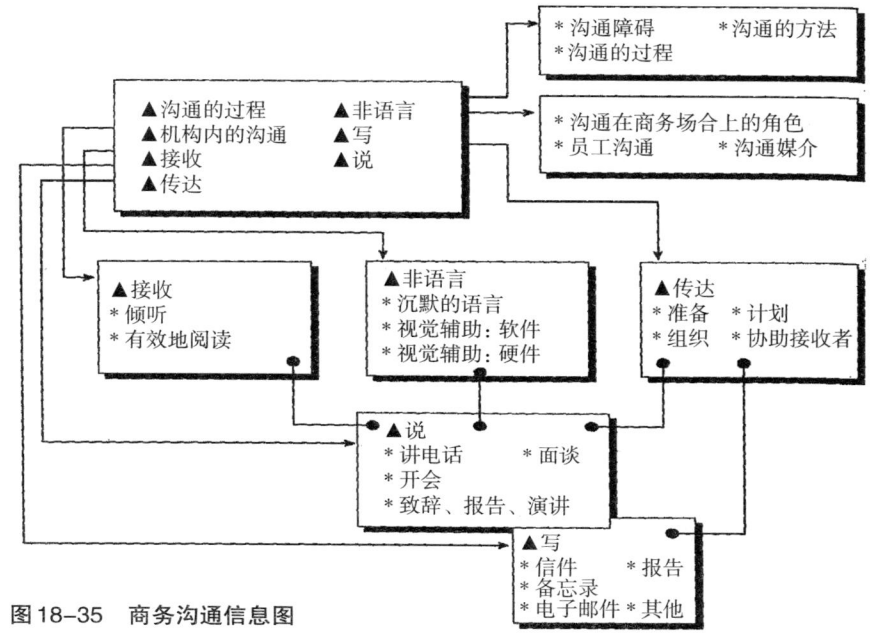

图 18-35　商务沟通信息图

练习 18-2

1. 举出两个理由说明视觉沟通可能比文字沟通更有效率。
2. 什么是"识图能力"？
3. 如果要说明一个过程或程序，你会用哪种图示方法？
4. 如果需要你设计一份指导手册，以协助水电工找出洗衣机故障的原因，哪种图示方法效果会最好？
5. 在流程图上，你会用哪些符号表示下列活动？

　・检查信中的拼写

　・工人等待原料送达

　・把文件归档放入公文柜

　・捡起螺丝刀

　・物品随着传送带移动

　・在文件上签名

作 业

1. 找一个简单的物品，画出剖视图，如白板笔、打火机等。
2. 画一个流程图，显示出申请进入你现在的院系或职位的过程。你可能需要去访问负责招生或招聘事宜的人，找出这其中会用到的文件及其功能。
3. 检查流程图中的步骤，你觉得这个过程可不可以变得更简单一点？更有效率一点？

练习解答

练习 1-1

见第1章第6节,"沟通的各种障碍"。

练习 3-1

1. 45%(另外9%花在写、16%花在读、30%花在说上)
2. 10%
3. 见"听者的五种反应"部分
4. 见"避免分心"部分
5. 对只顾着自己待会儿要说什么、喜欢插嘴的人,"不插话"和"响应"的做法会很有帮助。他们可能会觉得"响应"很难,但是非常有启发性。对喜欢假装是个好听者,却总是只顾着讨论自己问题的经理,"不插话"和"响应"的做法很有帮助,此外,多利用听者的反应来"协助说话者"也会很有用。学生需要随时注意有哪些内容对自己有用,需要时时自问:"我可以如何利用这项信息?"也就是"感兴趣"。但是"感兴趣"不是自然而然就会发生的,而是需要下工夫、做准备,需要你愿意去听,并显示出你有兴趣。此外,学生也需要"避免分心",尤其是课堂中间的部分。"去听重点"则有助于专心。最后,只从外表、衣着等表面因素评判别人的人,特别需要"心胸开阔"和"避免分心"。

练习 4-1

1. "后设沟通"字面上的意思就是"沟通之外附加的东西",因此这个词指所有在文字之外、我们拿来阐释他人所说的话的线索。
2. 在适当的时刻保持沉默,可以鼓励对方继续说下去,甚至鼓励对方把本来不愿表达的感觉和态度表达出来。因此"沉默"可以鼓励响应和双向沟通的产生。
3. 对方可能会想:
   (a)你这个人很不准时。
   (b)你不时很想得到这份工作。
   (c)你不是一个会为他人着想的人,因为你显然并不在意自己可能造成了他人的不便。
   (d)你这个人没礼貌,因为你都不道歉。
4. 研究肢体语言的科学被称为"人体动作学"。我们可以只用肢体语言进行沟通,也可以合并肢体语言和语言一起进行沟通。
5. 亲密距离、个人距离、社交距离、公共距离。

6. 对方会觉得你充满自信、言之有物，而且关心对方的反应，不是只关心自己说话的内容。
7. 移动目光、点头、"嗯"、手势、改变身体方位等，都有助推动对话过程。
8. 我们会相信非语言信息所表达的意义。

练习 5-1

1.（a）"今天"是哪一天？留言上没有日期，麦特不一定知道"今天"是哪一天。如果电话打来那天，麦特一整天都不在，隔天才看到留言，他可能会以为"今天"就是今天，结果错过应该是昨天的约会，然后当天中午到了酒吧却见不到人。再者，"午饭时间"又是什么时候？这还要看史先生和麦特是不是每天都在同一时间用午饭。最后，麦特所有这些疑问都无法得到解答，而且留言上没有签名，他不知道当初到底是谁接的电话。

电话留言一定要包含留言的日期和时间，以及记留言的人。

（b）跟上面的留言有同样的毛病。此外，留言上也没写明是留给谁的。留言的内容不够明确，显示接电话的人在电话上没有每个字都听清楚，也没有回头跟打电话的人确认。如果收到留言的人看不懂留言，他可能还会怀疑这则留言到底是不是给他的。他无法跟接电话的人确认（没有签名），也无法跟打电话的人确认（没有名字），最后他只能不理它，然后希望真相会自己水落石出，或者就是打开日程表，开始查每个星期一的行程（他也不知道是哪个星期一）。

电话留言要包含所有必要的细节。

（c）是谁打电话来？是什么事情搞定了？假设收到留言的人不久之前才跟道森公司打过电话，请对方额外送个货，那么留言指的可能就是这事。但另一方面，他前天也跟道森打过电话，跟另外一个人谈价格。对方也说会回电，告诉他公司是否接受这个价格。那么这则留言也有可能是指这件事。他别无选择，只能再打一通本来没必要打的电话给道森公司澄清疑惑。这种不完整的留言最糟糕的结果，恐怕就是收到留言的人自动假设留言指的是某一件事，事实却不然。

永远不要假设收到留言的人知道你指的是哪件事。

2. 下面这个留言便条格式包含记电话留言时该记下的所有信息，但没有一种便条格式能够保证留言就会被完整地记下来，要记多少信息，还是由你自己决定：

```
日期：              时间：
留言给：
留言人：（姓名）
      （地址）
      （电话）
      （电子邮件）
留言内容：

记录人：
```

3. 这段对话也可以如此进行：

"这里是保罗·杰弗瑞，史隆先生的秘书。你好。"

"你好，我是派吉公司的崔特。我可以跟史隆先生说话吗？我跟他约了今天晚上在伦敦见面。"

"他现在在开会，无法接电话，崔特先生。要我留言给他吗？"

"好。"（崔特快速想了想。）"他说他可能可以去机场接我。请跟他说：曼彻斯特派吉公司的崔特会在晚上6:27抵达伦敦希思罗机场，航班号码ML-367，第一航站楼。我会等到七点。如果到了七点他没来，我就自己乘车去都铎餐厅，我们订了八点的位子。如果他想回电话给我，我的电话号码是0628 675071，到下午四点我都在。"

"我跟你确认一下内容，好吗，崔特先生？"（他把留言内容重复一遍。）"对吗？"

"对，谢谢。"

"我会尽快转达给他，最晚也会让他今天下午离开办公室前收到。"

"谢谢，再见。"

"再见，崔特先生。"

这段对话里必要的信息提前，使对话更精简。但整段对话无法缩短太多，因崔特必须把所有必要的信息告诉秘书，而秘书必须把留言重复一遍，确定完整无误。

这段对话和原本的对话最大的差别，就是崔特清楚知道打这通电话会有什么结果，并想好应变的计划。假设秘书确实把留言传达给史隆（而且这个秘书听起来的确有办事能力），那么双方都知道晚上的行程。如果史隆没有收到留言，崔特的应变计划仍旧会奏效，双方最晚八点会在餐厅碰面。所有这些问题都在一通电话中解决，不像原来的对话可能还需要两通电话。这是因为崔特事先就设想过这通电话，知道至少有两个可能的结果：要不就是跟史隆讲到话，要不就是需要留言；并想好应变的计划，这样如果史隆无法去机场接他，双方也不必再通电话；而且所有相关的细节他都了如指掌。这通电话简短、清楚，双方都有礼貌、互相协助，打电话的目的也达到了。多有效率！

练习6-1

1. 面谈有一个特定目的，而且是事先计划好，由一方主导的。
2. （a）解决问题，但是主要还是制定决策。
   （b）调查和搜集信息。
   （c）调查和搜集信息。
   （d）解决问题和制定决策；改变行为或许也改变想法。
   （e）改变想法和/或行为。
3. （a）也许各类的信息都包含，因为好的甄选面试不应该只着重某一类信息。
   （b）为市场调查进行的面谈可能着重某类信息，也可能各类的信息都着重。
   （c）跟目击者进行的面谈通常着重"描述"和"事实"。可能还包括目击者在意外前和意外中的"行为"，但应该避免就态度、信念、感觉和价值观等主观陈述。
   （d）为检讨表现所进行的面谈会着重"行为"这项信息。也许主管会鼓励员工表达其态度、感觉、价值观，但是主管本身应该避免表达这些主观信息，并专注在客观讨论员工过去、现在和未来的"行为"。
   （e）为推销进行的面谈会特别就对方的态度、信念、感觉、价值观等搜集信息，以利推销。

练习6-2

这道题显然没有正确答案，因为这完全要视面谈的情境和目的而定。不过，我在这里还是列出我的建议：

1. 求职面试 → 中度结构式
2. 检讨表现 → 中度结构式
3. 辅导建议 → 非结构式
4. 管训 → 中度结构式
5. 解雇 → 中度结构式/高度结构式
6. 就职 → 中度结构式
7. 咨询 → 高度结构式
8. 推销 → 中度结构式/高度结构式
9. 搜集资料 → 高度结构式/标准化
10. 下达命令 → 中度结构式

练习6-3

1. 这个直接问题只允许对方回答"顺利"或"不顺利"，所以不是很有用。想要在面谈一开始聊两句，让对方自在一点，最好问："过来的路上怎么样？"
2. 这是个引导性问题，甚至可以算是暗示性问题。问话人在问题中滥用职权和博取同情，两者同样不可原谅。如何改善这个问题的问法，取决于面谈的目的，但是跟下面这样类似的问法都是很大的改善："我可以怎么帮助你，让你更胜任你的工作？"
3. 这个引导性问题揭露出问话人自己对"不停换工作"的观点，而且不给对方充分的机会解释换工作的原因。改善："你当初为什么从……换到……"
4. 一次提出这么多问题，复杂又冗长，没有人能够记得，更别说回答了。一次问一个问题："你当初为什么选择混合念 O level 和 CSE？"

练习 7-1

1. 面试前
   - 了解该公司的历史、地理位置、业务、声誉等。
   - 考虑可能会被问到哪些问题，除了一般信息性的问题，还有"陷阱"问题。
   - 列出你自己想问对方的问题。

2. 面试中
   - 说明你为什么应聘这份工作，并显示你对该工作稍有了解。
   - 把你的特长呈现为为公司有益的资源。尽量以细节和实例说明之，如工作经历、兴趣、旅游经验、休闲活动、职位、机构、在校经历等。
   - 不要只想依赖"和善的外表"（外貌和微笑）销售自己。提供给对方完整的信息。
   - 不要害怕承认自己的弱点。绝对不要欺骗，但你可以把重心从弱点转移到某个长处。或者如果当初是因为特殊情况所致，说明是什么情况（不是找借口！）。
   - 尽量不要只回答"是"或"不是"，多说一点。
   - 把对方看作"人"来对待，不要把他看成可怕的妖怪！
   - 记住良好礼仪的基本原则。
   - 尽可能就工作条件、公司，以及"敏感"话题如薪水（通常会说"范围"或"平均"）等取得完整的信息。
   - 不要在不知道自己大致的地位、接下来的流程、谁该主动联络谁等就让面试不明不白结束。
   - 尝试去享受面试的过程。
   - 自然真诚，做你自己。

练习 8-1

1. 在规模庞大的公司中，不可能只由一个人或一个部门制定决策，其他部门的参与是不可避免的。员工想要参与，有机会表达自己的看法，有渠道发表意见。而当员工能够参与决策的过程，最后也更可能支持最后的决策。

2. 团队达成的决议可能比个人独自作出的决策更好，因为

（a）团队中汇集了更多人的知识与经验；

（b）把研究的工作分摊给多个人，可得到更多的信息。

"人多力量大"。五个人比一个人可以进行更多的采访、阅读更多的报告、进行更多的调查等。

练习8-2

	民主式	权威式	放任式
（a）	2	1	3
（b）	4	6	5
（c）	9	7	8
（d）	10、15	11、13	12、14
（e）	16	17	18

练习8-3

1. 见图8-1。
2. 团队的理想大小是五个人（不超过七个人），这时成员可以充分地互动，同时又能汇集多样的天赋与个性，以充满创意的方式解决问题。
3. 不需要。团队内必须兼容性高，也就是成员的个性互补，彼此之间合得来。如果团体内每个人都好强、都想领导，团体的效率大概也不会多高。
4. "隐性议程"就是个人在团队中所怀有的个人目的。这些个人目的也许会跟团队的目的互相冲突，因此团队要有效率，就必须让成员把团队目的视为比个人目的更重要。
5. 我在团队中的角色？团队中的"影响力"分配状况如何？我个人有什么需求和目的？
6. 距离缩短时，互动会增加。开会地点也会传达出某种信息。共享设备，甚至是共享"不便"，也能够促进凝聚力的产生。

练习8-4

1. 寻求意见和/或把关
2. 总结
3. 表达团队的感觉
4. "阻碍进展"，但如果后面能够接着说明理由，也可以是"评估"

5. 设定标准
6. 竞争
7. 给予信息
8. 博取同情
9. 诊断、发起行动、寻求意见
10. "给予意见",但是也有"鼓励"的功能

练习9-1

头脑风暴的做法可以激发想法,但是问问题则可以鼓励说话少的成员发言,压制一下说话较多的成员。

练习9-2

1. 错。这是民主式的领导风格。权威式的领导风格是:设定目标、计划活动等皆由领导者主导,不与成员分享领导权。
2. 对。有效的参与表示你至少知道领导者负有哪些责任与功能,愿意担起这些功能,尤其是与"维持团队"有关的功能(在领导风格允许的状况下)。身为有效率的参与者,你也不会一场会开下来一句话也不说,让大家听不到你的想法,也无法从你的知识与经历中受益;你会看准时机发言,把自己有用的想法贡献给团队。
3. 错。例行事项和不需要花太多时间讨论的事项应该安排在最开始,但是主席要控制好讨论这些事项的时间,好有足够的时间讨论后面更复杂的议题。
4. 错。应该在仔细定义和诊断过问题后,才开始建议解决的办法,否则最后被解决的可能根本不是原来的问题。
5. 对。良好沟通的基本原则考虑到目的、听众、时间、双向沟通、倾听等,都适用于开会中的参与。

练习9-3

1. 会议举行的时间和地点应该尽量配合所有成员。
2. 潘恩一开始先说明"开会目的",这一点没错,但接着他不问大家问题,反而自己一直说个没停,还详细表示自己的意见和经历,反而无法刺激大家的讨论。
3. 克里斯提出提议的理由是"为了让大家早点开完会"。这个理由很正当,而且如果主席潘恩知道自己一开始就应该请大家提议,这个提议早就被提出来了。
4. "提议"是成员在会议上提出来的行动建议或意见。有人附议后,开始提交大家讨论表决,就称为"动议"。如果会上多数人都同意该动议,它就成为"决议"。在实际运作上,"提议"这个词其实并不常用,因为大多数的提议都已事先经过附议,成为动议。不过如果有人提出提议,但是没有人附议,那该提议就不会

被列入讨论。动议的内容应该描述清楚，并采用肯定的说法，许多委员会还要求以书面形式把动议交上来，而且最好在开会前就交上来。无论如何，会议记录应该清楚记下动议的内容，主席也应该时不时就重复一下其内容，这样大家才不会忘了在讨论什么。用肯定的说法也很重要，否则在投票时，赞成某种做法——比如重新采用死刑——的人会发现自己反而应该要投反对票，因为该动议是用否定的说法："不重新采用死刑。"

5. 开会时什么时候可以发言，也写在委员会或机构的议事规则里，但是一般说来：成员在得到主席允许时，才可以发言，而且一次只能一个人发言。因此"抓准主席的目光"是个值得训练的技巧。发言的人须起立。这时发言人就有发言权。发言人必须对着主席说话，而不是对会议上任何一个人说话。因此会议上会常听到"主席先生/主席女士"这个词。

6. 都是跟议事规则有关的词：

（a）+（d）议事程序问题牵涉到讨论的行为或程序。比如说，你可以提出说发言人离题了，大家没有遵照议事规则进行讨论，或是有人用语不当。我觉得哈洛"提出议事程序问题"的理由很正当，因为在大家还没决议是否要举办出游前，不应该开始讨论出游的地点。不过，要宣布某个做法是"符合"或"违反议事程序"，是主席的责任，因此主席要了解议事规则。

（b）要求主席回归议事程序——严格来说，要挑战主席，只有两种做法：（一）挑战主席的主持能力；（二）提出主席不信任动议。不过在实际上，一般都会接受主席的裁决，例外的情况很少。

（c）+（d）提出内容问题是成员请主席允许进行内容上的纠正，或提供或询问信息。人们常用这个做法取得发言权，因此主席有权将其宣布为违法议事程序。

（e）修正案是提议改变原来动议的词，也许删掉几个字，也许增加几个字。修正案也必须有人附议，才能开始讨论,而且必须在继续讨论原动议前,投票进行表决。

7. 主席应该把动议内容清楚地宣读给大家听，确保大家都知道自己到底在表决什么。此外，主席还要了解各种不同的表决方式（不记名投票、举手表决等）及各种表决方式的优点与缺点。

练习11-1

1. 磁性板。这样可以用磁铁来代表家具、员工，吸在板子上呈现你建议的空间安排。会议中有别人提出建议时，你可以随时改变磁铁的位置，让大家看平面图。但使用磁性板的问题是你还需要另外把各种建议记录下来，以方便比较。因此不妨把你建议的空间安排事先印出来发给大家，方便开会中和开会后参考。大型挂纸在30人的会议上不是每个人都可以看得很清楚，因此发给每个人一份讲义也许比较合适，不过还是要看情况而定：开会的房间、座位安排、你想让大家看到多精细的程度等。另一个选择就是可以现场打印的电子白板，只是比较昂贵，也比较少用。你可以把平面图画在白板上，然后把完稿印出来。

讲义。另外把视觉内容印成讲义发给大家，是一个永远值得考虑的做法。不过，发讲义的时机要掌握好：如果早一点发下去，听众有现成的详细资料可参考，但是可能也因此不专心听你演讲；如果太晚或是到了最后才发下去，听众可能会发现自己有些笔记白做了。解决的办法就是在讲解视觉内容时，就告诉听众这张图片最后还会以讲义形式发给大家。

2. 如果你是右撇子，面对听众时，白板或挂纸应该在你的左边。如果你是左撇子，简报架应该在你的右边。在摆设可移动的白板或挂纸时，显然要考虑到这一点，方便你在讲稿和白板之间自然走动。

3. 让听众具体看到没看过的东西；为复杂的过程以简单的实例作为比喻；激起兴趣，注入活力与真实感。

4. 如果你能够在演讲前进入演讲室，最好先在白板上仔细把整个图解轻轻画上。演讲时，讲解到哪个部分时，就把哪个部分描出来。这样听众就不会一开始就被一大幅复杂的图解所吓倒。这个做法要成功，你就必须确定在演讲前有足够的时间把整张图解仔细画好。此外，整张图要画得够大，让最后一排的人也能看清楚。如果你无法事先进入会场，那么可以使用一张大型挂纸。你可以把图解的各部分用便利贴遮起来，然后随着讲解顺序把各部分揭露出来。

5. 要能够记录讨论的内容，最恰当的工具应该就是简报架加上大量的挂纸。听众的发言可以写上去，写满后可以贴到墙上。要写报纸新闻时，就可以以这些挂纸的内容作为基础。你也可以在讨论中选择恰当的时机在挂纸上画出你准备好的视觉内容。另外一个选择就是传统投影机配合透明投影片或滚动条式透明胶片，用法就跟简报式挂纸差不多，只是不能挂到墙上就是了。

练习11-2

1. 用35毫米幻灯片投影机，除非照片存在计算机里，不然就需要多媒体投影机。

2. 应避免采用两种以上都用到屏幕的视觉辅助工具，因为这时可能需要移动传统投影机，以免挡住影片或幻灯片，甚至需要白板来看透明投影片。最重要的原则就是事前把一切尽量安排妥当，避免在演讲过程当中还要移动设备或东搞西搞。不过，如果中间有休息时间，你也可以利用这段时间重新安排你的摆设。

3. 牵涉到动作的过程，最好以影片的方式呈现。如果市面上没有现成的录像带可购买，应考虑自己录制这段影片，尤其如果以后还有机会用到该影片。

4. 把你自己以防万一带来的备用灯泡换上去。如果还是行不通，给助手暗号，请他去找技术人员，你自己则继续演讲。还是行不通，那就放弃投影片，因为你事先已经想到这个可能性，准备好一个不需要投影片的演讲版本。如果这些视觉内容很重要，听众人数相当少，跟你靠得相当近，墙壁又是空白的，最后的手段就是把投影片举在墙壁上！这也是传统投影机胜过多媒体投影机的一点。

练习12-1

1. NEFARIOUS：(c)邪恶的、恶毒的、凶恶的；如a nefarious plot（邪恶的阴谋）（拉丁文：错误、犯罪）

2. CENSURE：(c)责备、批评、正式谴责；如to censure a member of parliament（谴责一名国会议员）（拉丁文censere：评估）

3. NEBULOUS：(b)模糊的、不清楚的、雾蒙蒙的；如a nebulous statement（不明确的声明）（拉丁文nebula：薄雾）

4. SALUTARY：(a)有利的、有益健康的；如a salutary experience（有益的经历）（拉丁文salus：健康）

5. TORTUOUS：(d)弯弯曲曲的、曲折的；如a tortuous path（曲折的小径）。也指拐弯抹角的、不直率的；如a tortuous argument（拐弯抹角的论点）（拉丁文torquere：扭曲）

6. PREMISE：(a)基本的假设、前提；如He started with the premise that "All men are mortal"（他先提出"每个人都会死"的假设）（拉丁文praemittere：放在前面）

7. CREDIBLE：(d)可信的、显然是可以相信或可以信赖的；如a credible story（可信的故事）（拉丁文credere：相信）

8. INVALIDATE：(b)作废、使不具效力；如to invalidate will（将遗嘱作废）（拉丁文invalidus：衰弱）

9. BIZARRE：(a)奇怪的、古怪的、异想天开的、荒诞不经的；如bizarre behavior（古怪的行为）（意大利文bizzarro：英勇的、勇敢的）

10. DEFUNCT：(c)绝种的、死去的；如a defunct system（作废的制度）（拉丁文defunctus来自defungi：完成、解雇）

练习13-1

1. 必要的、有用的、不重要的。
2. 略读有助于最后的仔细阅读，因为这样你在开始仔细阅读之前，就已经知道整个内容的结构。
3. 在以描述事实或说明为目的的文章中，一个段落的主旨通常会表达在一个"主题句"中，主题句通常是段落的开头第一句，但是有时是最后一句。
4. 见第222页的标记文字列表。

5. 纵览（survey）、问题（question）、阅读（read）、回忆（recall）、检查（review）。这个阅读方法依其英文前缀又称SQ3R阅读法。
6. 在"回忆"的步骤才开始做笔记。在这个步骤做笔记有助于回想读过的内容。

练习 14-1

1. 一封信的花费除了信纸和邮资，还包括内部系统处理、归档时间、存盘设备和空间、写信人和打信人的时间等成本——有些机构估计，一封商务信的总花费平均为30英镑——如果是电子邮件，也便宜不了多少。
2. 赔偿信用以平息顾客的抱怨，为缺失或瑕疵提供赔偿。信用调查信用以向第三者询问某公司或某顾客的信用度或信用评分。催款信用以在催款过程中催促缴清拖欠款项，不同的阶段会采用不同的语气。
3. 有利的信、中性的信、不利的信、说服的信。
4. 如果在信里一开头就提起坏消息，收信人可能会立刻产生抗拒，后面不管提出什么理由也不愿接受。但是通过正面积极的语言、仔细安排句子结构及其在信中的位置，可以让负面元素显得不那么严重。由于信中的第一句和最后一句应该保留给你想特别强调的观点，因此负面元素不应该放在第一句或最后一句。采用归纳法，先说明理由和细节，然后再说明坏消息，对方会更容易接受。
5. 用以推销或说服的信非常适合用问句（或惊叹句）开头。但是不管是什么信，如果你想立刻引起读者的注意，都可以用问句开头。问句能够立刻抓住对方的注意力，让他好奇想继续读下去，直到你把主旨说明清楚。用问句去询问读者的意见，还可以讨好读者。
6. 用正面积极的语气结束，让读者保持好心情。
   - 表达善意：你应该在信中利用每个机会表达友好善意，但是当然也不要太夸张。在整封信里尽量使用正面积极的文字是应该的，但是在包含坏消息的信中，结尾的部分最好能再写上"Thank you"（谢谢）、"Good luck"（祝好运）、"Best wishes"（诚挚的祝福）等。
   - 再次推销：有时可以在信的结尾再次跟读者保证，他所购买的产品的确是最合适的产品，或所交易的公司的确是最合适的公司，但小心不要做得太露骨。
   - 行动：如果信中要求对方或自己采取某种行动，那么这是最好的结尾方式了。在信的结尾部分说清楚之后的行动，如：

I will let you know as soon as I have the information you need.
取得您需要的信息后，我会立刻通知您。

Please ring me on ext. 252 to let me know whether you will be able to attend.
请打分机252告知我你能否出席。

Please reply on the enclosed reply-paid card.
请以随信附上的卡片（邮资已付）进行回复。

不要用下面这个句子结尾：

Please do not hesitate to contact me if I can be of further assistance.
如果还有我能效劳的地方，请不吝告知。

这句话已经用到烂了。自己想个更诚恳、更有新意的说法。

练习 15-1

1. 错。求职的第一步应是先找出自己是什么样的人，以及什么样的工作适合你。再来就是找出市场上有哪些职缺，找出这些征人广告到底在找什么样的人。之后你才开始考虑写信去应聘。

2. 对。比起刊登在其他地方的征人广告，网络和报纸上的征人广告往往看到的人更多，因此应聘者往往也更多。最先寄去的信可能也会得到更多的注意。此外，"迅速"这个特质在雇主眼中常常也是一个在工作场合上必要的特质。

3. 错。仔细留意广告的风格、语气，广告里省去了什么，包含了什么，往往比应聘资格等表面文字更能透露出该公司想找什么样的人。

4. 对。你跟雇主进行的任何接触，不管多不正式，都有可能协助或阻碍你的求职，因此事前一定要先思考和准备。

5. 错。你一定要写点东西上去。如果你在这一栏写不出一点简短通顺的内容，只依赖表格中其他简单直接的回答，大多数的雇主都不会对你留下多好的印象。

6. 错。最好用两张纸，一张做成简历，一张做成履历标题页，说明应聘职位，阐释简历上的信息，说明应聘的原因。这个方法避免了语言风格的问题，而且如果你同时在应聘好几份类似的工作，可以使用同一份简历。

7. 错。某些劳力工作所需的职责和特质可能也适用于你正在应聘的办公室工作。比如，如果你在工厂里工作过，这可能可以证明你具备主动、可靠、合作、准时等特质，以及你愿意弄脏双手、与各式各样的人相处、什么都愿意尝试。即使是短期或假期的打工经验，也可以证明你想要累积经验、赚取自己的生活费，或是吃苦耐劳以达到更长远的目标——这些都是雇主喜欢看到的特质。

8. 对。如果像是"一般教育背景"和"商务教育背景"两个标题，或是"技术检定资格"和"一般检定资格"两个标题更能点出你的资格经验与该职缺的关联，那你就应该采用像这样更恰当的标题。

9. 错。履历标题页的目的之一的确是让你展现表达自我的能力，但是你不应该只是重复简历上的信息。你应该利用这个机会详细说明某些事实，点出和综合特别重要的信息，强调过去的工作带给你哪些职责和机会，说明为什么你想要应聘这份工作。此外最重要的就是，你应该在这整个过程中，暗示自己具有哪些这份工作不可或缺的特质。

10. 对。抄别人的求职信，最好的情况下只是内容不正确（比如说简历和求职信的内容不一致），最坏的情况下就是面试时被当场识破。至于用现在就职的公司信纸写求职信或是批评现在的公司——两种做法都只会展现出你的不忠诚、没礼数、不光明正大——本身都不是多好的特质，更不可能让对方觉得你会是个好员工。求职者常犯的错误还包括：
- 把信当成自传写
- 用太多"我""我的"
- 听起来过分谦卑
- 乞求或恳求
- 博取同情
- 听起来太轻率或随便
- 像是在跟对方讲课
- 像是在夸耀自己的成就
- 说自己有哪些哪些特质和资历，却不提出具体的证据支持
- 一个劲儿地说明自己的教育背景，彷佛这是唯一需要的条件
- 用词含糊笼统
- 重复简历上的信息，而不是阐释简历上的信息
- 使用口语说法或陈腔滥调

练习16-1

1. "职权范围"定义你的任务，因此应该明确说明任务的范围。这部分的指示应该具体明确，不能含糊不清；解释为什么需要这份报告，以及需要什么样的报告。没有清楚的职权范围，你就不可能完成你的任务。
2. 报告应含有的基本元素为：职权范围（包括目的或主题，有时还包括授权）、程序、结果、结论、建议（如果有要求）。
3. 一篇报告至少应该包含三个部分：前言部分、报告主体、结语部分。
4. 摘要就像是整篇报告的迷你版，通常放在报告开头，让忙碌的读者可以迅速掌握报告的研究范围、目的、结论和建议。
5. "功能性"段落不提供额外信息，用在报告的各节之间进行引介、总结、衔接。
6. 撰写报告的主要步骤为：设定目的；研究和收集资料；整理资料、决定大纲；撰写初稿；编辑初稿；完成报告。

练习17-1

这个问题的问法不是很理想，因为：

- 没写清楚是在问谁（没用"你"）
- 没写清楚是在问谁的薪水
- 没有提供比较的标准
- 要求是非分明的回答

这个问题应该这样问：跟同一产业里其他公司比较，你觉得你在这家公司得到的薪资如何？

更好　差不多　差一点　更差

练习18-1

1. 参见第355页。不过这里还是简单列出来：
   - 能抓住对方的注意力
   - 迅速传达信息
   - 加速理解
   - 增加变化，避免单调
   - 呈现出整体趋势
   - 突显特定的数据
   - 看出关联
   - 加强文字信息
   - 明显展示出差异

2. 在选择图示的方式时，首先要考虑：需要图示吗？它能够带来上述的优点吗？然后才考虑：
   - 你到底想通过图示"说"什么
   - 信息的复杂程度
   - 读者的能力与动力
   - 是否要突显特定的数值、显示趋势，或比较差别等

3. 表格的优点有：
   - 能够用很小的空间呈现大量的数据
   - 方便查找，要找出特定的数字很容易
   - 方便比较和对照数字
   - 比起用文字说明，读者更容易吸收数据

4. 一般说来，曲线图用来呈现"连续型"信息，条形图用来呈现"分散型"信息。不过，看起来像条形图的直方图也可以用来呈现"连续型"信息。

5. 用图表呈现统计数据时，可以通过下列方式误导读者：
   - 省略零线
   - 让横轴尽量接近曲线上的最低点
   - 扩大或缩小坐标横轴与纵轴的相对大小
   - 在饼形图上不写出百分比，各部分的面积与其百分比不成比例
   - 在条形图上用更宽的长条表示数字的增加，或是在图案条形图上用更大的符号表示数字的增加
   - 在统计地图上只留下特定的区域
   - 选择性省略：省略某些信息，使读者得到错误的印象

练习18-2

1. 基于下列原因，视觉沟通可以比文字沟通更有效率：
   - 视觉沟通往往能比文字更快速、更节省空间地传达出同样的信息。
   - 当语言障碍可能会阻碍文字的理解时，视觉沟通往往是唯一的沟通方式。
2. "识图能力"就是"阅读"图片、符号、图表等的能力。
3. 流程图、决策图和判定树都可以用来显示过程或程序中的步骤。
4. 决策图。决策图特别适用于找出错误和解决问题，因为它对每个可能的问题都提供一个答案。（只要正确遵守该程序，而且决策图的设计合乎逻辑）
5.
• 检查信中的拼写	检验	□
• 工人等待原料送达	耽搁	⊙
• 把文件归档放入公文柜	储存	▽
• 捡起螺丝刀	操作	○
• 物品随着传送带移动	运输	⇨
• 在文件上签名	操作	○

出版后记

网络的发展极大地改变了我们的生活，也丰富了人与人之间的沟通媒介。时至今日，只需轻动手指，信息就可以被传递到世界各个角落。但是，无论科技如何发展，沟通的基本方式是不会变的，"文字"和"行动"依然是我们所倚仗的。以最恰当的方式，准确地传达信息和情感，这就是我们所追求的沟通。

知易行难，沟通不畅是我们生活中经常遇到的问题。你是否有这样的经历，交谈对象突然停下，微蹙眉头问到，"我说的话你真的了解吗？"接到了一个非常重要的工作电话，战战兢兢解答完所有问题后，刚想舒一口气却发现忘记留下对方的信息；你给出问题，面谈对象却开始漫无边际地发表一通高谈阔论；精心准备了很久的演讲，你情绪饱满站在台上，却发现台下听众一脸兴趣缺乏的样子。所有的这些状况，你都能在这本书里找到应对的答案。

本书共分十八个章节，前四章从基础层面讲解沟通所需要的技巧，听、说和阅读非语言信息的能力。之后的十四个章节可以说是涵盖了生活工作中所有可能面对的沟通情境，有每天都要经历的接打电话，发电子邮件，有不可避免的写报告，开会，还有一些重要场合，如面试、演讲等等。为了进一步帮助读者增进沟通能力，理解书籍内容，书中还特别添加了自我检查、练习和作业几个版块，读者可以通过这几个版块来观察自己的学习进度和接受程度。

除了以上的内容，本书的另一大特色就是非语言沟通。通过语言文字沟通是我们所熟悉的，而沟通的另一个基本方式——非语言沟通，或者说"行动"则经常被忽视。一言一行，在表达和沟通方面本就应该放在同等地位。这里的"行动"不仅仅指身体语言，还包括对时间的把控等方面。本书的第4章用了一整个章节来讲述有关非语言沟通的相关内容，让读者可以全方位地掌握沟通的技巧。

本书作者一直从事有关沟通能力培训的工作，有着丰富的实践经验和扎实的理论基础，《沟通圣经》一书的目的就是帮助有意增进"沟通技巧"或更了解"商务沟通"的读者。无论你是在校学生、刚踏出校门的社会新鲜人还是颇富经验的职场精英，相信你都可以从本书中获得帮助。

服务热线：133-6631-2326　188-1142-1266
服务信箱：reader@hinabook.com

后浪出版公司
2015年10月

图书在版编目（CIP）数据

沟通圣经：听说读写全方位沟通技巧 /（英）斯坦顿著；罗慕谦译 . -- 北京：
北京联合出版公司，2015.11（2018.4重印）
ISBN 978-7-5502-6332-1

Ⅰ.①沟… Ⅱ.①斯… ②罗… Ⅲ.①心理交往—通俗读物 Ⅳ.①C912.1-49

中国版本图书馆CIP数据核字（2015）第233149号

First published in English by Palgrave Macmillan, a division of Macmillan Publishers Limited under the title Mastering Communication, 5th edition by Nicky Stanton. This edition has been translated and published under licence from Palgrave Mcamillan. The author has asserted her right to be identified as the author of this work.

All rights reserved
Chinese (in simplified character only) translation copyright © 2015 by Post Wave Publishing Consulting (Beijing) Co., Ltd.

本书中文简体权归属于后浪出版咨询(北京)有限责任公司

沟通圣经

著　　者：［英］尼基·斯坦顿
译　　者：罗慕谦
选题策划：后浪出版公司
出版统筹：吴兴元
特约编辑：徐　樟　李志丹
责任编辑：龚　将　王　巍
封面设计：黄　海
营销推广：ONEBOOK
装帧制造：墨白空间

北京联合出版公司出版
（北京市西城区德外大街83号楼9层　100088）
北京盛通印刷股份有限公司　新华书店经销
字数260千字　690毫米×960毫米　1/16　25.5印张　插页4
2015年12月第1版　2018年4月第8次印刷
ISBN 978-7-5502-6332-1
定价：45.00元

后浪出版咨询(北京)有限责任公司 常年法律顾问：北京大成律师事务所　周天晖 copyright@hinabook.com
未经许可，不得以任何方式复制或抄袭本书部分或全部内容
版权所有，侵权必究
本书若有质量问题，请与本公司图书销售中心联系调换。电话：010-64010019